U0818253

[人力资源管理实务丛书]

【第三版】

招聘管理与人才选拔：实务、案例、游戏

边文霞 编著

首都经济贸易大学出版社
Capital University of Economics and Business Press
·北京·

图书在版编目(CIP)数据

招聘管理与人才选拔:实务、案例、游戏/边文霞编著.
--3版.--北京:首都经济贸易大学出版社,2020.8
ISBN 978-7-5638-3102-9

Ⅰ.①招… Ⅱ.①边… Ⅲ.①企业管理—人才—招聘
②企业管理—人才选拔 Ⅳ.①F272.92

中国版本图书馆CIP数据核字(2020)第128113号

招聘管理与人才选拔:实务、案例、游戏(第三版)
边文霞 编著
Zhaopin Guanli Yu Rencai Xuanba: Shiwu Anli Youxi

责任编辑 浩 南
封面设计 风得信·阿东 FondesyDesign
出版发行 首都经济贸易大学出版社
地 址 北京市朝阳区红庙(邮编100026)
电 话 (010)65976483 65065761 65071505(传真)
网 址 http://www.sjmcb.com
E-mail publish@cueb.edu.cn
经 销 全国新华书店
照 排 北京砚祥志远激光照排技术有限公司
印 刷 北京市泰锐印刷有限责任公司
开 本 710毫米×1000毫米 1/16
字 数 273千字
印 张 17.25
版 次 2012年10月第1版 2017年8月第2版 **2020年8月第3版**
2020年8月总第6次印刷
书 号 ISBN 978-7-5638-3102-9
定 价 39.00元

图书印装若有质量问题,本社负责调换
版权所有 侵权必究

第三版前言

2020年初突发的“新冠”疫情使得笔者给研究生开设的“招聘管理课”赶上了“移动直播”新潮流。笔者的线上直播课依托“腾讯会议”直播平台，除了PPT在线课程讲解外，还借助“听听FM的音频资料”“10分钟微课视频”“时代光华电视视频”“中公教育视频”“BBC纪录片”“脱颖而出综艺节目”“2019主持人大赛”“TED演讲”等音像、影视资料，极大丰富了课程内容，也开拓了师生的人力资源管理视野。比如，第三版新增的“‘招聘失真’现象的终极破解法”就是此次疫情期间预留家庭作业，师生共同研讨的结果。

智能时代潜移默化地改变着我们身边的事与物，改变着我们的行为方式，突发疫情带火了各种直播App，同时也让我们一线教育工作者真正感受了线上理论讲授与线下实践辅导无缝衔接的教学魅力。本教材适用于人力资源管理专业本科生及研究生使用。

相较第二版，第三版做了如下修改。

第一，删除并替换了一些篇首引导案例。比如，第三版第四章的篇首引导案例“‘招聘失真’现象的终极破解法”，替换第二版第四章的篇首引导案例“一场紧急‘逼宫’引发的人事震荡”；第三版第五章的篇首引导案例“心理测验在面试招聘中对考官的影响”替换第二版第五章的篇首引导案例“‘两元钱’成功招聘的启迪”。

第二，增加节前导引案例与节尾学习案例。比如，第三章第二节增加节尾学习案例“稳定的人才队伍在哪里?”；第三章第三节增加节尾学习案例“高端人才的寻猎渠道”；第四章第二节增加节前引导案例“履历分析不是简单的学历门槛”。

第三，补充了最新发展的内容。比如，在招聘渠道中，补充了一些特殊个性化的招聘渠道。

第四，删除第五章第一节的“三、心理测评技术指标”，新增第二节信度检验、第三节效度检验、第四节项目检验、第五节常模。

总之，感谢笔者曾教授过的每一位同学的智慧贡献，正是笔者与他们的良好互动才有本书案例分析中的思想启迪。本着与时俱进的原则，笔者会持之以恒地融合各家所长，不断完善本教材内容，以满足不同水平的学习者的学习要求：对于初学者而言，本教材是带领读者进入招聘管理领域的入门教材；对于掌握一定人力资源管理理论基础的高年级学生和人力资源管理从业人员而言,本教材是提升读者招聘管理思维高度,深化读者人力专业精深程度的文献。

边文霞

2020 年 6 月 1 日

前　言

“锄禾日当午，不如招聘苦；对着编制图，一哭一下午；哭了一下午，编制还在补；编制刚补完，项目又重组；重组继续补，难堪心头苦；招的累死人，不见一个主。”这句顺口溜非常生动形象地表达了企业招聘人员的痛苦和烦恼。对于任职于“招聘专员”“招聘经理”等岗位的专业管理人员而言，希望能通过人力资源管理政策的制定和实施，来缓解或从根本上解决企业的盲目招聘和无序招聘的现状。基于此，本书在介绍招聘理论的同时，特别对当前的各种招聘怪象做了深度解析和理论升华。

本书除通过引导案例来点明本章中心内容外，另外还依托章尾案例作为对本章核心内容的再思考。本书共有八章，分为三大部分。

第一部分即第一章，主要是招聘管理中的理论基础部分，通过介绍招聘内涵、招聘目的、招聘基础与招聘内容，令读者明了招聘“是什么”，特别是引导案例明确点明招聘本质——精细的选人标准与匹配的雇佣关系。

第二部分即第二章到第七章，这是招聘管理中的实务操作部分，包括有招募阶段（第二章与第三章）、甄选阶段（第四章、第五章与第六章）、录用评估阶段（第七章）。

在招募阶段，重点阐明了招聘为什么不能打无准备之仗，并重点说明现代招聘渠道与传统招聘渠道的优势与劣势、招聘需求与招聘计划的编制技巧，令读者明了招募“如何做”。

在甄选阶段，重点阐明了招聘并不是单纯的“择优录取”，而是要依托岗位客观需求，既不能降低选拔标准，也不能人为抬高选拔标准，做到“适人适岗”；反之，胜任素质模型的构建，则是为了能够更好地选拔出可在本岗位上创造卓越绩效的人才。本书在甄选阶段重点介绍了人才素质的测评技术，通过简历分析、面试测试、情境模型测试、员工职业兴趣与职业价值观测试、员工个性与职业能力测试、员工身体健康与心理健康测试、胜任素质测评，特别在各种人才测评手段上还提供了一些有价值的量表及其评价方法，令读者明了甄选“怎么做”。

在录用评估阶段，重点阐明了招聘录用并不是招聘的终结阶段，对于人力资源部而言，还需要对本次招聘过程进行反思，以防在一个地方犯两次同样的错误。本书给出了招聘评估指标体系，并强调招聘评估总结报告的撰写技巧，令读者明了评估“做什么”。

第三部分招聘管理综合案例与沙盘游戏，即第八章，此部分在引导案例“联合利华商业夏令营的经典游戏”介绍基础上，介绍作者新教学法的研究成果——人力资源管理沙盘游戏在招聘管理中的应用，通过游戏规则的引导，使学生们参与这种带有趣味性、对抗性的游戏，可以让他们在付出最小经济成本的条件下，体验到真实的招聘管理过程，并形成实际操作经验。

在本书编写过程中，有许多人提供了支持和帮助。为此，首先要感谢为本书辛勤付出的包括编辑和设计在内的出版团队；其次，要感谢在招聘领域内做着辛勤研究工作的专家和学者，本书在参阅和引用了他们的著作和研究成果基础上编写完成；最后，要感谢我的研究生程伟娜、任俊、刘椰辰、罗弯、杨雪等，还要感谢我的“人力资源管理案例沙盘游戏”课题组的成员们，没有他们的支持，本书难以顺利出版。

不过，由于作者水平有限，本书一定还存在很多缺点和不足，敬请广大读者批评和指正！请将您的中肯建议发送至：bianwenxia@ cueb. edu. cn。

边文霞

目　录

第一章　招聘管理:选人技术　匹配艺术

引导案例:精细的选人标准与匹配的雇佣关系

“生于培训,死于招聘”,众多的人力资源从业者都将招聘视为畏途。如果只是就招聘而研究招聘,无论你在招聘渠道、招聘手段、甄选手段等方面进行再多研究,也只能是头痛医头、脚痛医脚,无法保证招聘的实际效果。事实上,招聘的本质是招聘者与应聘者如何实现信息、能力、态度和价值观等匹配的过程。目前的大学生就业难和企业招工难,是典型的双向不匹配;各种招聘机构在不理解企业的实际需要前提下,将雇佣双方的匹配问题当成简单的搜索游戏和谋利手段,结果导致雇佣双方见面时的困惑与疑虑。

随着各种热门培训以及考试和认证的增多,大学生们手持的证书也越来越多,也越来越成为娴熟的“面霸”,但进入企业后,令企业困惑的是:这些从各类测试中脱颖而出的“贤良”却与现实岗位的实际需要南辕北辙,到底该如何解决招聘市场中雇佣双方的匹配问题?

中国目前正经历着招聘标准由量变到质变的飞跃,纵观中国招聘发展史,我们看到:招聘标准从无到有,也即从凭关系选人到凭学历选人;招聘标准从死到活,也即从凭学历选人到凭能力选人;招聘标准从模糊到精细,也即从凭能力选人到凭岗位胜任素质选人。招聘标准的改变,每一步都是质的飞跃,每一步都在为彻底解决中国招聘市场中双向不匹配问题而努力。

招聘标准的日渐清晰化,推进了各类教育机构的培训清晰化,推进了人才培养与企业所需要人才的双向结构匹配进程,同样也提升了互联网招聘的双向匹配效率。

互联网招聘是一种高效、实用的招聘工具,随着招聘标准的成熟与完善,互联网招聘也产生了质的变化:针对招聘者所提供的服务,不再局限于仅提供招聘信息的发布平台,而是通过提供精细的岗位胜任素质模型并配以合理的人事测评系统,使企业能有效地筛选适合岗位的人才;同时,针对应聘者提供的服务,不再局限于仅为就业信息的搜索平台,而是通过提供视频简历制作平台,使得人才得以全面展现自我品质与才能,为企业提供更有效、更明确的甄选信息。

人才问题是一个古老而常新的话题,中国自古以来就非常重视人才的选拔与任用，因为它是治国安邦的首要措施。例如，针对东汉选官的积弊，曹操以无畏的胆略，把“德行”“名节”“门第”等迂腐无用的选才标准一扫而光，在建安十五年春天发布《求贤令》指出：“若必廉士而后可用，则齐桓其何以霸世！……唯才是举，吾得而用之。”在后来发布的《敕有司取士毋废偏短令》中，他进一步强调：“夫有行之士未必能进取，进取之士未必能有行也。陈平岂笃行，苏秦岂守信耶？而陈平定汉业，苏秦济弱燕。由此言之，士有偏短，庸可废乎！”

《战国策·燕策》中的燕昭王求士，说的是战国后期燕昭王真心诚意招贤纳士，并依靠贤士兴国的事，当年燕国“乐毅自魏往，邹衍自齐往，剧辛自赵往，士争凑燕”，从而使燕国成为战国七雄之一。燕昭王虚怀求教、尊贤纳士的做法被后人传为佳话。

古人重视寻找高素质的人才，重视人才的选拔，但在现代社会，在高速运转的市场经济下，一个组织的效能，固然决定于人才的素质，却更有赖于人才整体结构的合理配置。

第一节　人岗匹配的模式

人才招聘是基于企业在某一方面人力资本的欠缺和不足，通过各种途径和手段对具有互补作用的人力资本加以发掘和配置的过程。任何一次成功的招聘，都必然要求聘任双方在既定的资源限制下达到利益最大化。其中，人岗匹配是人力资源有效配置和合理使用的基础。

人岗匹配包含有两个方面的内容：一是岗位职责与员工个体特征的吻合度匹配；二是岗位报酬与员工需要、动机的吻合度匹配。有效的人岗匹配不但可以提高员工的工作效率，还可以创造出更为和谐的企业环境，直接和间接地提高的企业效益。更为重要的是，人岗匹配不但可以在招聘选拔时使用，在企业人事调动、内部重组时，也可以为决策者提供有力的参考建议。

人岗匹配模式主要分为以下四大类（参见图1－1）。

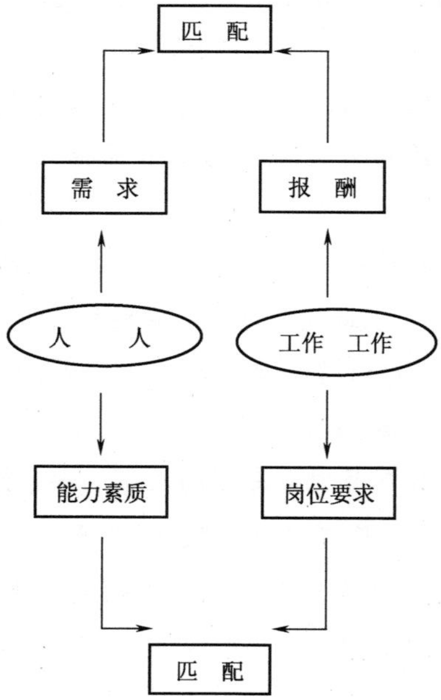

图1－1　人岗匹配模式图

一、模式一:工作要求与人的能力素质相匹配

1918 年,美国心理学家,动物心理学开创者桑代克指出:凡客观存在的事物都有数量性质,比如人的智力是有高低之分,绩效有优劣之别,高低优劣体现着程度不同,而程度的不同也就是数量的差异。不同的岗位由于其工作性质、工作难度、工作条件与环境、工作方式的不同,对任职者的能力、知识、技能、个性等有不同的要求。进行人岗配置时,应该根据每个人的能力模式和能力水平将其安排在相应的岗位上,因人定岗、按能配岗;另外,还应根据岗位所要求的能级安排相应的人,因岗选人。要用人之长,避人之短,这样便可做到"岗得其人,人乐其岗",充分调动员工的工作兴趣和热情,发挥员工的最大潜能。

二、模式二:工作报酬与人的需求相匹配

由著名心理学家和行为科学家维克托·弗鲁姆(Victor H. Vroom)于 1964 年在《工作与激励》中提出来的期望理论(Expectancy Theory),约翰·斯塔希·亚当斯(John Stacey Adams)于 1965 年提出的公平理论中可知,报酬是组织对员工的工作表现和工作绩效给予的回报,是一种激励手段。员工对报酬的态度,不仅仅在于报酬的绝对值大小,更在于自己所获得的报酬与个人需求是否相一致,或与同一岗位或不同岗位的其他员工进行权衡比较,感受是否公平合理。因此,必须明确岗位能级结构,并依据每个岗位能级大小来设定相应的报酬等级,使员工的工作报酬与其需要相吻合。

三、模式三:人与人的匹配

人与人间的关系,如果是相互协调与促进的"互补"关系,可增强组织效率;反之,则会出现"内讧"现象。因此,员工因组织目标和任务而组成的工作群体,应依据每个员工的能级类型在岗位上安排互补型人才配置,以形成群体内知识结构、能力结构、性格结构、年龄结构的最佳匹配,从而使员工间能够取长补短、兼容互益、协调有序,进而产生最大的群体合力。

四、模式四:工作与工作的匹配

在一个组织中,存在多个不同的工作岗位,而不同的岗位要完成不同的工作任务,承担不同的工作责任,因此,工作间的差异是明显的。但与此同时,不同岗位间又存在着密切的相互依存关系,每一个岗位的工作质量均会影响到与其相关联的其他岗位的工作绩效水平,这种现象就是工作与工作的匹配问题。

第二节　招聘的内涵

在人力资源的“进”“用”“出”三大关键管理环节中,“进”也即招聘环节是关键中的关键。诸葛亮在《知人性》中提出的识人七法,就告诉了我们“进人”的操作技术。此七法为:一曰,问之以是非而观其志;二曰,穷之以辞辩而观其变;三曰,咨之以计谋而观其识;四曰,告之以祸难而观其勇;五曰,醉之以酒而观其性;六曰,临之以利而观其廉;七曰,期之以事而观其信。此识人七法,大致意思是:对大是大非问题的态度可以看出此人的志向、兴趣、价值观;用无懈可击的言辞把人逼到理屈词穷的地步,可以考察出此人的应变能力;通过提出各类问题,让他思考相应的解决对策,可以考察出此人的见识是否独特;通过人为地制造逆境,从而可以考察出此人是否有克服困难的勇气;通过饮酒,可以观察此人酒后潜藏在心灵深处的真实言论及真正性情;通过给予此人机会,甚至是把重要岗位交付给他,以此考察此人的清正廉明程度;与此人商定某事,通过观察此人是否能说到做到,以考察其信用程度。

那么,“进人”的理论观点又有哪些?下面给出当前较为流行的两大观点。

一、招聘是在合适的时间为合适的岗位寻找到合适的人选

某企业的老板花重金将某著名跨国公司中国区的人力资源总监招到公司,但是一年多之后,该公司的管理非但没有明显改善,员工的职业素养反而在不断地下降。究其原因,发现该人力资源总监的经验是在高度流程化、标准化的企业环境下积累起来的,其原来所在企业的发展阶段和现状与本企业的现状和发展阶段是不匹配的。因此,该人力资源总监原有的经验很难在本企业中发挥很好的作用,对于本企业层出不穷的新问题,他束手无策。

而另外一个公司的老板看好某大型企业的营销总监,但考虑到以自己公司现有的规模和发展阶段来看,这位营销总监的能力难以施展,因此,该老板在随后的几年里一直关注这位候选人的动态,直到公司发展到一定规模之后,才高薪将其聘到公司,该人对公司业绩的提高起到了很大的促进作用。

对比以上两个公司老板的做法可以看出:招聘一定是要在合适的时间为合适的岗位找到合适的人选。招聘与录用的目标就是保证企业人力资源得到充足的供应,使人力资源得到高效率的配置,从而提高企业的效率和产出(参见图1-2)。

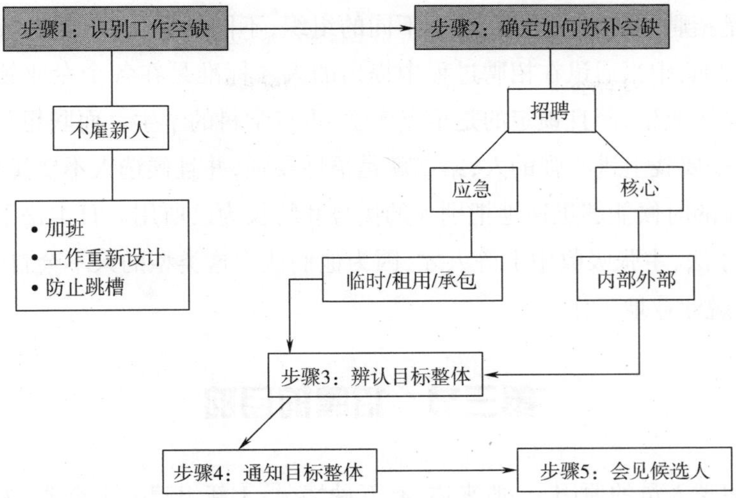

图1－2　招聘就是为企业的职位空缺找到一批有资格的申请人

二、招聘是筛选出认同组织价值文化并愿与组织共进退的人员的过程

某位在外资企业工作10年的人力资源经理辞职，到一家中型的民营集团公司做人力资源经理。但三个月之后，他便辞职了。原因是这个民营集团内的员工工作激情饱满，每天下班之后几乎所有的员工都加班，周末也是加班加点地工作，而这位在标准化、程序化较强的外资企业工作的人力资源经理不认同这家公司的价值观和企业精神。

蒙牛集团曾因在招聘的时候，没有很好地测试出候选人能否长期工作，导致集团中有几个事业部出现较高的离职率，这些离职的人员在入职时只是将蒙牛集团作为一个过渡。

上述这两个小例子，说明成功的招聘就是令组织与员工达到共赢结果的招聘。具体而言，所谓招聘，就是指组织通过采用一些方法寻找、吸引、筛选出那些具备适合技能，且具有劳动愿望，对岗位有兴趣，能在组织中相对稳定地工作，与组织志同道合的人员，并将这些人员予以聘用的过程。

总之，为组织的职位空缺找到一批有资格的申请人是招聘的基础，这是因为，如果有资格的申请人在数量上正好等于所需雇用的数量，就不存在所谓的选择问题，因为“选择”已经自然而然地完成了，在这种情况下企业要么让某些职位继续空置，要么接受所有的申请人。

依据科学的方法，按照一定的程序，根据组织当前和未来的需求进行人才的选拔与调整是招聘的核心。然而，对于不同的组织，不同的职位，招聘选拔的条件有所不同。例如，中兴通讯在招聘过程中提出的人才标准是在各个专业领域中成绩优异的应届毕业生，而且锁定的是重点大学、重点学科的学生。而联想公司的选人原则是：第一要找上进心强的人；第二就是悟性要强，并且候选人不要高估自己，在和别人交流的时候能够迅速地把别人的优势和特长为己所用。日本松下公司却坚持70%求才法，主张吸收中上等人才，因为他们认为这类型的人不会自负，能够踏踏实实、兢兢业业地工作。

第三节　招聘的目的

企业招聘人员的原因，一般来讲，有五种情况：①新组建一个企业，为满足企业的目标、技术、生产、经营需要招聘合适的员工；②现有企业由于战略调整、组织结构改变、业务发展扩大等而人手不足；③现有岗位人员不称职；④职工队伍结构不合理，在裁减多余人员的同时，需要及时补充短缺的专业人才；⑤企业内部由于原有员工调任、离职、退休或升迁等原因而产生的职位空缺。

简单来说，企业招聘就是"找到合适的人，为公司创造价值"，但是很多时候一些企业为了提升竞争优势，对于招聘还有以下两种重要目的。

一、企业的发展与人才梯队建设的目的

自20世纪90年代以来，以生产经营为目的的组织，其发展呈现出两大明显趋势：一方面，随着外部环境的剧烈变化，组织的规模和管理模式不断调整，以达到吸引非常合适人才和提高组织成本效率的新要求；另一方面，为了保持活力和竞争力，组织在员工队伍建设方面，努力创建一支更具文化多样性的人才队伍，即在关注组织自身目标与需求的同时，更加关注员工个人发展目标与需求。

这两大趋势都对组织的招聘提出了越来越高的要求。它要求组织根据企业战略和对人员的规划不断补充新鲜血液，同时还应招聘到能与岗位完美匹配，并能通过实现组织目标最终实现员工个体目标以及满足其职业发展目标的需要。

在我国，需要扩大规模而招人时，外企和民营企业更喜欢"自底向上"的招聘方式，也即由用人部门提出"招聘需求"后，报请上级批准，最后人力资源部门负责招聘具体事项。这种招聘往往有比较强的目的，招来的人员会在最短的时间内进行使用，而且一开始招聘时就已经安排好了这个岗位的工作，也就是设定好了这个岗位的"价值"和"价格"，因此很难突破一开始设定的"价值"轮换到其他部门。

而各大型国企和政府机关往往喜欢“自顶向下”的招聘方式,也即首先确定每个部门分多少人,然后开始招人,人招到后就开始“培训”并实习若干项目,经过一到两年的基层锻炼才得以派向实际用人部门,以此达到人才梯队建设的目的。

二、提升企业形象与规避人才流失的目的

在招聘的实施过程中,企业利用各种传播媒体如报纸、杂志、广播、电视、网络等让外界更多地了解本企业,同时企业招聘者与应聘者的接触、招聘工作的运作都是应聘者评价企业的依据,特别是现场招聘者是企业形象的排头兵,通过在各种校园招聘会与社会招聘会中所做的企业形象推介,令社会对该企业有更好、更积极的认识,从而达到提升企业形象的目的。

有效的员工招聘,一方面可以使企业更多地了解应聘者,从众多应聘者中选出认可企业文化,符合职位要求的人员;另一方面,可以使应聘者更多地了解企业及应聘职位,以决定是否应聘。而对于那些认可公司文化、在企业中能找到适合自己能力、兴趣的岗位的人,他们会对企业表现出更强的忠诚度及更低的离职意愿度。另外,通过在各种媒介上打招聘广告,不仅可以扩大企业知名度,而且还可以营造“我们一直在发展”的气氛,以此达到规避人才流失的目的。

第四节　招聘的基础工作

招聘是人力资源管理工作中的一个重要环节,它不是孤立的工作,需要在相关人力资源管理工作落实的前提下展开。招聘有两个基本前提:一是制定人力资源规划;二是进行工作分析。图 1 - 3 告诉我们:人力资源规划制定了招聘的目标,而工作分析既决定了对特殊人员的需求,又向应聘者提供了有关岗位的其他信息,如该岗位能否向应聘者提供高报酬和高福利等。

一、制定人力资源规划

人力资源规划是对企业人力资源需求和供应的分析与预测过程,它决定了预计未来某一时段需要招聘的用人部门、工作岗位、人员数量、到岗期限、人员类型等。

很多企业并没有制定完整的人力资源规划,往往是下面部门报什么就被动地招什么,没有一个长期的打算。事实上,企业招聘工作质量的高低,与人力资源规划的规范化程度高度相关。因此,为了做好人员招聘工作,要求相关工作人员应对人力资源规划有个透彻的理解,而且要与用人部门的负责人进行沟通、协商,对招

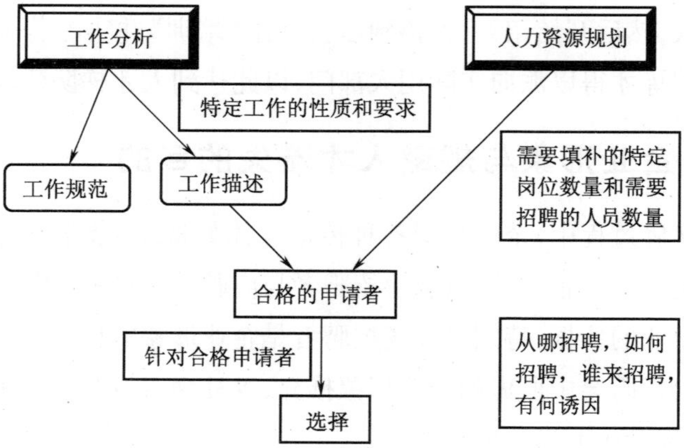

图1－3　招聘基础工作间的关系图

聘策略达成共识后才能启动人员招聘工作,确保招聘前期工作落到实处。

二、进行工作分析

人力资源规划重在落实未来需要增加的用人部门和岗位,它提供需要的人员数量,没有界定用人岗位的具体职责。因此,仅有人力资源规划无法展开具体的招聘工作。这就需要进行工作分析。

工作分析是指完整地确认工作整体,以便为管理活动提供各种有关工作方面的信息所进行的一系列的工作信息收集、分析和综合的过程。具体而言,就是综合应用各种科学方法,收集有关工作和人员相关的信息,进行分析综合整理,包括工作名称分析、工作内容分析、工作环境分析和工作条件分析,最后形成各种有关工作信息数据。

工作分析的结果就是工作说明书,它提供了岗位所需人员的素质与能力结构要求,给出招聘岗位具体的用人标准;同时也为应聘者提供了关于该岗位的职责、工作内容及绩考标准等详细信息,使得应聘人员针对岗位胜任度进行自我筛选,这些往往对最终招聘的质量起着决定性作用。

因此,招聘活动要以工作分析的结果作为招聘人员的依据和选拔标准,有的放矢地选拔企业所需人才,方能保证招聘效果,达到招聘目的。工作分析的作用参见图1－4。

三、启动招聘过程

招聘是一个双向的过程(参见图1－5),要想进入招聘环节必须满足四个

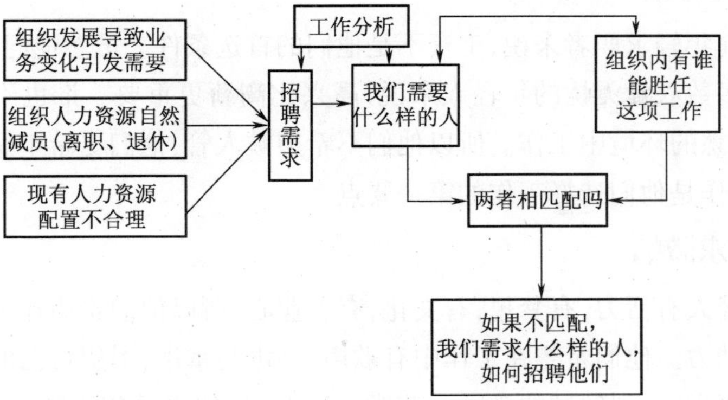

图1-4　工作分析在招聘中的作用

条件。

条件一：必须同处于一个招聘渠道，让招聘者和应聘者能够有机会相遇。

条件二：招聘者和应聘者必须对拟招聘岗位的工作内容有一致的认识。

条件三：招聘者必须清楚了解其目标群体的求职特点。

条件四：应聘者必须有申请该岗位的动机与兴趣，这样才能启动招聘过程。

比如，当前就业形势越来越严峻的情况下，许多企业依然招不到人，究其原因，是不了解当前年轻求职者的特点。参照某些学者的观点，下面列示当前年轻求职者的四大特点。

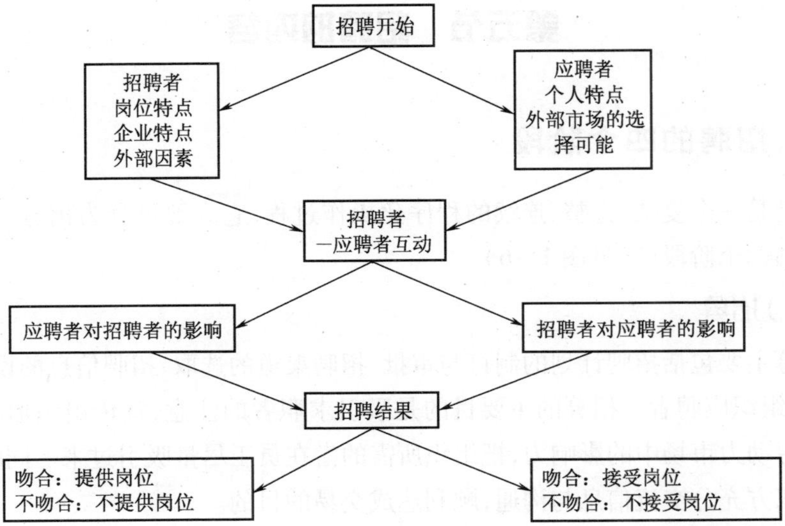

图1-5　招聘者与应聘者相互作用图

（一）追求快乐

对于当前年轻求职者来说，工资不是他们的首选条件。虽然他们也需要赚钱，但是对于大多数衣食无忧的年轻人来说，高兴比高薪更重要。谁也不希望自己在一个苦闷、忧愁的环境中工作。所以他们不希望被人管，他们更希望做自己喜欢的事情，开心工作是他们选择工作的第一要点。

（二）寻求激情

因为年轻人有活力，有梦想，有文化，有事业心，所以他们希望在工作中找到工作的激情和动力。他们希望在工作中有歌声、笑声与掌声，渴望自己的工作得到同事的认同和尊重，得到领导的激励和奖赏。同时，他们也希望跟随一个有魅力、有魄力、有影响力的领导或老板一起工作，不希望在一个死气沉沉的企业里工作。

（三）充满希望

当前年轻求职者既关心自己的前途，也关心企业的前途，他们希望领导指明他们工作的方向和方法。

（四）拥有成就

因为当前的年轻求职者不是为了生存而工作，他们渴望在工作中寻找自身的价值，所以现在的求职者，他们需要寻找工作中的成就感、荣誉感。他们希望在一家有理想、有抱负、有使命感的企业工作，从而充分发挥自身的潜能，成就自己的职业梦想和事业梦想。

第五节　招聘的内容

一、招聘的四个阶段

招聘是一个复杂、完整、连续的程序化操作过程，它大致可分为招募、甄选、录用和评估四个阶段（参见图 1－6）。

（一）招募

招募主要包括招聘计划的制订与审批、招聘渠道的选取、招聘信息的设计与发布，以及组织应聘者。招募的主要目的是吸引求职者的注意，宣传组织形象，扩大组织在劳动力市场中的影响力，把组织所需的潜在员工尽量吸引过来。同时，劳动力供需双方充分交流信息与沟通，顺利达成交易的目的。

（二）甄选

甄选是从职位申请者中选出组织需要的最合适人员的过程。它包括资格审

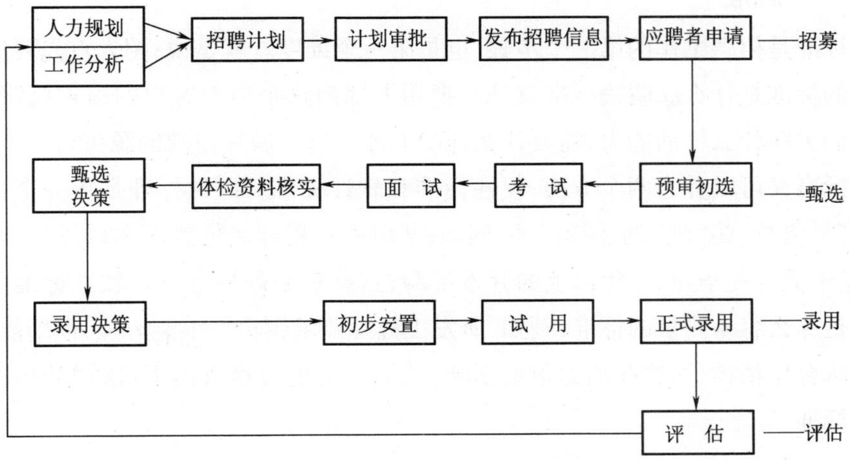

图1－6　招聘的四个阶段的关系

查、初选、笔试、面试、心理测试以及其他测试、体检、个人资料核实等内容。这一阶段管理工作的质量将直接影响组织最后的录取质量，也是招聘实务中技术性最强和难度最大的阶段。

（三）录用

录用阶段主要包括新人上岗引导、新员工培训和访查等工作内容，目的是帮助新员工适应工作岗位，尽快熟悉和驾驭工作内容。这项工作看起来似乎琐碎和无关紧要，实际上它是唤起新员工工作热情，使其顺利融入企业文化的关键。有不少组织由于不重视录用阶段的工作，甚至让新员工在录用后对组织和本职工作缺乏认识和适应时就直接上岗，导致新员工无法较快胜任本岗位，难以表现出令组织满意的工作绩效。

（四）评估

评估是招聘过程中必不可少的一个环节。评估的内容包括：招聘结果的成效评估，如成本与效益评估，录用员工数量与质量评估；招聘方法的成效评估，如对所采用的选拔方法的信度与效度加以评估。

二、招聘的4S体系

完整的招聘工作表现为四个相互连接的链条，这四个链条的第一个英文字母均为S，因此可将之称为4S招聘体系。这四个S分别是：Standard（标准），Sourcing（渠道），Selection（甄选方法），Securing（巩固/安全/确保加盟）。

(一)标准

标准是招聘工作的第一个步骤,也是第一个维度。就是说,招人首先要搞清楚选人的标准是什么。明确标准就是要把用人部门这个内部客户的需求搞清楚,到底他们欠缺什么样的能力,需要什么样的人才。这是做好招聘的源头。

标准又可以分为两个方面,硬性标准和软性标准。硬性标准是指一个比较客观、容易测量、偏“硬”的选择标准,例如,某研发工程师岗位要求本科以上学历、男性、电子类专业毕业、三年以上的开发经验,这些就是硬性标准。软性标准是指相对不是那么容易测量的标准,例如,研发工程师要求逻辑思维能力强,创新能力强,有团队合作精神,而这些能力很难判断,从简历上也很难看出来,这样的标准就是软性标准。

(二)渠道

标准明确了,接下来的工作就是要选择渠道,通过合适的渠道来找到合适的人。例如,我们明确了一个财务总监的招聘标准之后,接下来我们就要考虑,到底从哪里可以找到这样的人才呢？财务总监一般是不会自己主动来投简历的。我们可以通过猎头公司来寻找,也可以在招聘网上主动搜索,也可以参加一些高端的人才交流会,也可以请朋友介绍,也可以定向猎取、主动挖角,也可以在社交网站上去寻找,还可以通过微信公众号、博客和微博来寻找,也可以通过 QQ 群来寻找,还可以看一些财务专业的杂志,找一些发表文章的作者或者请他们推荐,一般来说能在专业杂志上面发表文章的作者都是在业内水平比较高的,还可以去一些 MBA、EMBA 培训班中寻找。

随着人才竞争的日趋激烈,招聘人员越来越明确地意识到,通过常规的招聘网站是很难找到优秀的高级人才的,这个时候我们要积极创新,开拓新思路,像猎头那样千方百计寻找人才,只有这样,才能通过一些非常规的渠道找到我们需要的人才。

(三)甄选

标准明确了,候选人也找到了一批,接下来就要看谁最合适。这个时候就要选择一些有效的甄选方法。对于一个研发工程师来讲,一般的甄选方法就是简历筛选、电话面试、笔试、面试,这些方法基本上就够用了,但是对于一个财务总监,甄选方法可能就要复杂很多,除了基本的简历筛选、电话面试外,要有复杂的行为面试,还要加上成本较高的评价中心和严格的背景调查,综合多种手段、多种测评方法,才能判断一个候选人是否适合担任公司的财务总监。

(四)留才

留才就是要通过各种各样深入而坦诚的沟通,赢得人才真正的认可并最终成功加盟企业,这才完成一个招聘流程。很多企业的招聘人员都遇到了这种情况,录用通知发出去了,人才也接受了,但是到了真正要报到的时候,人才却没来,一打电话,人才去了另外一家企业,企业被人才放了鸽子。有的时候,确实是因为别的企业的待遇要高很多,但在大部分情况下,主要是别的企业和人才的沟通工作做得好,在整个招聘过程中人才的体验非常舒服,印象非常好,才导致人才最终"花落他家"。

案例分析:某外资公司招聘失败的启示

20××年10月的一天,某外资SP公司的研发部部长向人力资源部提交了用人需求计划,计划中表明因研发部未来发展的需要新设立了一个行政助理的岗位并强调此岗应通过外聘的方式解决。人力资源部于是从11月开始,先后招聘了两位行政助理(女性),结果都失败了。对这连续两次的招聘失败,公司的总经理和人力资源经理觉得不是偶然现象,公司在招聘方面肯定存在重大问题。下面将重点分析导致此次行政助理岗位招聘失败的原因及未来招聘管理中需要注意的工作重点。

一、情况简介

1. 公司背景

该公司是一家国外SP公司在中国投资的独资子公司,主营业务是为电信运营商提供技术支持,提供手机移动增值服务,以及手机广告。该公司所处行业为高科技行业,薪水待遇高于其他传统行业。公司位于北京繁华商业区的著名写字楼,对白领女性具有很强的吸引力。总经理为外国人,在中国留过学,自认为对中国很了解。

2. 被招聘的员工背景

A,23岁,北京人,专科就读于北京工商大学,后专升本就读于中国人民大学。20××年1月到12月作过剑桥少儿英语的教师。

B,21岁,北京人,学历大专,就读于中央广播电视大学电子商务专业。在上学期间先后在两个单位工作过:一个为拍卖公司,另一个为电信设备公司。职务分别为商务助理和行政助理。其于20××年曾参加瑞丽封面女孩华北赛区复赛,形象、气质均佳。

3. A与B入职后的现状

A入职的第二天就没来上班,没有来电话,上午公司打电话联系不到本人。经她弟弟解释,她不打算来公司上班了,具体原因没有说明。下午,她本人终于接电话,但不肯来公司说明辞职原因。3天后又来公司,中间反复两次,最终决定不上班了。她的工作职责是负责前台接待。入职当天晚上公司举行了聚餐,她和同事谈得也挺愉快。她自述的辞职原因:工作内容和自己预期不一样,琐碎繁杂,觉得自己无法胜任前台工作。人力资源部对她的印象:内向,有想法,不甘于做琐碎、接待人的工作,对批评(即使是善意的)非常敏感。

B工作10天后辞职。B的工作职责是负责前台接待、出纳、办公用品采购、公司证照办理与变更手续等。自述辞职原因:奶奶病故了,需要辞职在家照顾爷爷(但是当天身穿大红毛衣,化彩妆)。人力资源部对她的印象:形象极好,思路清晰,沟通能力强,行政工作经验丰富。总经理印象:商务礼仪不好,经常是小孩姿态,撒娇的样子,需要进行商务礼仪的培训。

二、招聘流程

该公司的招聘流程分为以下四步骤。

第一步,公司在网上发布招聘信息。

第二步,总经理亲自筛选简历。筛选标准:本科应届毕业生,年轻的,最好有照片,看起来漂亮,学校最好是名校。

第三步,面试。如果总经理有时间就直接面试。如果总经理没时间便由人力资源部进行初步面试,总经理最终面试。新员工的工作岗位、职责、薪资、入职时间都由总经理定。

第四步,面试合格后录用,没有入职前培训,直接进入工作。

三、招聘失败的动因分析

通过对上面的案例进行分析我们能够得到:直接影响这次行政助理招聘的主要因素为公司的总经理、甄选的方法和它的招聘流程。

1. 总经理分析

首先,在招聘过程中总经理干涉过多,没有充分授权给人力资源部门,包办了人力资源部筛选简历的任务。其次,他不懂中国国情,自然就会让不适合的人被选进来,而适合的人才可能早被淘汰在筛选简历环节上了。对于这种低级别的员工招聘,总经理应该完全授权给熟悉国情的人力资源部。他在这次事件中应该负主要责任。

2. 甄选方法分析

在招聘行政助理时,公司没有根据行政助理这个岗位的任职资格制定结构化的甄选标准,而只是凭面试官的直觉进行甄选,这样造成了招聘过程中的不科学。因为面试官会在面试过程中受到归类效应、晕轮效应、自我效应和个人偏见(地域、血缘、宗教信仰等)的影响。案例中总经理就对相貌、毕业院校和是否应届带有明显偏见,而没有考虑应聘的人是否同企业的文化、价值观念相吻合,是不是真正具备了工作需要的知识、能力、性格和态度。

3. 招聘流程分析

正常的招聘流程应该是公布招聘信息—初步面试—评价申请表和简历—选择

测试—雇佣面试—证明材料和背景材料核实—选择决策—体检录用—入职前培训—入职。该公司在招聘过程中少了选择测试和入职前培训这两个重要步骤。

公司通过选择测试基本上能测试出应聘者的性格特征和价值取向。如A的性格内向,而且心态高、不踏实,不愿做琐碎繁杂的工作,与做前台需要的性格和心态相差甚远。这样盲目地让她做前台工作造成了她的离职。通过测试同样能测出B的价值观与企业文化不符,这样就能在测试阶段把她们淘汰,从而节省招聘的成本。

入职前的培训对加入公司的员工很重要。因为通过入职前的培训,能够给新员工灌输公司的企业文化和价值观念,可以帮助新员工树立正确的工作态度,对工作有更深刻的认识。如果给A和B进行了系统的入职前培训,完全有可能改变她们本来的价值取向和对工作的态度,她们就有可能不会离职。

四、对策与建议

从上述失败动因的分析可知:这个公司没有从外界招到合适的员工是因为它没有一个科学的招聘管理体系。建立一个科学的招聘管理体系需要注意以下几个方面。

1. 做好人力资源规划

人力资源规划有助于企业适应变化的环境。环境的变化需要在人力资源的数量和质量方面做出相应的调整。应根据企业的战略规划作相应的人力资源规划。人力资源规划需要进行人力资源需求预测和人力资源供给预测。

2. 做好工作分析

工作分析即职务分析,是全面了解、获取与工作有关的详细信息的过程。具体来说,是对组织某个特定职务的工作内容和职务规范(任职资格)的描述和研究过程,即制定职务说明书和职务规范的系统过程。工作分析的内容包括两个方面:①工作本身,即工作岗位的分析,要分析每一个岗位的目的,该岗位所承担的工作职责与工作任务,以及它与其他岗位之间的关系。②人员特征,即任职资格分析,主要分析能胜任该项工作并完成任务的任职者必须具备的条件与资格,如工作经验、学历能力等。

3. 做好招聘与选择

在选才、育才、用才、留才这四大人力资源管理职能中,选才不但最为重要,而且是育、用、留的基础。如果选择的人不能适应工作与组织,人力资源将变成“人力负债”。

4. 做好员工培训和绩效考核

人力资源的特征是具有可开发性,组织可通过员工培训来开发员工的潜能,提高效率和效益,提高使用人力的柔性,提高组织的竞争力。

绩效管理是使员工的表现与组织的目标趋于一致的一种努力。绩效考核是对员工在工作上的表现进行评定与沟通的过程。绩效考核的目的是掌握员工在完成组织目标中的贡献与不足,作为评定员工升迁、调配、奖励、培训和开发的依据。

5. 做好薪酬管理和员工离职管理

通过薪酬水平、薪酬结构和薪酬形式这三个方面的薪酬管理,来实现人才的确保与维持,改善个人与组织的绩效,控制人工成本。

离职管理必须作离职原因分析和离职成本计算,需要设置离职管理岗位,并配备专业人员,主动管理员工离职行为。

资料来源:八方培训网(www.08PX.com),“一个真实招聘失败实例分析”,2011－10－18。

第二章　招聘准备:兵马未动　粮草先行

引导案例:仓促招聘的代价与分析

很多企业都会有这样的困惑:我们发展太快了,人才引进总是在应急,而这种仓促的招聘又使人员的能力与企业要求错位,导致员工流失率增加。事实上,除了那些 CEO 和人力资源经理愿意承认的部分,仓促的企业招聘要常见得多,且代价也更为高昂。

心理学家奥里·欧文思曾说:"大多数人录用的是他们所喜欢的人,而不是最能干的人;大多数决策者在面谈的最初 5 分钟内就做出了录用决定,并把面谈的其余时间用来使他们的选择自圆其说。"面对吸引财富创造者的巨大压力,那些经常进行招聘,但又不具有相关技能的高管们发现,具有"致命吸引力"的应聘者的某些特质的确令人无法抗拒。

他们在面谈过程中,往往显得智力超群、自信过人;一流成功企业的工作经历为他们披上了一层光环;他们的毛孔里都散发出超凡的魅力。然而,任何招聘——无论是招聘企业高级管理者或是邮件收发室职员,都具有风险。毕竟,你是在与人打交道,而有数据表明,80%的人都会美化他们的简历或职位申请书。既然如此,就有可能出现优秀的人才不适合某个岗位的情形,比如让出色的营销人员去负责提高运营效率。

真正可怕的招聘在于选用了品行不正的高管或经理,任由他们引发更多的严重后果,并恶化人际关系、财务状况和企业效率。这些高管们往往会强制推行轻率的战略或在实施大型项目的过程中进行多次变革,从而破坏整个企业;他们会在同事当中制造不满,并通过威胁和恐吓进行管理;他们甚至有可能将顾客推向竞争对手,或从事犯罪活动。他们给企业带来的可能是高昂的成本,而不仅仅是工资、遣散费和重新招聘成本。

位于美国北卡罗来纳州格林斯博罗的创造性领导人才中心,对 800 名企业总裁进行调查的结果告诉我们:让错误人选进入领导班子的代价是巨大的。选择培训一名低级经理可能耗资 5 000 美元,而选择与培训一名高级主管则要 25 万美元。虽然有许多公司不断缩小规模,减少公司的内部管理层,但一名不称职的主管可能造成的损害也在逐渐增大。

“当这类高管离职时,就会产生另外一个最直接的影响:不管他的表现是多么糟糕,他的离职都会削弱企业的效率。”法律服务公司 CDHK 旧金山办事处的就业法律师鲍姆说,“因为他会留下一个职能空缺,企业需要由其他人来填补,这会对每个相关的人产生连锁反应。大多数情况下,下属能感受到这种反应,但它也会波及顾客及合作伙伴。”

其实不只是高层人员,有时一个普通雇员的选聘,也可能会关系到企业的生死存亡。震惊一时的巴林银行倒闭案,其始作俑者就是一名毫不起眼的普通雇员。

“凡事预则立,不预则废”。在开始一项就工作前,没有人会拒绝预先了解整个工作内容。几乎每个成功人士都希望事先了解下一行动将经历哪些工作环节。同样,一次成功的招聘在发布招聘信息之前,人力资源部需要做许多前期准备工作。

第一节 招聘的前期准备

一般而言,招聘工作的前期准备包括四个方面工作:①制订招聘计划;②明确招聘策略;③招聘渠道的成本效率分析;④招聘标准的有效性分析。

一、招聘计划的制订

一个好的开始,必须有一个计划,计划可以作为工作的方向和预期的结果,虽然计划会根据实际情况发生变化,但如果计划准备很充分,就可减少变化带来的不确定因素。这里所说的招聘计划包含有:招聘的岗位、招聘的数量、招聘的原因(替代或新增)、合同方式(临时合同还是长期合同)、招聘的部门、招聘的时限(目标日期)、招聘的流程、招聘的审批权限。

招聘计划的完善和充分与否,将直接影响招聘工作的成败。这主要体现在人员招聘工作对企业的发展有着重要的意义,招聘的成功与否,将直接关系到企业人力资源配置质量和工作顺利开展情况,所以做好招聘计划工作,是人力资源部招聘工作的一项关键性工作。因此,招聘计划制订之前必须经过一系列的沟通,这个沟通其实就是人力资源部门和用人部门达成一致意见的一个过程,经过这个双向的沟通,人力资源部门利用自己的专业性,帮助用人部门确定招聘前需要准备的各项内容,为今后的招聘工作奠定基础。

一般而言,招聘计划包括以下内容。

(1)人员需求清单,包括招聘的职务名称、人数、任职资格要求等内容。

(2)招聘信息发布的时间和渠道。

(3)招聘小组人选,包括小组人员姓名、职务、各自的职责。

(4)应聘者的考核方案,包括考核的场所、大体时间、题目设计者姓名等。

(5)招聘的截止日期。

(6)新员工的上岗时间。

(7)招聘费用预算,包括资料费、广告费、人才交流会费用等。

(8)招聘工作时间表,尽可能详细,以便于他人配合。

(9)招聘广告样稿。

但是,许多企业可能忽略的一个问题就是,有没有对当前的岗位空缺情况做预期分析,即:在一定时间期限内,企业的岗位空缺情况的预计,以及劳动力市场状况进行分析。目前能够做到对"劳动力市场状况分析"的企业可以说非常非常少,而这正是造成我们许多计划完不成的一个客观因素。

二、招聘策略的说明

招聘策略是招聘计划的具体体现,是为实现招聘计划而采取的具体策略。在招聘中,必须结合组织的实际情况和招聘对象的特点,给招聘计划注入有活力的东西,这就是招聘策略。招聘策略主要包括招聘时间、招聘费用、招聘规模、对人员的要求、吸引人才的手段、招聘渠道的选择及组织宣传手段的详细说明。

(一)招聘时间策略

招聘过程中的一个重要问题是在保证招聘质量的前提下,确定一个科学合理的时间。时间的紧迫会使整个招聘过程的质量大打折扣,一些必需的审查和核查往往被忽略,甚至连必要的条件要求也会改变。因此,人力资源部应遵循劳动力市场上的人才规律,并根据公司的项目进度或是业务需要,计划好合适的候选人到岗的最后期限,在此期限之前的时间,就是招聘的时间。

招聘时间策略的拟定方法,可分为以下三个步骤。

第一步,出现职位空缺后,确定每一招聘步骤可能占用的时间,以便决定填补空缺职位需要花费的全部时间。在招聘需求计划的指导下,可在人才供应高峰期到劳动力市场上招聘,这样既可节约成本,又可提高招聘效率。

第二步,设置一个实际的时间线,从希望雇员实际在职和从事生产的那一天开始进行倒算。

第三步,招聘一个符合质量要求的雇员的时间目标一经确定,就要将这种时间与空缺岗位可以等待的时间进行比较。

在有些情况下,招聘所要花费的时间比等待的时间要长,在这种情况下,不要迫于完成招聘目标的压力,轻易降低招聘标准。对付这种职位空缺的典型方法有:

外包给他人，招聘临时工人以及职位职责的再分配。

（二）招聘费用策略

任何一项工作都有它的成本付出，招聘的费用就是招聘工作的成本付出，只有明确招聘的成本，才能知道这项工作是否有价值。因此，需要选择招聘的范围，而选择在哪个范围内进行招聘，还应考虑人才分布规律、求职者活动范围、企业的位置、劳动力市场状况及招聘成本等因素。一般而言，以就近选择为第一原则；而对于不同层次、不同岗位性质的人才选择范围有所不同，越是高端人才选择范围越广，如高级管理人才或专家教授通常会在全国乃至世界范围内招聘，中级管理人员和专业技术人才会在跨地区的市场上招聘，一般工作人员和技术工人会在招聘单位所在地区的市场上招聘。

除此之外，招聘过程中还需要花费各种管理费、人工费、招聘广告的印刷制作费及场地租用费等，因此，需要有计划地控制相关费用和成本。具体而言，招聘费用包含三大块内容。

（1）人员费用：薪水、福利、加班津贴。

（2）实施费用：电话费；车旅费和生活费（招聘人员车旅费及外地人员应聘的交通和住宿费用）；专业人员费用和服务费（中介费、猎头咨询费等）；广告费；雇用前的体检费用；信息服务（介绍公司及其环境的小册子）费；供应品、材料和邮资。

（3）一般管理费用：暂用设施、办公家具与设备的租金等。

（三）招聘规模策略

任何一个用人单位进行招聘时，都希望有众多的候选人以供筛选，但受到组织规模、岗位要求、招聘费用等的约束，招聘规模对不同企业来说也是不同的。

一般而言，招聘规模取决于企业招聘录用的阶段及各个阶段的比例数，参见图2－1的招聘录用金字塔。

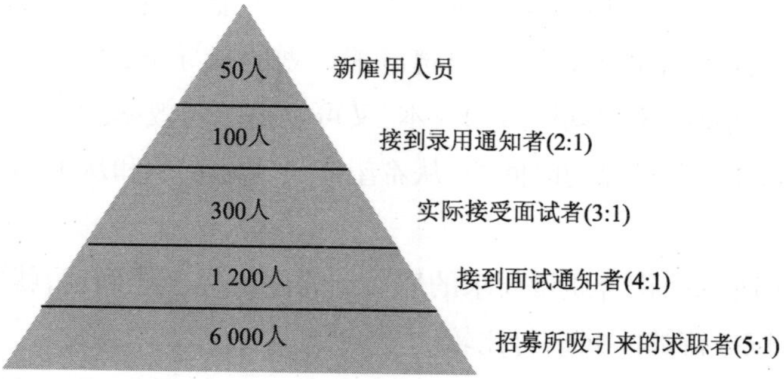

图2－1　招聘录用金字塔模型图

(四)招聘岗位要求策略

招聘岗位要求策略是最能体现人力资源部的专业性和沟通协调能力的。人力资源部必须和用人部门主管在人员要求方面达成一致意见。

部门主管人员需要列出特定工作岗位的职责要求,以便协助人力资源部进行岗位分析;向人力资源部解释对未来雇员的要求以及所要雇用的人员类型;描述工作对人员素质的要求,以便人力资源管理人员能够设计出适当的甄选和测试方案;同候选人进行面谈,做出最后的甄选决策。

人力资源管理人员应在部门主管人员所提供资料的基础上编写工作描述和工作说明书;制订出雇员晋升人事计划;开发潜在合格求职者来源并开展招聘活动,力争为组织聚集到一批高质量的求职者;对候选人进行初步面试、筛选,然后将可用者推荐给部门主管人员去考虑。

(五)招聘团队的组建策略

招聘团队作为组织机构的代表,是整个招聘活动的实施者,主要负责审核招聘的考核结果、招聘面谈及提出录用意见等工作。因此,招聘人员的素质高低将在一定程度上影响到最终的招聘质量。

1. 招聘团队组建的原则

(1)知识互补。不同知识结构可取长补短,互为补充,丰富招聘团队整体的知识深度和广度,易于对不同知识结构的人员进行考评。

(2)能力互补。招聘团队要为企业招聘各个岗位的员工,如果招聘团队中有的人懂生产、有的人精通销售、有的人了解办公室工作,各种拥有不同能力的人组合在一起,则便于招聘企业各个不同岗位的员工。

(3)气质互补。不同的招聘者具有不同的心理特征和气质,将不同气质的考评者组合在一起,可消除招聘工作中由于某一种气质类型员工的心理偏差或者成见而造成的误差。

(4)性别互补。不同的性别有不同的长处,而且性别互补可以避免招聘过程中的性别歧视或性别优势,有利于正确地评价人才。

(5)年龄互补。年龄的差别体现了精力、知识、经验、处理问题的方式、思维方式等方面的差别。因此,不同年龄的招聘者组合在一起,更能客观地对不同年龄阶段的应聘者进行正确的分析,把招聘的工作完成得更好。

2. 招聘人员的选择条件

一般来说,选择招聘人员通常要考虑以下三个条件。

(1)坚持原则,公正不偏。

（2）要有一定的实际招聘经验和相关专业知识。

（3）做事认真仔细、一丝不苟。

招聘小组中的组长通常由公司高层管理人员担任；招聘小组成员一般为人力资源部、用人部门及相关业务部门的中层领导，有的企业还会聘请相关人力资源咨询专业人士作为招聘小组成员来指导整个招聘活动。

（六）组织宣传策略

人员招聘是组织向社会展示形象的机会，因此应该密切地与人才及媒体沟通。组织在招聘过程中应创造尊重知识、重视人才的氛围，给社会以良好的印象，增强组织吸引力，吸引人才主动来到企业。

组织在推销企业提供的职位时，应该向求职者传递准确、有效的企业信息，诚实和讲道德。另外，组织在进行招聘之前还应认真考虑它的备择方案，包括兼职雇员和临时工，雇员租赁和策略性外包等。

不过，对于处于不同生命周期阶段的组织，其招聘策略也是有差异的，参见表2－1。

表2－1　不同生命周期阶段中的企业招聘策略选择表

	企业生命周期的特点	企业的招聘策略
创业期	1. 企业是新生儿，还没有得到社会承认，实力也很弱，公司规模小、人员少，但却极富灵活性和成长性 2. 管理制度基本没有，企业文化也未形成，由老板直接管理，企业发展战略的目标是求得生存与发展 3. 企业的发展与业务的开展主要依靠老板的个人能力，大家高度团结，效率高，品牌知名度差，市场占有率低，面对的主要问题是市场开拓和产品创新 4. 创业期高层团队依靠创业精神维系比较稳定，中层相对稳定，但一般员工却由于企业管理制度不完善、保障体系不健全、工资待遇低等因素的影响流动率通常较高	1. 对外部人才的需求不突出，数量少，以一般员工尤其是销售人员的招聘为主，招聘极少的中层，基本没有高层招聘 2. 对人员的要求较高，丰富的工作经验和工作业绩是重点选择标准，最好是多面手；尤其是一些对企业发展方向和目标比较认同、年纪较轻的人员 3. 吸引人才的手段主要依靠良好的职业前景、工作的挑战性和领导者的个人魅力。薪酬虽然较低，但弹性相对要高，最好有较大的增长空间；也可采取股票期权的激励方式 4. 由于企业资金不充裕，招聘费用较低，多采用朋友介绍、网络招聘和招聘会等招聘渠道 5. 企业还没有形成专业的人力资源部门，甄选主要依赖老板的个人判断力 6. 用人的灵活性较强，一人多岗和因人设岗的现象明显，对招聘时间和招聘效率没有明确的要求

续表

	企业生命周期的特点	企业的招聘策略
成长期	1. 企业逐步走向正规化,经营规模不断扩大并快速增长,人员迅速增加,品牌知名度急剧上升 2. 企业各种机构和规章制度不断建立和健全,企业的经营思想、理念和企业文化逐渐形成 3. 跨部门的协调越来越多,并越来越复杂和困难;企业面临的主要问题是组织均衡成长和跨部门协同 4. 企业高层之间开始出现分歧,跟不上企业发展步伐的员工主动辞职,员工流动性相对较高	1. 人才需求大,外部招聘数量多,高层、中层、一般员工等各层级均有。对专业技术人才和中层管理人才的需求大幅度增加 2. 要求人员具备相同职位的工作经验,能直接上手,具备一定的发展潜力,同时对变化的适应速度快 3. 吸引人才的手段主要依靠较大的晋升空间、良好的发展前景和与行业平均水平接近或较高的薪酬 4. 有一定的招聘费用,由于招聘需求急迫,因此采用以招聘会为主,网络招聘为辅,在专业人才的招聘上开始引入猎头,建立广泛而灵活的招聘渠道 5. 企业已经设置了人力资源部,但专业性不强,甄选主要依赖用人部门的部门经理进行评判 6. 要推测业务的发展进行人力资源需求预测,用人开始有一定的计划性,对招聘时间和招聘效率的要求高
成熟期	1. 企业进入发展的巅峰时期,在这个阶段规模大,业绩优秀,资金充盈,制度和结构也很完善,决策能得到有效实施 2. 企业非常重视顾客需求、注意顾客满意度,一切以顾客至上为原则,重视市场和公司形象,要求计划能得到不折不扣地执行,而如何使繁荣期延长并力争使企业进入一个新的增长期成为制定企业发展战略的关键 3. 在这一时期,晋升困难,各层面人员的流动率低,在人员规模上相对稳定。企业的发展,主要是靠企业的整体实力和规范化的机制,企业内部的创新意识可能开始下降,企业活力开始衰退	1. 人才需求不多,外部招聘数量少,只在公司开拓新业务和新市场时才会产生大量的外部人才需求 2. 对人员的要求高,强调综合能力素质,尤其是创新意识、执行力和明确的职业发展方向 3. 吸引人才的手段主要依靠企业者实力和形象以及领先于行业平均水平的薪酬 4. 招聘费用充裕,高级人才的招聘以猎头为主,辅以内部推荐、专场招聘会、网络招聘、校园招聘、平面媒体等丰富多样的招聘渠道 5. 人力资源部具备较好的专业性,开始使用评价中心技术对人才的能力素质进行评价,业务水平则由用人部门的部门经理进行评判 6. 规范的招聘计划,对招聘时间和招聘效率有明确的规定

续表

	企业生命周期的特点	企业的招聘策略
衰退期	1. 企业生命周期的最后阶段,企业市场占有率下降,整体竞争能力和获利能力全面下降,赢利能力全面下降,资金紧张,危机开始出现,企业战略管理的核心是寻求企业重整和再造,使企业获得新生 2. 企业内部官僚风气浓厚,人浮于事,制度多却缺乏有效执行,员工做事越来越拘泥于传统、注重于形式,只想维持现状,求得稳定。人心涣散,核心人才流失严重,一般人员严重过剩,高层更替频繁,并波及中层	1. 对外部人才的需求集中在一把手上,其他层级基本以内部竞聘为主,无对外招聘 2. 要求高管具备改革意识、大局观、决策能力、战略眼光和驾驭企业的整体能力,尤其是同行业类似企业的运营经验,有扭亏为盈的经历最好 3. 吸引人才的手段主要依靠利益分享机制和操作权限 4. 招聘经费锐减,但由于招聘时间短,而且还是高级、稀缺人才,因此仍然以猎头为主要渠道 5. 一把手的招聘由董事会直接进行评价,并引入专业的人才评价机构辅助

三、招聘渠道的成本效率分析

要注意对招聘渠道进行充分分析,针对不同岗位的不同性质,选择不同的招聘渠道,不然可能会令招聘信息无法有效传递到目标人群中,造成没人来应聘的尴尬局面。另外,对于招聘采用内升还是外聘方式,还需要进一步作如下三种分析。

(一)招聘渠道的费用分析

人力资源的招聘工作是组织的一种经济行为,必然要纳入组织的经济核算,这就要求组织应用价值工程的原理,即以最低的成本来满足组织的需求。一般而言,中介费用和猎头费用比较高昂,现场招聘、网络招聘、内部转换或晋升、员工推荐的费用相对比较低廉。

作为一种经济行为,招聘成本应该被列为评价招聘行为有效性的主要内容,计算招聘费用需要考虑以下四大块内容。

一是招聘的直接成本,它主要是指在招聘过程中的一系列显性花费。

二是招聘的重置成本,它主要是指由于招聘不妥导致必须重新招聘所花费的费用。

三是机会成本,它是因离职和新聘人员的能力不能完全胜任工作所产生的隐性花费。

四是风险成本,它主要是指企业的稀缺人才流失或招聘不慎,导致未完成岗位招聘目标,给企业管理带来的不必要花费和损失。

上述招聘费用分析,需要借助公司历年招聘的数据来加以说明。

比如:某公司通过招聘广告和现场招聘会方式来招聘一位销售代表,而该销售代表进入公司 2 个月后就离职,此岗位月薪 3 000 元。对此次招聘进行费用分析。

一是招聘广告费 4 600 元和招聘场地租赁费 2 000 元。其中,《××××报》1/4 彩版广告 46 000 元,招聘职位 10 个,人均 4 600 元;而现场招聘会一次费用(场地费、资料费、相关人员工资、交通费)人均 2 000 元。

二是面试成本 900 元。其中,面试 2 次,每次面试时间 2 小时和面试官 2 人,每个面试官每小时记工资成本 500 元,招聘职位 10 个,人均 400 元;人力资源部筛选简历人均成本为 500 元。

三是销售代表的工资与福利费用 7 000 元。

四是销售代表的培训费 6 000 元。培训费包括新员工培训、部门上岗培训、业务流程培训。

五是销售代表的业务损失 10 000 元,包括该销售代表未完成项目及销售额。

最后,此次招聘销售代表的费用合计为 30 500 元。

(二)招聘渠道的滞后时间分析

此处的滞后时间是指填充空岗所需要的时间,也即从发布空缺岗位信息开始到最终岗位被填充的时间长度。显然,选拔人才的区域范围(世界人才市场、全国人才市场、本地人才市场)越广,所需要的招聘时间也越长。表 2－2 是一个典型的招聘渠道滞后时间分析表。

表 2－2 某招聘渠道等候时间示例表

	平均天数
从收到简历到发出面试通知	4
从发出面试通知到参加面试	5
从参加面试到发出录用通知	3
从发出录用通知到接受录用通知	5
从接受录用通知到报到上班	21

(三)招聘渠道的收益分析

可以根据企业现有历史数据做出相关招聘来源的收益统计。

比如:20××年 12 月,一家 IT 公司人力资源部进行了用人部门人才需求调查,共得到 8 个岗位需求,公司通过网络招聘的渠道发布了招聘信息,共收到求职简历 800 份,通过简历筛选,公司按照 4∶1 的比例选定了 200 个求职者进行笔试,按照 5∶1 的比例选定了 40 个求职者进行面试和心理测试,历时 25 天,共录取了 6

名合格的求职者，但最终只有4名求职者来报到并与公司签订了劳动合同，这4名新员工在20××年底的绩效考评中，3名为优秀，1名为良好。

这家公司的20××年网络招聘收益率为0.5%（1∶200），即从收到200份简历开始，经过一系列的招聘过程报到上班的仅为1人。

此案例还告诉我们，招聘来源收益分析还可以根据空缺职位填补数量、及时性、新招聘员工绩效考核合格率等来加以说明。

四、招聘标准有效性分析

招聘标准的有效性一般考虑：①工作能力；②工作技能；③知识；④与企业文化的相匹配程度。前三个内容是应聘者与岗位的匹配程度；第四个内容是应聘者与企业的匹配程度。另外，还要考虑应聘者的工作意愿、工作动机、喜欢的工作环境、喜欢的工作氛围等。

第二节　招聘需求的确定

一、招聘需求的提出

为了确保在适当的时候，为适当的职位配备适当数量和类型的人员，一般来说，需要由人力资源管理部门牵头组织，其他生产、职能部门参与，对现有的人力资源情况进行科学评价。根据评价结果，人力资源管理部门可以掌握目前人力资源的短缺程度，包括数量和结构两个方面，以确定未来的招聘需求（参见表2－3）。

表2－3　人力资源结构配置分析示例表

使用类别		非熟练工人	熟练工人	技工	职员	工程技术人员	专业管理人员	管理人员	待分配
资源类别	人数	78	582	200	100	50	75	35	5
非熟练工人	50	50							
熟练工人	600	28	572						
技工	200		8	192					
职员	100				100				
工程技术人员	60		2	8		50			
专业管理人员	80						75		5
管理人员	35							35	

有效招聘的要件:申请者—职位匹配、申请者—组织匹配、职位—组织匹配、时间—方式—结果匹配(参见图2-2)。

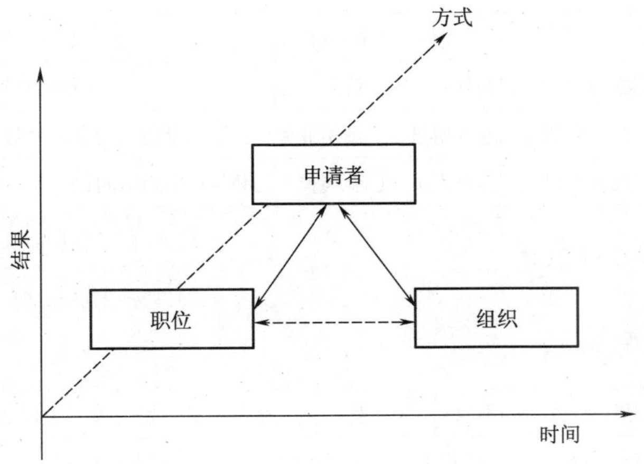

图2-2　有效招聘要件图

二、年度招聘需求的确定

招聘工作的第一步是确定招聘需求。例如,西门子公司每年都有一个招聘需求的统计,每年的五六月份,根据上一年的业务状况和来年业务发展的需求,各个业务部门就开始考虑预算。公司需要拓展哪方面的业务、组织结构有什么样的调整、某一业务部门需要多少人,这都是需要考虑的问题。然后,他们会把下一年需要哪些方面的人、多少人统计上来;接着根据实际业务的发展、业务量的增长、工作的分配情况,分时段地把需要的人分批招募进来。招哪一方面的人、招多少人,是跟业务需要和每年的计划挂钩的。超出计划外的人员都需要上级部门批准。特别是,对于员工的去或留,业务经理会起最主要的作用,人力资源部从人事的角度给出建议。如果出现较大分歧的话,业务部门做最终的决定。

我国的各类企业现在也越来越重视招聘需求的汇总工作,一般在每年的八九月份,由专人汇总各职能部门递交的申请表,并根据公司业务发展和岗位空缺情况,确定出次年的招聘需求,制订年度员工招聘计划需求表(参见表2-4),从而保证空缺岗位能及时补充、不断注入新鲜血液及公司的部分关键管理岗位的人才储备。在计划与相关用人部门进一步核对查证后,按照有关程序上报审批并申请招聘小组的成立工作,从而完成招聘工作的第一步——确定招聘需求。

表 2-4　年度招聘需求表经典示例

表格编号:　　　　　　表格编写日期:　　　年　　月　　日

招聘岗位		岗位别称			
申请部门		岗位级别		招聘人数	
编制类别	□编制内　□编制外	申请人		申请日期	
招聘原因	□员工离职　□业务增量　□新增业务　□新设部门　□原因说明:＿＿＿＿				
招聘类别	□现有空缺　□储备人员　□新岗位　□替换(当前岗位任职者姓名):＿＿＿＿				
紧急状态	□特急　□较急　□一般 (特急应说明理由:＿＿＿＿)		希望到岗日期		

基本要求	性　别	□男　□女　□不限	年　龄	＿＿至＿＿岁	婚　否	□未婚　□已婚　□不限
	学　历	□高中以上　□大专以上　□本科以上　□不限			同职工龄	＿＿＿＿年以上
	专业要求				职称要求	
	表达能力		写作能力		电脑操作	□一般　□熟练　□精通
利用现有《岗位说明书》	□可以利用　□不能利用　□局部更改　□尚无《岗位说明书》需编写					
岗位职责						

任职资格要求	任职要求的具体内容	是否招聘时必须具备条件	若不具备是否可以勉强接受	补充说明
		□是□否	□是□否	
		□是□否	□是□否	
		□是□否	□是□否	
		□是□否	□是□否	
		□是□否	□是□否	
		□是□否	□是□否	
		□是□否	□是□否	
		□是□否	□是□否	
		□是□否	□是□否	
		□是□否	□是□否	

续表

薪资标准		招聘方法	□网络 □内部推荐 □人才市场 □猎头 □其他		
部门负责人签字		人力资源部复核		总经理批示	
备注说明	1. 如招聘新岗位或岗位要求有变动,请在提交此表的同时提交相应的《岗位说明书》到人力资源部; 2. 本表由申请部门负责人填写,人力资源部在收到经总经理批示后的招聘申请表后方可开展招聘工作				

第三节 招聘计划的制订

制订招聘计划表,一方面是保证企业招聘工作有的放矢、有条不紊;另一方面,也是应聘人员了解企业录用员工要求的重要信息来源。因此,招聘计划表通常包含以下三方面的内容。

(1)招聘标准。对拟聘的岗位和条件要做出充分说明,便于应聘人员选择是否竞聘。特别是聘用条件,应当尽量详细具体,比如,有的岗位可能适合于女性,有的可能适合于男性,应当在条件中列明,具有可操作性。

(2)招聘时间。招聘时间的安排既要考虑到有利于企业的运作,又要考虑到有利于应聘人员前来应聘。

(3)招聘组织。通常要选择与招聘录用的岗位相关的部门参与招聘考核工作。哪个部门需要人,则应由哪个部门作为主要负责人,审核应聘人员的相关资料和负责笔试、面试。

一、招聘计划表的内容

具体而言,人力资源部所制订的招聘计划表(参见表2－5)将包括以下七个方面。

(1)招聘的岗位、人员净需求量、每个岗位的具体要求。

(2)招聘信息发布的时间、方式、渠道与范围。

(3)招聘小组的组建。

(4)招募对象的来源与范围、招募方法。

(5)招聘测试的实施部门。

(6)招聘费用的预算。

(7)招聘结束时间与新员工到位时间。

其中，招聘岗位、人员净需求量由招聘需求加以明确，职位要求则是来源于工作分析的结果之一——职位说明书。通过工作分析，招聘者才能做到对所要招聘的是什么样的人心中有数，应聘者能够了解他们正在申请的工作性质、工作条件，以及该职务是否符合他们的兴趣等，这样能防止因对职位事先不了解而引发缺勤或流失问题，减少企业的损失。

表 2－5　招聘计划表示例

<table>
<tr><td colspan="9">招聘目标</td></tr>
<tr><td colspan="2">职务名称</td><td colspan="2">数量</td><td colspan="5">任职资格</td></tr>
<tr><td colspan="2"></td><td colspan="2"></td><td colspan="5"></td></tr>
<tr><td colspan="2"></td><td colspan="2"></td><td colspan="5"></td></tr>
<tr><td colspan="2"></td><td colspan="2"></td><td colspan="5"></td></tr>
<tr><td colspan="9">信息发布渠道和时间</td></tr>
<tr><td colspan="9"></td></tr>
<tr><td colspan="9">招聘小组成员</td></tr>
<tr><td>组　长</td><td colspan="2"></td><td colspan="3">责　职</td><td colspan="3"></td></tr>
<tr><td>组　员</td><td colspan="2"></td><td colspan="3">责　职</td><td colspan="3"></td></tr>
<tr><td colspan="9">选拔方案及时间安排</td></tr>
<tr><td colspan="2">招聘岗位</td><td colspan="5">步　骤</td><td>负责人</td><td>截止时间</td></tr>
<tr><td colspan="2"></td><td colspan="5"></td><td></td><td></td></tr>
<tr><td colspan="2"></td><td colspan="5"></td><td></td><td></td></tr>
<tr><td colspan="2"></td><td colspan="5"></td><td></td><td></td></tr>
<tr><td colspan="2"></td><td colspan="5"></td><td></td><td></td></tr>
<tr><td colspan="9">费用预算</td></tr>
<tr><td colspan="5">项　　目</td><td colspan="4">金　　额(元)</td></tr>
<tr><td colspan="5"></td><td colspan="4"></td></tr>
<tr><td colspan="5"></td><td colspan="4"></td></tr>
<tr><td colspan="5"></td><td colspan="4"></td></tr>
<tr><td colspan="5"></td><td colspan="4"></td></tr>
</table>

续表

招聘工作时间表			
时　间		工作内容	
制定人		部门经理签字	
分管副总经理意见			

制表日期:　　　年　　月　　日

二、招聘计划表的审批

用人部门的主管需要从人力资源部经理和总经理那里获得招聘许可。如果待招聘的人员在人员预算的范围内,可以直接向人力资源部提出招聘请求;如果待招聘的人员在人员预算的范围之外,必须要经过审批许可。招聘需求确定后,还需要结合具体岗位的工作分析和单位的总体人力资源规划来制订详细的招聘计划。

招聘计划的内容确定后,还需要提交行政总监及总裁进行审核,批准后才能进行招聘信息的发布,招聘活动才能继续进行。如果待招聘人员是在人员预算范围之内,一般审批程序会进行较快;如果待招聘人员是在人员预算范围之外,公司高层管理人员就需要对招聘的必要性进行审核和论证。确认招聘需求后,获得审批的招聘计划书会直接发送回人力资源部,人力资源部门的工作人员将正式开始招聘活动。表2-6是某企业招聘计划的实例。

表2-6　某企业20××年年初的招聘计划报告

一、制订计划的意义
人员招聘录用计划是制订人力资源规划的重要组成部分,其主要功能是通过定期或不定期地招聘录用组织所需要的各类优秀的人才,为组织的人力资源系统充实新生力量,实现企业内部人力资源的合理配置,为企业扩大生产规模和调整生产结构提供人力资源上的可靠保证,同时弥补人力资源的不足。更重要的是,人员招聘录用计划作为组织人力资源规划的重要组成部分,为组织人力资源管理提供了一个基本的框架,为人员招聘录用工作提供了客观的依据、科学的规范和实用的方法,能够避免人员招聘录用过程中的盲目性和随意性

续表

二、招聘原则

坚持"公开、平等、竞争、择优"的原则,严格把握德才兼备的用人标准,面向社会公开招聘单位所需各岗位人才

三、准备阶段

参照王主管20××年人员需求配置资料分析,去除劳务派遣人员23人,20××年年初人员需求38人:品质部5人,物流3人,制造30人。其他部门人员需求纳入下一步计划

表1 某企业20××年年初招聘计划表

序号	岗位名称	岗位描述	任职资格	人数
1	质检员	1. 对制造过程中的产品质量检验负责 2. 对组装产品检验的过程负责 3. 对原料的质量检验负责 4. 对成品的品质检验负责	1. 学历:中专及以上 2. 经历或经验:1年及以上相关工作经验 3. 专业知识与技能:熟悉质量管理体系和相关品管手法,会使用电脑 4. 身体条件:身心健康,精力充沛,能加班	5
2	仓管员	1. 认真做好仓库材料的分类 2. 摆放和保管工作 3. 准确地做好进出仓库的账务工作 4. 严格按照材质的验收要求做好材料验收工作	1. 年龄与学历:22~35周岁,高中以上学历 2. 经历或经验:有仓库管理经验一年以上 3. 专业知识与技能:能够熟练操作各种办公软件;懂ISO、5S基础知识;对库存商品的数量、品种以及出入库情况能够做到及时登记	1
3	送货员	1. 装车前认真地对货物进行数量清点,确认数量与送货单数量相符后再装车发货 2. 搬运货物时做到轻搬轻放,严防货物受到外力挤压 3. 运输途中协助驾驶员管理好车辆与货物的安全 4. 到客户处要文明礼貌待人,需处处维护公司的利益与形象 5. 与客户收货员共同清点货物数量并交接好各类单据,将回执单带回公司交相关部门人员	1. 年龄与学历:25~35周岁,具有初中以上学历的男性 2. 能力要求:具有吃苦耐劳的精神;具有较好的配合、协作能力,良好的沟通能力	2

续表

序号	岗位名称	岗位描述	任职资格	人数
4	机修工	1. 负责所有机器设备的保养与维修,并做好相应记录 2. 服从领导安排,完成一切维修事项 3. 安全作业	1. 学历:高中以上 2. 经历或经验:两年以上的相关经验 3. 专业知识与技能:懂冲压设备维修及模具机械设备维修	2
5	调模/修模		1. 年龄与学历:25 ~ 40 岁,高中及以上文化程度 2. 经历或经验:有五金厂工作经验 3 ~ 5 年,能独立处理模具常见问题 3. 专业知识与技能:能按图纸要求调模,达到品质确认尺寸;能独立维修模具,会操作车床、铣床、磨床,熟悉各类冲床操作	5
6	操作工		1. 年龄与学历:18 ~ 40 岁,初中文化程度 2. 身体条件:视力良好,手脚灵活 3. 经验:有五金厂工作经验者优先录用	23

根据我公司目前人员需求情况,内部竞聘比较困难,所以必须加大外部招聘力度

1. 人才市场和招聘会

由于每年 2 月至 3 月的校园招聘不是很好的时机,所以此阶段的开发重点放在社会招聘会和人力资源市场,以下招聘会和人力资源市场渠道开发分三步走:

第一步,通过网路、电话、报纸等宣传广告收集 × × 市各人力资源市场情况:包括地址、主办单位、举办周期、针对人群、招聘效果等信息——每周收集

第二步,实践调研:到各个招聘会现场调研,拿到第一手准确的实时的信息资料,并携带招工宣传资料分发宣传——第一轮周期为 1 个月

第三步,综合分析上述所得信息,确定其中一到两个招聘渠道,然后再进行下一轮的比较筛选,最终选择最优秀的其中之一招聘渠道,并高效使用

第四步,对正使用的渠道定期考核评优,及时调整

2. 厂区周边区域招聘

主要形式采取张贴招工启事,18 号即可开始,以后每周更新

3. 校园招聘

最佳时期在每年 10 ~ 12 月,年初校园渠道开发,3 月 1 日开始展开

续表

首先清楚××市技校、中专和大专院校的基本信息，接下来有重点地各个深入调研和开发（形式多样），建立良性、有效的校园招聘渠道 4. 网络招聘 网络招聘方式暂不作为主要方式，可利用免费招聘网站发布信息 5. 内部人员推荐 1月28日生产部晨会时当场宣讲，并发给每人一份推荐通知书和招聘简章 四、甄选、录用阶段（略） 五、招聘录用成本预算（略） 计划制订人：李某 20××年1月10日 计划审批人：赵某 20××年1月17日

三、招聘计划下达及进度控制

在正式进入招聘活动前，首先，人力资源部相关工作人员还须编制一份对企业的介绍与招聘岗位的简介或称为招聘简章；其次，人力资源部相关工作人员开始实施经过确认的招聘计划，需要按照招聘需求的轻重缓急程度加以分类，并明确招聘渠道，特别是要严格控制招聘的整体进程（参见表2－7），从招聘信息发布到申请者资料的收集，再到选择过程和录用情况均要做一详细的时间控制表。

表2－7　招聘计划下达及进度表

招聘需求类别： □紧急/重要岗位　□紧急/一般岗位　□中期需求/重要岗位　□中期需求/非重要岗位
招聘渠道选择： □猎头　□网络招聘　□登报广告　□人才市场招聘　□内部人才库（同事推荐） □专场招聘会__________　□其他__________
招聘落实情况： • 招聘信息发布： 完成日期：________　完成情况：________　完成人：________ • 简历收集/初选情况： 完成日期：________　初选合格简历数：________　筛选比例：________　完成人：________

续表

• 初试情况: 完成日期:________ 初试通过人数:________ 筛选比例:________ 完成人:________ • 复试情况: 完成日期:________ 复试通过人数:________ 筛选比例:________ 完成人:________ • 人员到位情况: 到位日期:________ 姓名:________ 是否转正:________
用人部门对招聘工作的反馈意见:

案例分析:他为何闪电离职

小李是一位优秀的物流管理人才,有着多家大型快速消费品企业的物流管理经验,而且业绩突出,在业内享有盛名。

A 公司是一家 20××年 10 月注册成立的快速消费品生产和销售企业。由于产品独特,一投入市场,便有大批订单蜂拥而至。20××年入夏以来,随着业务量的激增,物流运转不够顺畅,物流成本不断增加,效率大打折扣,一些经销商的不满情绪渐增。在这种情况下,公司迫切需要一位优秀的物流管理人才。

此时,恰逢想换换工作环境和希望接受挑战的小李前来应聘,人力资源部经理久闻小李大名,见机会难得,直接上报总裁。总裁求贤若渴,亲自上阵面试,经过交谈发现小李确是自己梦寐以求的物流管理人才,于是当场拍板,让小李次日上班,担任物流部经理。

人力资源部经理和总裁如释重负。但是,三个星期以后,二人都意外地收到小李的辞呈。

经过多方面了解,人力资源部经理弄清了小李离职的原因:①思想活跃、喜欢创新和挑战的小李与保守稳重的直接上级——生产副总多次因意见不统一而发生冲突;②小李在 A 公司物流部面对一群"素质不高"的同事,经常产生一种"曲高和寡"的孤独感;③小李无法适应一个各项制度不健全、管理流程混乱的企业,认为在这样的企业,自己的能力无从施展。

小李的闪电离职令人深思。究其原因,根源在于 A 公司的招聘失误。对这一失误的集中概括就是：公司只是急于聘到优秀的人才，而没有考虑要聘合适的人才以及怎样去聘合适的人才。

一、招聘失败的动因分析

（一）应“急”的招聘

A公司急于聘到能人，导致招聘过于仓促，企业与拟聘人才双方缺乏深入了解。当公司一碰到优秀的物流管理人才小李，人力资源部经理和总裁就犯了同一个错误：只看到小李的物流管理能力，而没有考察其能力在本公司到底能发挥多少作用。任何人能力的发挥都是需要条件的，A公司至少没有考虑以下问题：小李习以为常的或者说小李能承受的工作环境和氛围本公司现在是否具备，小李能适应一个刚刚成立、尚在起步中的企业吗？从小李的角度来讲，他想换换工作环境和接受新的挑战，对A公司的实际情况缺乏深入了解，也没有考虑自己能否适应。

（二）匹配失误的招聘

匹配失误是造成小李闪电离职的最主要原因。A公司招聘策略上的失误集中反映在只关注人岗匹配，而没有考察人与组织的匹配问题。人岗匹配固然重要，但是对于处于初创期的A公司来说，人与组织的匹配问题更重要。而A公司不但没有在追求人与组织的高度匹配上下功夫，反而根本没有考虑这一问题。这主要反映在以下两个方面：

1. 没有考察个人与团队的融合程度

A公司的招聘没有考虑小李的风格是否与主管以及拟任职团队的特性相匹配。在A公司，小李的直接上级是一个保守稳重的人，而小李是一个喜欢挑战和思想活跃的人，两者的个性和行为风格迥异，所以双方配合发生冲突也在预料之中。另外，A公司物流部现有的工作人员观念相对陈旧、素质不高，而刚刚上任的经理小李却是一个观念超前、能力优异的人，小李“曲高和寡”的孤独感由此而生。

2. 没有考察个人对企业现状的适应程度

小李业务能力强，业绩佳，但未必是A公司拟聘的最佳人选。因为小李的工作经历都是在大型快速消费品企业工作，相对来说，大型企业的各项管理制度和流程比较成熟和完善，小李也因此而养成了一种工作习惯和行事作风，甚至是思考问题的方式。而A公司成立不久，各方面管理制度和管理流程还不规范，小李能否适应才是应该考虑的问题。

（三）准备不足的招聘

从上述案例分析中，可以发现A公司在招聘物流部经理过程中，既没有明确的选人标准，也没有科学的甄选工具。

1. 选人标准的缺失

在A公司无论是人力资源部,还是公司总裁,都急于招聘一个优秀的物流管理人才,而对于具体招聘一个什么样的物流管理人才却没有明确的定位。导致在招聘过程中只关注小李的能力和业绩,以致仓促做出录用决策。

2. 人才评价方法和工具缺失

在A公司的整个招聘过程中,各种判断和决策都带有浓厚的主观色彩,几乎是一种"跟着感觉走"的情况。A公司对于小李的评价只有公司总裁的主观感知,而缺乏科学依据。比如,没有对小李的个性特征做出评价,同时也没有对小李的胜任特征、适应能力、价值观念等做出科学的判断。

(四)流程失误的招聘

A公司没有考虑怎样合适地去聘人的问题。招聘流程上的失误为小李的离职埋下了伏笔。比如,在招聘小李的过程中,只有人力资源部经理和公司总裁面试,而真正的用人单位,也就是小李的直线上级——生产副总没有参与招聘,也没有征求他的任何意见。这一关键人物在招聘过程中的缺失,是导致小李闪电离职的另一个重要原因。

二、案例带来的启示

小李离职事件给我们的最大启示就是:招聘的最大挑战不在于聘到人才,而在于聘到合适的人才,而且要合适地去招聘人才。具体而言,实现成功招聘应注意的问题集中在以下两方面:

(一)聘到合适的人

首先,制定合理的招聘策略。招聘策略应视企业所处的生命周期或企业的人力资源管理战略制定。一般说来,在企业发展初期,招聘策略应寻求与组织高度匹配的员工。因为处在这个时期的组织,特别强调凝聚力和协作精神。而个性、价值观和态度一致的员工更易形成凝聚力,提高工作效率,从而利于企业的发展壮大。所以,成长期的企业在选聘人才的过程中,除了关注人岗匹配外,更应考察:①拟聘人员的风格是否与主管相匹配;②人才的个性特点是否与拟任职团队特性相匹配;③拟聘人员能否适应企业现状;④拟聘人员对企业文化的认可程度及其价值观是否与企业匹配等。

其次,进行充分的招聘准备。这些准备包括:第一,要有明确的选人标准。企业在招聘之前,应根据实际情况(如公司的文化、拟任职团队的特性等)确定拟聘人员的胜任特征(competency),比如,需要具备的技术知识、能力(包括学习能力、分析问题的能力、创新能力和团队合作能力等)以及个性特征等,甚至可以细化到学历、年龄、专业经验、业绩、性格气质、家庭情况、薪酬水平等。只有达到预定标准的应聘者才是合适的人才，才是企业积极招聘的对象。第二，科学的评价方法和评价工具的有效运用。可以通过自传数据、人格测试、能力测试、兴趣测验、面谈及情景模拟等多种工具和手段对拟聘人才进行评价，根据评价的结果来决定是否录用。合适的人才评价方法和工具可以为成功招聘提供科学依据，提高招聘者所做评价的准确性和可靠性，确保企业招聘到真正合适的人才。

（二）合适地去聘人

首先，要讲究效率，避免盲目追求速度，而忽视质量。在实际招聘过程中，必须让企业和应聘者彼此深入了解，在双方相互了解的基础上作出判断和选择。

其次，要制定合理的招聘流程，并按流程"分步走"，一步都不能少。在招聘过程中，必须由用人部门的负责人拍板定案，或者至少必须让用人部门负责人参与面试并发表意见，因为只有用人部门的负责人最了解本部门的实际情况，也只有他最清楚要聘什么样的人，或者说，什么样的人才最能贯彻自己的工作思路、最合乎团队工作的氛围。总之，成功的招聘需要通过控制招聘过程，来达到良好的招聘绩效，从而避免在招聘过程中埋下人员离职的伏笔。

资料来源：中国劳动咨询网（www. 51Labouy. com），"从员工离职案例看 HR 如何成功招聘"，2011 - 12 - 23。

第三章　招聘渠道:多管齐下　网罗人才

引导案例:内部招聘并非是管理效率提升的有效手段

某局机关因工作需要,新成立了一个行政处,由局原办公室副主任周强任处长,原办公室的8位后勤服务人员全部转到行政处。

周强新官上任的第一把火就是进行内部招聘,招了5位。这样,一个14人的行政处便开始了正常工作。在没有配备副手的情况下,他领导其他13人开展工作。两个月后,周强发现整个处里好像只有他自己起早贪黑,天天忙着工作分配、组织协调、指导监督、对外联络等,其他人天天为所分配事项的多少吵架,结果,行政处不仅内部矛盾重重,而且还与其他处室也发生了不少冲突。

在这种情况下,局领导决定调出周强,派局办公室另一位副主任张斌接任行政处处长。张斌上任的第一把火就是,着手组建行政处内部组织机构,处下设置四个二级机构:办公室、行政一科、行政二科、行政三科;第二把火就是进行内部招聘,最终招聘的是原局办公室的两位主任科员任行政处副处长,原业务处的3位副主任科员任行政一、二、三科的科长,其余科长、副科长在过去的13名工作人员中产生。这样,一个19人的行政处在三位正副处长、8位正副科长的领导下,再次以新的面貌投入到工作之中。

但是过了不久,行政处的工作效率不仅没有提高,反而更加糟糕了。不到半年,行政处不但人际关系紧张复杂,而且大家都没干劲。张处长内部招聘的5个人要求离职。在这种情况下张斌只好辞职。但他很困惑:自己工作热情很高,为什么还领导不好行政处的工作?

问:周强和张斌内部招聘失败的主要原因是什么?应如何改进?

参考答案:周强和张斌将管理效率的提升重点放置在内部招聘上,而本案例中的行政处的管理问题主要是违背了组织设计的基本要求和原则,也就是说设计管理层次和控制幅度不合理。周强失败的原因:其一是管理层次太少,没有体现出分权管理原则;其二是管理幅度过宽,1∶13的幅度严重失衡;而张斌失败的原因:第一,横向部门设置过多;第二,官多兵少,机构头重脚轻。

正确的做法应当是:第一,设计组织管理层次和控制幅度一定要适度;第二,确定控制幅度应以管理事务的难易程度为前提;第三,设计控制幅度还要考虑管理者的水平和管理手段以及管理对象的素质等因素。参见表3－1。

表3－1 内部招聘主要方法及其优劣势分析

招聘方法	优点	缺点	具备条件
晋升	有利于激励员工	人员来源有限	企业晋升制度公开，程序透明
	胜任新工作所需培训少	可能导致不良竞争	晋升职位与本人职业规划相符
	增加员工对企业的忠诚度	可能引发内部矛盾	企业应有完善的培训体系
竞聘	激发员工积极性与创造性	难以做到绝对公平容易引发争议	前期宣传工作要做好
	避免不公平竞争		应保证招聘程序公平、公正
职位调动	避免内部人才浪费	仅限于在工作内容相近的职位之间进行	企业应有完善的内部调动管理制度
	扩展员工知识面		企业应对员工进行必要的培训体系
工作轮换	使员工适应企业不同的环境	专业性强、技术要求高的工作很难实现	企业应有相关的培训体系
	减轻员工工作压力		轮换时间适当
员工推荐	经济实用	可能在企业内部产生裙带关系	企业应有相应的缺席
	能较快融入企业环境		对优秀人才的推荐应给予奖励

在人才竞争日益激烈的中国，临近年底的大学生专场招聘会，那些人山人海的火爆场面均成为众多新闻媒体报道的重点。而对于企业而言，面对蜂拥而至的人才，为了找到适合自己企业的人才，亟须解决两大难题：①通过何种渠道接触这些人才，也就是如何选择招聘渠道？②运用什么样的招聘方法和技术将合适的人才招聘到企业当中，并分配适当的岗位？本章将解决第一大难题，第四章将解决第二大难题。

第一节 招聘渠道的内涵

从信息经济学角度来看，处于劳动力市场中的招聘者和应聘者间的信息是非对称的，因此双方实现良好的匹配非常困难。从打破信息非对称角度而言，招聘渠道就是一个招聘者发布空缺岗位信息和应聘者递送求职信息的互动平台。

从招聘者角度来看，一个好的招聘渠道应该具备三大特征。

（1）招聘渠道的目的性，指招聘渠道的选择是否能够达到企业对于人才种类与人才层次上的要求。

（2）招聘渠道的经济性，指在招聘到合适人员情况下所花费的成本最小。

（3）招聘渠道的可行性，指选择的招聘渠道符合现实情况，具有可操作性。

从招聘人员来源方式来看，招聘渠道可分为内部招聘和外部招聘。

所谓内部招聘,就是当公司出现空缺的位置时,主要是通过提拔内部员工来解决招聘问题;外部招聘则主要是通过吸收外部新鲜血液来解决招聘问题。

一般而言,内部招聘是管理岗位(特别是高层或关键岗位)招聘的最重要的渠道,如在美国,有90%的管理岗位是由内部招聘来填补的。这是因为:内部招聘可为员工提供实现职业生涯目标的机遇;提高在职员工的积极性和忠诚度;减少培训成本和降低离职率;由于对员工能力有一定了解,因此具有较高的招聘质量;节省新雇员的适应时间;节省招聘的费用等好处。但同时,内部招聘也易产生近亲繁殖问题,造成同质员工的大量复制,使企业缺乏创新与活力;在员工晋升过程中,容易引起同事间的过度竞争,造成同事间过分注重"谁正确",而不是"什么正确"等问题。

外部招聘是一种交流形式,大多针对基层岗位的招聘,借此企业可以在潜在的雇员、客户和其他外界人士中树立形象。而且外部招聘来源广,利于招聘到更为优秀的人员;特别是能为企业注入新鲜血液,能够给企业带来新思想、新方法;避免企业内部竞争所造成的紧张气氛。但外部人才引进,对组织造成的问题也比较明显:易使内部人员感到晋升无望,会影响内部员工的工作热情;外部人员对企业不了解,进入角色慢,因此,需较长时间适应;由于对外部人员的工作绩效、能力与人品不太了解,因此,筛选难度大,时间长,可靠性较差;外部人员对企业价值观和企业文化认同感差,辞职可能性大,会给企业的稳定性造成影响,另外会造成招聘成本的增加。

第二节　传统招聘渠道与现代招聘渠道

一、传统的招聘渠道

传统招聘渠道主要包括电视广告、广播电台、报纸广告、行业(专业)杂志、专业的招聘媒体(报纸、刊物)等传统信息发布媒体,主要表现为招聘广告,除此之外,还包括组织内的公告栏与组织外的招聘会。

(一)招聘广告

招聘广告是企业招聘人才时最常用的方式。由于报纸是普通大众包括求职者了解信息的重要平台,所以这种报纸媒介形式的招聘广告在报纸发行地的覆盖面比较广,目标受众接受的概率非常高,不仅可以提升企业在当地的知名度,而且可以有效宣传公司的业务,有一举多得之功效。但是这种招聘渠道会吸引到很多不合格的应聘者,增加了人力资源部门筛选简历的工作量和难度,延长了招聘的周期,另外该渠道的费用比较高,特别是选择"抢眼"版位和版式费用会更高。通常,公司采用这种方式招聘有实际工作经验的社会人员。

招聘广告设计的好坏,将直接影响到应聘者的素质。一个好的招聘广告设计需要注意以下三点。

第一,招聘广告设计着眼点:说什么?对谁说?怎么说?一般的招聘广告的内容包括:本企业的基本情况;是否经过有关方面批准;招聘人员的基本条件;报名的方式;报名的时间、地点;报名需带的证件、材料;其他注意事项。

第二,招聘广告的设计原则:准确、吸引人、内容详细、条件清楚。具体来说,招聘广告设计应符合 AIDA(attention,interesting,desire,action)条件,以期引起应聘者注意并产生兴趣,继而产生应聘的欲望并采取实际的应聘行动;另外,还应达到"以责相斥"目的,即招聘条件应具有粗筛求职者功能,要明确待聘岗位的职责、工作风险及任职资格条件。

第三,招聘广告要注意的事项:语言简明、清楚;招聘对象的基本条件要一目了然;要留有余地,要使应聘的人数比所需求的人数多一些,一般应在 1.5 ~2 倍以上;要坚持面试,要让应聘者有充分表达才华和专长的机会;招聘广告应有对人的尊重和给求职者温暖可亲的感觉。

(二)公告栏

公告栏通常位于企业内较为醒目的位置,面向组织中所有雇员。企业通过公告栏发出招聘需求,表明该企业不仅允许个人在组织中自我选择最适合自己的工作,而且还积极提供组织内员工转换工作的机会。而雇员们在了解这些机会的同时,可也进一步了解相关岗位的工作职责、任职条件、绩考标准与工资等级等。

公告栏的招聘方式,不仅可以达到提高雇员士气,提升雇员技能与岗位需求的匹配概率的目的,还可以较低的招聘成本填补岗位空缺。然而,内部张贴招聘告示也存在以下不足:填补职位空缺的时间比较长;如果反馈得不到及时小心地处理,落选者的士气会受到很大影响;如果有两三个候选人旗鼓相当,主管人员则难以做出决策;招募告示中有关薪水和职位等级方面的信息可能会引起一些雇员的不满,因为在他们看来,似乎在职位等级和薪水方面存在不公平现象;由于部下总试图脱离本部门,所以上下级关系会面临困境。

(三)现场招聘会

现场招聘会是传统的人才招聘方式,费用适中。现场招聘会指人才交流中心与其他机构主办的人才招聘洽谈会。通过此平台,人力资源管理人员不仅可以与求职者直接面对面交流(相当于初试),而且可以直观展示企业的实力和风采。

现场招聘会总体上效率比较高,可以快速淘汰不合格人员,控制应聘者的数量和质量。现场招聘通常会与媒体广告同步推出,并且有一定的时效性。其局限性在于往往受到展会主办方宣传推广力度的影响,求职者的数量和质量难以有效保证。这种方式对于招聘高级人才或特殊人才则不是理想的选择。

(四)档案法或技能清单法

档案法或技能清单法是传统的人才招聘方式。对于还没有人力资源管理信息系统的企业,可以借助员工的档案来挑选人才,这是因为档案的内容包括员工的教育、培训、经验、技能、绩效等素质情况,但档案内容必须及时加以补充。确定人选后,必须征求本人意见。档案法常常与布告法、推荐法联用,互为补充。对于已经建立人力资源管理信息系统的企业,则可以借助技能清单来帮助企业挑选所需人才,这是因为,组织内人才的相关资料如姓名、工作类别、以往所从事的工作、经历、特殊技能和知识、所受教育与证书、工资水平、绩效考核结果等都被量化、编码,均被包括在技能清单中。由于技能清单的建立很费时间,因此组织常常同时用它来为其他人力资源管理活动建立数据库。

(五)熟人推荐

通过企业的员工、客户、合作伙伴等熟人推荐人选,是一种比较有效的招聘渠道,这主要表现在新员工进入公司后离职率低,工作满意度较高,工作绩效较好。这类应聘者多数是公司内部员工熟知的亲人或朋友,所以他(她)们对公司内部信息和岗位要求也有比较清楚准确的认识,而在另一方面,公司内部员工对被推荐者较为熟悉,会根据岗位的要求考虑他(她)们是否具备相应的条件;加之进入公司后也可能更快地融入公司内部关系网络,得到更多的帮助和指导,因而在短时间内工作可能会有较好的表现。但采用该渠道时也应注意一些的负面影响:一些公司内部员工也许纯粹是为朋友或亲人争取一个职位机会而没有考虑被推荐人是否合格,更有甚者则是有些员工或中高层领导为了培植个人在公司的势力,在公司重要岗位安排自己的亲信,形成小团体,这会影响公司正常的组织架构和运作。

二、现代的招聘渠道

(一)电视招聘

随着电视的普及和电视节目的不断创新,电视招聘等新型的招聘广告越来越得到应聘人员的青睐,如中央台举办的《绝对挑战》、江苏卫视与中国教育电视台举办的《职来职往》、天津卫视举办的《非你莫属》、广东卫视举办的《天生我才》等,企业联合电视媒体进行招聘选拔,是对纸版招聘模式的突破,对于求职者来说,电视招聘平台更加平易近人,因为找工作就像找对象一样,是个你情我愿的过程;对于知名企业而言,想要长期保持引才的领先地位,就不能一直坐等人才来递交求职申请,需要主动出击,主动维持企业在市场的雇主品牌效应,电视招聘是一种难得的突破与创新,这一平台效应的力量还将会延续。

(二)网络招聘

网络招聘是伴随着网络的日益普及的趋势下而产生的一种新的媒体招聘形式,招聘信息可以定时定向投放,发布后也可以管理,又由于网络的覆盖面广、无地域限制、沟通便捷、费用较低、循环使用等功能,许多企业均在知名的人才网上发布招聘信息,如前程无忧网、智联招聘网、中华英才网、各地人才市场网站以及公司的网站,而且各网站提供的格式简历和格式邮件可以降低简历筛选的难度,加快处理简历的速度。

网络招聘对于白领阶层尤其实用,基本上是“找工作,一键搞定”。但是,这种渠道不能控制应聘者的质量和数量,海量的信息,包括各种垃圾邮件、病毒邮件等会加大招聘工作的压力,在信息化不充分的地区应用效果较差。这种形式可以为常年招聘的单位所采用。

另外,伴随网络普及、网络市场日益细分而产生的新型、非主流的招聘渠道,如各行业、专业网站及论坛,特定人群(MBA、专业人士、校友、网络发烧友)组织的网站、聊天室(群、组)等,可通过视频的互动沟通,令企业挖掘到梦寐以求的“千里马”。而且各大人才招聘网站,随着用户群体日益庞大,其人才简历库也逐渐丰富完善,企业可以利用网站提供的“网才”服务在简历库中搜寻到企业要找的人,这种方式有些类似于猎头。

(三)猎头招聘

猎头是一种由专业咨询公司利用其储备人才库、关系网络,在短期内快速、主动、定向寻找企业所需要的人才的招聘方式。

猎头招聘是近年来为适应组织对高层次管理人才或行业所属特殊专业技能人才的需求与高级管理或技术人才的求职需求而发展起来的,它往往对组织及其人力资源需求有详细的了解,对求职者的信息掌握较为全面。猎头公司在供需匹配上较为慎重,其成功率比较高。

由于猎头主要面向的对象是各企业在职的中高层管理人员,因此,对于猎头方与被猎方而言,均倾向于暗箱操作,使得这种招聘方式看起来比较神秘。猎头公司收费较高,一般收取服务费标准为:寻访职位年薪的20% ~30%或员工录用后的1 ~3 个月工资,同时,约定所聘用人员必须为企业服务满3 个月后才可能去收取此笔费用。

通过猎头招聘,尽管可以省时、省力地接触到很多高端人才,但是,其劣势也是很明显的。比如,猎头公司因与多个公司有业务往来,不可避免地会使公司间的信息

"相互流通",即可能有泄密的风险;猎头还可能在与公司接触过程中"捕猎",即公司在猎才的同时流失人才。比如,A 公司在委托猎头招聘一名财务总监后,反倒损失了一名技术总监,这是因为猎头是职业猎手,他们最大的资源就是高端人才库,因此,他们通过给 A 公司招聘过程中,与 A 公司的技术总监有了接触,最终,导致其被挖走。

(四)校园招聘

一般而言,校园招聘的计划性比较强,招聘新人的数量、专业往往是结合企业的年度人力资源规划或者阶段性的人才发展战略要求而定。因此,进入校园招聘的通常是大中型企业,他们通常会在几个大类专业中挑选综合素质高的大学生。又由于大学毕业生的可塑性强,还被企业形象地比喻为"钻石中的裸石"。如果招聘企业重在员工知识结构的更新和人力资源的长期开发,则校园招聘是首选。

对企业而言,校园招聘能够极大地提高企业在高校圈内的知名度,为企业未来人才储备奠定基础,而且校园招聘的费用低廉,对知名企业而言有时甚至是免费入场。另外,可以通过建立良好的校企合作关系,如企业成为高校某专业的实习基地,或与学校联合定向或委托培养企业所需的专业技术人才,使得高校成为企业未来人才资源的重要来源。

校园招聘虽然能够吸引众多的潜在人才,但是这类人员的职业化水平(态度、专业技能、行为习惯等)不高,流失率较高,需要企业投入较多的精力进行系统完整的培训,再安排到生产经营的一线作为储备干部接受工作训练。通过这样一个过程,那些能够积极融入企业、满足要求的人才会脱颖而出。表 3－2 是不同形式的校园招聘的比较。

表 3－2　校园招聘具体形式比较表

形式名称	优　势	劣　势
专场招聘会	受众范围广泛	对学校或专业的针对性不强
校园宣讲会	受众对象针对性强	潜在求职者应招比例低
实习生计划	将优秀毕业生提前纳入人才储备库中,提高招聘质量,降低入职培训成本	实习时间难以保证,实习生的工作内容与正式岗位内容有差异
管理培训生计划	立足长远,面向顶级高校精英人才	流失率高
俱乐部	常年开展,延续性强,有助于低年级学生对企业的了解	招聘的日常运营成本高
夏令营或参观计划	展示企业品牌、传递企业文化,推动其后的校园招聘	运作成本高
选秀大赛	激发在校生的参与意识	对于活动组织者有极高要求

(五)人事外包

所谓外包(outsourcing),英文直译为“外部资源”,指企业整合利用其外部最优秀的专业化资源,从而达到降低成本、提高效率、充分发挥自身核心竞争力和增强企业对环境的迅速应变能力的一种管理模式。在一个企业里,要健全人力资源部门就要设置配套的各种专业人力资源人员,如“薪资管理专员”“招聘专员”“培训专员”等,代价相对来说是巨大的。

从性价比的角度来讲,很多中小企业没有必要设置这样多的专业人力资源管理人员,可以把这一部分工作外包给人力资源机构,而专业的人力资源机构相对来说比企业做得更加完备,企业可借助它来完善自身人力资源管理上的不足,从而节约自己的资源,进而创造最大的价值。

人事外包的好处是:规避风险,减少纠纷,降低营运成本,节省人事专员的时间,提高工作效率。除此之外,人事外包还能客观地反映劳动力市场的普遍薪酬行情,为企业进行薪酬管理提供科学的依据,为企业吸引、留住和激励人才打下坚实的基础。根据企业的实际需求,提供专业人事服务,使企业不但可以及时引进先进的人力资源管理方式,规避政策风险,提高员工满意度,还可以节省大量事务性工作所耗费的人力、资金和时间。

(六)“走进来”的方式

“走进来”的方式——自荐,即应聘者直接找上门求职。这种招聘渠道确实存在着很大的随机性,企业很难预测何时有人前来毛遂自荐,所以不能将其作为常用的招聘手段。但是,敢于自荐的人要具有勇气,而勇气往往源于他们的优秀。因此,自荐渠道可以作为一个重要的补充渠道,不定期地为企业找到优秀人员。有一个大公司的经理告诉我们,他原先是一个小业务员。有一次,他准备到一间豪华的办公室推销办公用品,当他推开门的一刹那间改变了主意,告诉里面盯着他的女士,他是来求职的。没想到,他真的进入了这家大公司,并且通过自己的努力成了一名经理。自荐是求职者给自己的一次机会,也是给企业的一次机会。

所以,公司在新员工招聘中最好不要局限于采用单一渠道,而应考虑各种渠道的特点灵活使用。不同渠道招聘的应聘者适应于公司的不同岗位,在招聘过程中根据需要有所偏重采用会得到比较好的招聘效果。

(七)特殊个性化的招聘渠道

(1)社区推荐、退伍兵人才市场(某 DVD 制造企业:保安与司机)。

(2)校企合作建立人才输送基地(某印刷企业:技术人员)。

(3)供应商专业培训班定期输送(某食品连锁专卖企业:食品制作师)。

(4)公司技术专家到各大学巡回演讲(某通信设备供应商:开发人员)。

(5)协议公司租借员工(某药品制造商:包装工人)。

(6)为高校大三学生提供实习机会(某 IT 企业:程序员)。

(7)公交车、步行街广告(某电子公司:普工;某人才招聘网站:会员)。

(8)企业人才库搜寻、离职员工召回(某手机分销商:业务经理)。

(9)专业培训机构(某快消连锁机构:平面设计)。

(10)微信群、QQ 群、飞书等直播平台(某电子商务公司:SEO 推广)。

案例分析:稳定的人才队伍在哪里?

江苏某地某民营企业发展迅速,公司无论是管理还是人力资源都跟不上发展需要,公司现有的人力资源部招聘的各级各类员工流失率很高,很多事情落实不到位。公司已经为中高层管理人员提供住房补贴、买车等福利,可还是留不住人才,该怎么办?

小王作为人力资源部招聘主管,他采取了如下措施,请判断这些措施能否遏制人才流失。

小王认真思索过后,整理了后续招聘流程中需要注意的环节(参见图 3-1),并进行了企业面临内外部环境的 SWOT 分析(参见表 3-3)。

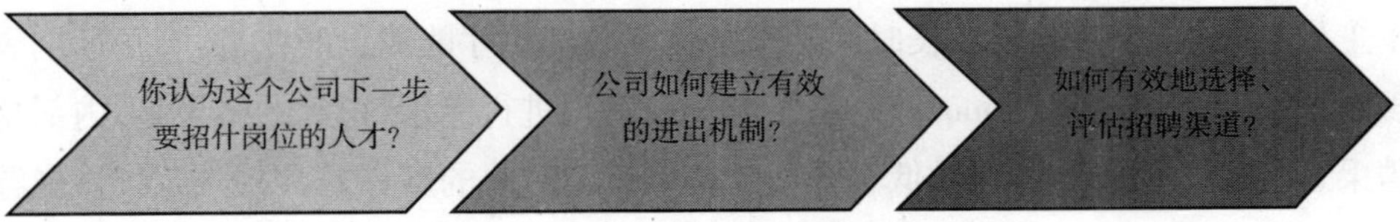

图 3-1 招聘成功率提升步骤图

表 3-3 某民营企业的 SWOT 分析表

优势: 1. 企业属高速发展期 2. 老板低调、不小气 3. 公司中高层福利待遇在当地属中等偏上 4. 办公地点在市中心商务楼	劣势: 1. 公司的人力资源管理弱 2. 有关制度不近人情 3. 因老板低调,社会上对该企业了解不多
机会: 选择合理的渠道可以提高公司知名度	威胁: 新老员工的斗争会给公司发展带来一定的内耗

小王经过14次与人力资源经理沟通,直言有关制度不合理。随后,采取如下具体操作:①建立选择猎头与报纸媒体相结合的模式。②建立有效的招聘团队。团队成员有猎头2人、公司内部助理1人、项目外聘顾问1人(老板的亲信)、面试考官6人。③制定招聘计划时间表、规范招聘流程。④进行专业、细致的面试设计。

第三节 招聘渠道的效果比较

早期的研究主要利用应聘者的工作年限来评价招聘渠道的效果(德克尔,科尔内留斯,1979),研究结果表明,员工推荐表现最好,应聘者最为忠诚,而报纸和职业中介则是最差的;通过比较员工离职率同样发现员工推荐是最好的招聘渠道(甘农,1971;科纳尔和阿什沃恩,1986)。布雷夫(1981)做了更加全面的比较,他采用了员工绩效、缺勤天数和工作态度(工作满意度、工作投入和上级满意度)等变量来衡量招聘渠道的效果,并得到结论:学校就业指导中心和报纸比起杂志和自荐者要更差一些。

黄谢(2005)认为,招聘渠道的效果能用应聘者被雇佣后表现的变量来进行测量。对于这些雇佣后表现的变量,一般可以分为近期表现和远期表现两种,一些是在员工入职后很快可以测量出的,如工作满意度,为近期表现;而如员工流失率,员工工作年限长度等,需要较长时间甚至是员工离职后才能测出的变量,则是远期表现。1992年,华纳斯(Wanous)对员工的远期表现进行测量,得到的结果是,内部招聘渠道的员工流失率要略微低于外部招聘渠道。对此的解释是,内部推荐时,推荐者与被推荐者之间是一种约束和激励被推荐者的关系,并在被推荐者的工作中发挥着重要的作用。

通过以上的讨论我们发现,基于不同的样本以及理论推理得到的招聘渠道的效果是不一样的。因此,企业不应该盲目地依赖某种招聘渠道,而应该结合企业自身特点,包括组织的战略计划、财务状况、紧迫性、招聘人员素质、组织文化以及组织经营环境等,同时考虑招聘职位的类型、层次、能力要求等,来选择适当的招聘渠道。

比如,对于处于成长期的企业,人才需求量很大,则招聘公司高级管理人员,应该采用内部招聘的方式,因为这部分人员对公司非常熟悉,对新工作能够很容易上手,当工作变换时,对处于高速发展中的企业不会造成较大影响,同时这种晋升的机会也可以激励人才,留住人才。对于中低层次的人才,应该考虑采用见效快的招聘渠道,比如现场招聘以及时效较长的网络招聘。

总之,没有一成不变的最优招聘渠道,对于一个企业来说,只有最适合当前企业情况以及招聘需求的渠道才是最好的。表3-4是不同招聘渠道效果的比较。

表3-4 招聘渠道的效果比较表

招聘渠道	是否随时发布	受众面	求职意向	费用	影响时间	成效	适用的企业和职位
招聘会	否	窄	强	较低	短	不定	适用费用预算少、企业的中层以下职位和操作类职位
网络	是	很广	较强	很低	长	不定	适用技术类和职能管理类岗位
报刊	否	较广	强	不定	短	不定	适用高端职位以外职位,或希望树立企业形象的企业
广播电视	否	很广	强	很高	短	不定	适用费用预算多,并希望树立企业形象的企业
代理招聘	是	较广	不定	较高	较短	较高	适用有一定费用预算,有中高层职位需求或需求紧迫的企业
猎头	是	较广	不定	很高	较短	很高	适用有猎头费预算,有高端和稀缺职位需求或需求紧迫的有一定规模的企业
人才派遣	是	较广	较强	较低	较短	较高	适用人力费用较敏感,有阶段性人才需求的企业
内部调用	是	窄	不定	无	长	有些企业较高	适用企业规模大,人才梯队建设好的企业
内部举荐	是	较广	不定	无	长	可能较高	适用有凝聚力和内部举荐制度健全的企业
外部举荐	是	较广	不定	无	长	可能较高	适用外部人脉网络大,且有一定规模的企业

案例分析:高端人才的寻猎渠道

A地产公司在区域行业市场内排名前十位,属于一颗异军突起的新星,逐步实现了专业化、规范化的管理,用人理念开明,人才团队富有开拓创新的激情与高效协作的意识,在区域市场已经形成了很好的品牌知名度与美誉度。

近几年来盈利状况较佳,处于高速发展阶段,同时凭借丰富的土地储备建立了可持续发展的基础,目前有优质的大型项目在运作,急需中高级人才的加盟。

现在人力资源部接到公司的招聘需求申请,具体的招聘任务及条件要求如下:

1. 招聘任务:组建2个异地项目开发团队(各7名中高层岗位)。

2. 招聘条件:

- 人才年龄定在30~35岁(项目总经理年龄可有所突破,但不能超过40岁);
- 精通地产开发专业领域工作,实操能力强;
- 参与过大型知名地产项目的全程开发,具有全局性与前瞻性;
- 具有良好的职业素养,适应专业化管理方式;
- 有工作激情,善于开拓创新,以成为职业经理人为发展目标;
- 极强的计划执行能力与沟通协调能力,善于整合各种资源。

招聘过程与方法:经过非常规多渠道运作,A公司在短短两个月内就成功完成项目团队组建80%的任务,为项目的顺利开展奠定了良好的基础。

- 招聘人员通过网络人才库主动搜寻人才;
- 与招聘网站建立中长期的中高级人才推荐渠道;
- 收集公司中高层管理者的名片集,挖掘可用的人才;
- 要求业务部门提供他们在项目合作中发现的优秀人才;
- 购买现成的行业姓名信息数据库;
- 向第一天上班的新员工询问:"你以前工作的公司还有哪些优秀的人才?"
- 请公司内部的骨干员工提供他们曾交过手的竞争对手的名单;
- 建立员工内部推荐制度,对推荐优秀人才的员工予以奖励;
- 审阅竞争对手发布的通告,关注其中提到的被聘用和提拔的人才名单;
- 在数据库中查找曾到公司应聘(但未被聘用的)的高资历人才名单;
- 参加行业精英人物的聚会,包括研讨会、洽谈会、交流会、招聘会、培训会,甚至休闲娱乐聚会等,及时"捕捉"人才;
- 在中高级人才大型招聘会与知名企业的专场招聘会上"伏击"人才;
- 发出网上"人才通缉令",高额"悬赏"举荐优秀人才者;
- 从应聘者提供的证明人信息中挖掘人才。

第四节　招聘简章的编写

招聘简章是企业组织招聘工作的依据,因此是招聘环节的重要环节之一。它既是招聘的告示,又是招聘的宣传大纲。起草招聘简章应本着既实事求是又热情洋溢、富有吸引力的要求,尽量表现企业的优势与竞争力。

一、招聘简章的编写流程（参见图 3－2）

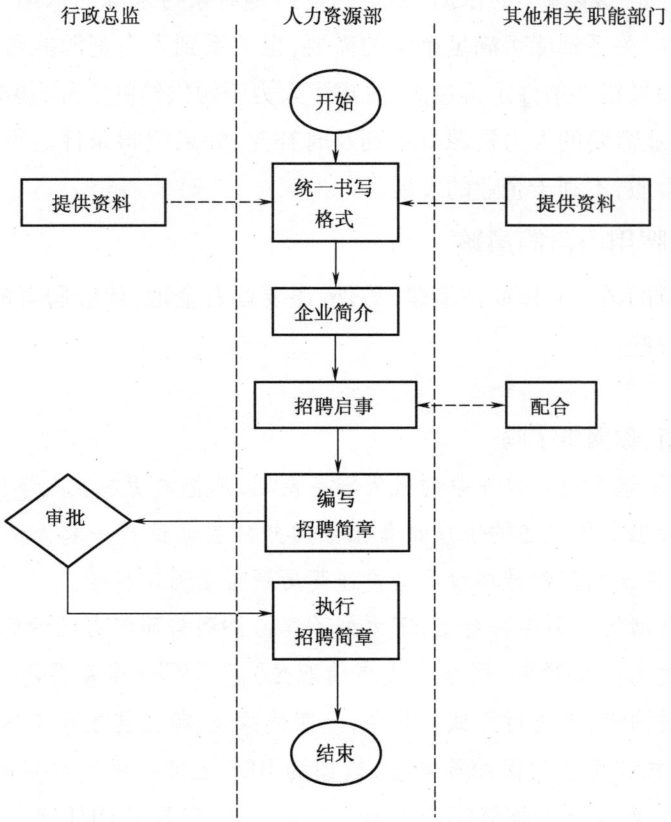

图 3－2　招聘简章编写工作流程图

二、招聘简章的内容

招聘简章的主要内容有：招聘单位概况简介；招聘单位各类岗位介绍；将要招聘名额、对象、条件和地区范围；报名的时间、地点、证件、费用；考试时间、地点；试用期、合同期以及录取后的各种待遇。

三、制定招聘简章时的注意事项

（一）薪资待遇真实可靠

对于工作职位的条件和待遇，无论是好的方面还是不利的方面，都应对应聘者做真实的介绍，这样可使应聘者期望值比较符合实际情况，从而提高录用者对工作的满意程度。

(二)合理确定招聘条件

招聘条件是考核录用的依据,也是确定招聘对象与来源的依据。能否合理地确定招聘条件,关系到能否满足企业的需要,也关系到人力资源能否得到充分、合理的利用。如果招聘条件定得过高,脱离了人力资源供给的实际,势必难以招到或招满员工,企业需要的人力资源得不到及时补充;如果招聘条件定得过低,则不利于提高员工素质,不利于企业的发展。

(三)招聘用语言简意赅

招聘简章的语言必须简洁清楚,另外,还要留有余地,使应聘者的人数比所需求的人数多一些。

案例分析:你网申了吗

几天前,不堪公司人事斗争的张天准备离职,他把简历放在人才网上,第三天,一家规模不大但发展迅速的医疗销售企业通知他去面试。一起面试的有3个人,闲聊中,张天得知他们都是通过网络投递简历获得了面试机会。

在人头攒动的校园招聘会上,丁力好不容易挤到前面把自己的简历递上去,对方一句话扔过来:"你网申(网络在线申请职位)了吗?"许多需要用人的公司会要求毕业生通过网申,再进行面试。如今,大四的师兄、师姐传授找工作经验时,都会叮嘱学弟、学妹:"企业的网站要常去,校园的BBS上可别错过有用的招聘信息!"对于求职者来说,如果现在还不会在网上直销自己,那就很OUT了。

一、中级职位网聘成趋势

2000年,中山大学的王军毕业时,用人单位直接来系里要人,双向选择,合则签约。2002年,武汉大学毕业的龚娟通过网上投了电子简历,顺利地找到了一家外企,同班同学中,多数人很羡慕,但鲜有人采取行动,他们担心网络管理不完善,资料上传不安全,倒不如去现场招聘会与人事经理面对面交谈来得踏实。而进入2003年,上网求职的人大大增加,毕业于天津大学的李华告诉笔者,班上几乎每个同学都试过网上求职,1/3的同学因此获得了面试机会。

2006年12月,中山大学就业在线的调查表明,通过学校就业网、校园BBS以及其他各种网站求职的大学生占33.4%,而在学校的招聘会上获得工作机会的占31%,还有31%的人通过家庭或者同学的关系找到工作,无论采用哪种方式,几乎每个大学生都曾在网上投过不止一份简历。

"网络招聘这几年发展很快",南方人才网总经理王秦岳介绍,海外的招聘网站在20世纪70年代末80年代初起步,国内则是20世纪90年代慢慢发展起来的。"招聘网络上信息量庞大,这个优势正是企业与求职者都看好的地方。"

如今是信息网络时代,稍有些规模和实力的企业都很重视网上招聘,国内各大招聘网站的发展风生水起,昭示着未来招聘的趋势。广州日报求职广场网站负责人刘丽艳介绍,有时,一周上传的简历就近万份。而《第十八次中国互联网络发展状况统计报告》也显示,在网民的互联网应用中,网上招聘已占20.6%,目前有大约2 500万人经常使用网上招聘。

如果你以为一个市场总监会在网上投简历,那就错了。王秦岳说:"像这种高级人才,不会让自己的简历被企业随意浏览,如果他们想转换职业,一般是骑驴找马,通常是通过猎头操作的。"他把网上求职的人界定为"具有中专,或是大专以上、硕士以下学历的应届毕业生",他认为,工作经验比较短,想寻找一个中级职位的人,比较适合在网上求职。

二、成也网络,败也网络

在成都一所大学读会计专业的李文龙,一心想到南方发展,大四那年,他在广州的一家招聘网站上注册了简历,一有时间,他就会仔细浏览网页,寻找自己合适的公司,按照对方留下的MSN、QQ及邮箱主动毛遂自荐。功夫不负有心人,先后有4家公司提出进一步面谈,而其中一家佛山的公司还愿意报销他来回的车费。早在大三时,目睹了师兄不辞辛苦地跑到广州参加各种招聘会却一无所获,李文龙就决心在网上广撒网,既不耽误功课,也不必为花出去的银子心疼。

登录一家求职网站,从职位搜索、求职指导到职业测评以及求职经验的共享,网络为求职者提供了免费的服务平台。与传统求职信相比,网上求职不但表达清楚,而且可以将自己的简历写得充实;并且网上求职显然快很多,而等人家收到你的信时,可能职位早招到人了。另外,你也不必挤到人头攘攘的各大招聘会排队投简历,更凸显了网上求职省时省钱省精力的优势。

到底网上找工作的成功率有多高?访问了20个求职者,其中16人表示,有反馈,但不是自己喜欢的公司,3个人根本没有收到回音,只有1人拿到了通知。

广州大学的小伍显得很无奈:"前天下午在一个人才网上投了简历,昨天晚上就接到山东一家电脑公司打来的电话,问我愿不愿意去那里做网页设计,我明明写了就业地点是广州。"她一问,同班同学接到反馈的也多是一些小公司,而且都不在广州,这让她又爱又恨:说明自己还是个人才,起码有公司相中,可为什么不是在广州的公司呢?

然而,外资公司的人力资源经理曾逸看着一堆简历也蛮生气:"招聘岗位上分明写了要求一年工作经验,为什么还有这么多应届毕业生发简历来呢?"

信息的不匹配,导致招人的单位找不到合适的人才,而那些求职手段新潮却缺乏工作经验的大学毕业生亦少用武之地。信息量大,检索系统不完善,职业细化不够,等等,这些招聘网上存在的问题已受到许多求职者的质疑。他们很多时候抱着"多投多选择"的想法,把网上投简历作为一种求职的辅助手段。

"都说网申是成功率最低的方法,可没辙,别人就是只接受网申,而且那是最方便的办法。网申还真是折磨人,我现在能做的除了上课、作业,就是修改简历、投出去,然后不断地重复这个过程。"中山大学中文系的小娟如是说。对于大学应届毕业生来说,网申倒不失为一种有利的求职方式。如今,用人单位习惯在网上列出所需职位,注明网申时间。以广州日报为例,面向2007年应届毕业生的招聘就写明了网上求职的时间期限及网申地址,应聘者只需等待面试通知即可。而另一些公司,甚至会在人才网上出初试考题,通过了测评,才能到公司的网站上去申请职位。

"与其说淘汰率高,倒不如说是命中率低。"有着15年人力资源管理经验的胡八一结合自己的招聘经历总结道。他说,许多求职者压根不知道自己想从事哪一方面的工作,天女散花地投简历,不管是什么岗位什么单位,简历一成不变,像是抹万金油一样,这些都是网聘失败的原因。

三、从视频简历到求职博客

"工作没着落,求职无休止。"在就业压力下,一些求职者生怕自己淹没在人海中,于是在包装方面下足了工夫。从最初薄薄的简历上贴一张照片到厚厚的仿佛一本书的简历另附艺术照,从供招聘单位视频的光盘简历到个性化的求职网页,如今,更有求职者在简历中附上自己的博客地址,有的干脆就直接把个人博客当作求职简历寄到用人单位。

对此,胡八一直言不讳:"如果一份视频简历让我足足看了2分钟,那可能是我要在100个人里挑10个,毕竟视频可以弥补简历里看不到求职者整体形象的缺陷。但如果是第一轮粗选,我根本没时间看。至于求职博客,那是游客去看的,招人的主管哪有工夫光顾?"

在中国人力资源网对全国407家企业的调查中发现,如果求职者简历中有博客地址,有57%的用人单位选择不去看求职者的博客,其中,最主要原因是"没有足够的精力和时间"。专家建议求职者在简历形式方面不要太花哨,否则会本末倒置。

四、网络求职小技巧

网上求职,有人欢喜有人愁,其实,上网投简历也有路子可循。南方人才网总经理王秦岳总结了近年来网站招聘的注意事项,从求职者的角度给出了四条建议。

(1)只选择登录正规网站。一般正规网站在刊登人才需求信息时,都会仔细查验招聘单位的营业执照,以确保其真实性。因此,在网上求职时,应尽量寻找那些知名度高的网站。

(2)常用关键词全写入简历。一般情况下,一个职位如果待遇不错,收到的简历可能多达上千份,用人单位会先进行系统机选,如何进入他们的视野呢?对此,王秦岳支了一招:"许多企业会输入关键词进行筛选,常见的标准包括:求职意向、户口、学历、工作经验、年龄、性别。求职者应该主动把这些都写进简历中,这样,不至于止步于第一轮海选。"

(3)经常更新简历,别让简历"沉底"。招聘网站按企业付费提供一天、一周甚至一个月内的简历,一般,企业如果招人不多,会选择一天内的简历。求职者如果经常更新简历,网站会默认为新简历,根据修改时间重新排列,提到前面。这样就等于站到了候选队伍的前列,成功概率就大了许多。

(4)找到工作后及时屏蔽或者注销自己的简历。许多人签了约一高兴,就忘记了自己投简历这回事,结果不断有企业打电话来,烦不胜烦。如果打算日后再次求职,不妨自我屏蔽,需要时再释放出来,而注销自己的简历也是保护个人隐私的一种方式。

"现在的骗术防不胜防,异地企业招人通常只能审核营业执照传真件,还有些公司把人才库里的简历下载卖给别的公司,或者直接向求职者骗钱。"王秦岳提醒求职者脑子里时刻绷着根弦,如果网上的用人单位收钱或要求应聘人员以其财物、证件作抵押,最好别去面试。

资料来源:牧野论坛(Bbs.373.cn),"从视频简历到求职博客",2010-2-25。

第四章　人才选拔：去伪存真　优胜劣汰

引导案例：“招聘失真”现象的终极破解法

某电器集团公司的华东分公司，一年前曾经面向社会招聘来一位总经理，这位总经理管理理论丰富，并有多年市场开拓经验，在面试过程中深得集团高层赞许。但一年多过去了，此君在工作中的表现和在面试中相比简直判若两人，加上管理和协调能力较差，导致华东分公司人心涣散，内耗严重，销售业绩连连滑坡。眼见新一年的销售旺季到来，如果再这样下去，公司将最终失去整个华东市场。于是，公司决定解聘此君，再度面向社会公开招聘华东分公司总经理。但令公司高层担心的是，此次招聘如若再出现一年前的结果，再聘来一个“说”和“做”相差甚远的经理人，又该如何是好。

众所周知，地区分公司总经理这个重要的领导岗位不仅要求应聘者有敏锐的市场洞察能力，还必须有卓越的组织领导能力、沟通能力、协调能力及解决冲突的能力，并具备一定的人际影响力。招聘过程中，面试官如何操作才能避免招聘到那些说得挺好但实际工作中却做不好的“失真人才”？

破解法一：试用期绩效考核。

最理想的甄别办法莫过于让候选人到这个岗位上试干，考察他们的实际行为表现。比如可以安排总经理候选人试用三个月。

但这显然过于理想化，成本大、风险高、不正式，对这个候选人也不负责任。

破解法二：工作样本测试。

工作样本测试实际上是对一个求职者未来可能面临的实际工作场景、工作内容进行抽样和模拟，然后观察和评价其在这种与实际工作背景非常相似的情况下所表现出来的工作绩效。

与心理测验相比，工作样本测试所产生的结果对于求职者未来工作绩效的预测效度较高。我们常说的文件筐测验、角色扮演、评价中心技术等都是工作样本测试的表现形式。工作样本测试的主要目的是测试员工实际动手能力而不是理论上的学习能力。

这种测试可以是操作性的，也可以用口头表达（如对管理人员的情景测试）。

破解法三：无领导小组讨论。

采用情景模拟的方式对应聘者进行集体面试。将一定数目的应聘者组成一组(6~9人),进行与工作有关的讨论(一个小时左右),讨论过程中不指定谁是领导,也不指定应聘者应坐的位置,让应聘者自行安排组织。

在企业的实际工作中,以团队形式完成一项任务或就某一问题达成共识是再经常不过的事情,所以无领导小组讨论已经被越来越多地应用于公司的人员招聘、员工的职业生涯发展和员工培训需求分析等领域,并被证明具有良好的效果。"人际影响力"是进行无领导小组讨论选拔人才时所要测量的第一项重要素质,另外还有团队精神、沟通能力、分析能力、应变能力等。

破解法四:岗位人才画像。

我们经常会在刑侦破案类影视作品中看到这样的桥段:某位刑警或侦探在勘察了犯罪现场之后,说犯罪嫌疑人应该是男性,年龄在30~35岁,身高在170cm~175cm,体态壮实偏瘦,未婚,性格内向,不喜欢交朋友,父母离异……这个过程在刑侦学中叫"描绘犯罪心理画像"。刑侦专家不需要见到犯罪嫌疑人本人,只需要根据其作案的时间、地点、手段、凶器等信息就可以大致判断出犯罪嫌疑人的生理特征、心理特征、受教育程度或家庭状况。

岗位人才画像也遵循类似的原则,它是在实施人才招聘之前,根据岗位需求的特性,描绘出需求人才的各类特质。为什么好的猎头总能帮助企业快速精准地找到适合的人才?正是因为他们掌握了这种方法,猎头们会像专业的侦探在破案前描绘犯罪心理画像一样,在正式开展人才寻访工作之前,认真的描绘人才画像。有了岗位人才画像,就能知道我们需要的人才可能会出现在什么地方,就可以有针对性地架构招聘渠道,更加精准地找到和筛选出高匹配度的候选人。

破解法五:合格的面试官。

成功的招聘是"清晰的人才标准""有效的面试方法""良好的面试体验""合格的面试官"四要素的连乘积。不专业、不职业、不礼貌的面试官将直接影响候选人选择。面试官做得好,相信在岗位选择、雇主口碑传播上会是加分项;反之,则将极大影响候选人的面试体验。同样,不管多么优秀的测评工具,如果参与面试的面试官没有经过严格的训练和筛选,都无法保证人才甄选的质量,因此,必须采用严格的培训、认证和考核手段,确保面试官的质量管理。

《招聘面试手册》指出,最好的面试官对于人才的预测效度是最差面试官的10倍。例如,在常规面试中,面试官在最初的10秒就已经做了判断,后面99.5%的时间都在证明面试官的最初判断。也正因为如此,谷歌才提出:招聘是唯一有价值的人力资源活动,因为招聘每个人都会干,但实际上能干好比想象中要难得多。所以，面试是一门技术活。

一般来说，在招聘录用中，大多根据应聘者的年龄、学历、教育水平、专业资格、职业经历、受训情况等做出初步评审，挑选出合格的人选后，进行笔试，通过应聘者的文字判断论述以及问题解答，测试其智力、知识、能力倾向、领导能力等，最后需要通过面试来进行深入测评。

无论对于招聘者还是应聘者，面试无疑是最具有决定性意义的一环，事关成败。对于应聘者来说，面试是他全面展示自身素质、能力、品质的最好时机，面试发挥出色，可以弥补先前笔试或其他条件如学历、专业上的一些不足；对于面试官而言，在短短的几分钟内通过提问，判断应聘者是否胜任岗位要求，也是一个不小的挑战。

本章将重点介绍人才选拔的内涵及企业实践中的人才选拔技术与其流程分析。

第一节　人才选拔与人才类型测评

一、人才选拔的内涵与影响因素

司马光谈何谓人才及人才选拔时说："夫聪察强毅之谓才，正直中和之谓德。才者，德之资也；德者，才之帅也。是故才德全尽谓之圣人，才德全亡谓之愚人，德胜才者谓之君子，才胜德者谓之小人。凡取人之术，苟不得圣人君子而与之，与其得小人，不如得愚人。"

人才选拔，就是通过运用一定的工具和手段，对求职者进行鉴别和考察，区分他们的知识、技能及性格等素质，并预测他们未来的工作绩效，从而挑选出组织所需要的、恰当的职位空缺填补者。

众多招聘实践告诉我们：衡量某人是否是岗位的"合适人选"，主要看其内在个性、价值观与能力，而非学历、专业背景、工作经验等。例如，青岛港（集团）有限公司明港公司桥吊队的许振超队长就是典型的"没有文凭但有知识"、在岗位上做出突出贡献的人才。在人才选拔过程中，还需要注意影响选才质量的五大因素。

（一）人才选拔应与企业的战略目标相匹配

因为各个企业在不同的阶段都会制定不同的与企业实际情况相适应的总体战略规划，而与战略目标实现相适应的资源配置，特别是人力资源配置是选才时首要考虑的因素。

(二)人才选拔应与行业环境和企业地位相适宜

我们在制订选人计划时,首先要分析所在行业的环境,即行业在整个产业结构中所处的地位如何;其次要分析企业在行业中所处的地位,行业和企业的地位不同所对应的人才层次也不同,企业需要量身定制人才选拔策略,这样才不会导致未来的人才滥用或者人才流失。

(三)人才选拔应与地域的经济水平和人文环境相结合

企业选人时还要考虑到地域的经济水平和人文环境因素,不能好高骛远,不切实际。企业应尽量帮助应聘人员认识本企业的地域环境、人文环境和当地的实际经济水平,这样选与被选双方才能互相了解,才能有益于企业选择合适的人才,真正做到物有所值甚至物超所值。

(四)人才选拔应与人才市场的供求状况相适应

企业应根据外部市场需求情况,及时调整人才招聘计划。当人才市场的人才供大于求时,企业可适当增加招聘人才数量,以加强未来人才储备;当人才紧缺时,可适当减少招聘数量,以确保招聘的质量。

(五)人才选拔应与成本收益相结合

在选拔人才的过程中,要注意投入成本和所得收益的比例。选人要根据岗位性质和人才能力,制订科学的选人计划。对于关键性的岗位,要花大力气选拔那些有能力的人才加盟到企业中;对一些普通岗位,选到合适的人才即可,切不可处处用高人,导致选拔成本增加。

二、人才类型结构

《长短经·品目》中按言谈举止、行为风格,将人划分为圣人、君子、愚人、小人,并说明实际工作中的使用方法(参见图4-1)。而按照人才给组织创造效益与才能的独特性可将人才划分为通用人才、核心人才、独特人才和辅助人才四大类(参见图4-2)。

剑桥产业培训研究部前主任贝尔宾博士和他的同事们经过多年在澳大利亚和英国的研究与实践,在1981年出版的《团队管理:他们为什么成功或失败》提出了著名的贝尔宾团队角色理论,后于1988年提出,一支结构合理的团队应该由九类人才构成(参见表4-1),即:①实干家(company worker,简写CW);②协调者(co-ordinator,简写CO);③推进者(shaper,简写SH);④创新者(planter,简写PL);⑤信息挖掘者(resource investigator,简写RI);⑥监督者(monitor evaluator,简写ME);

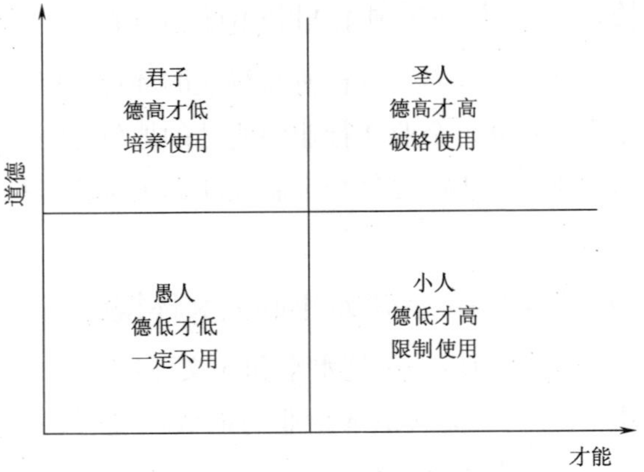

图4-1　人才分类图1

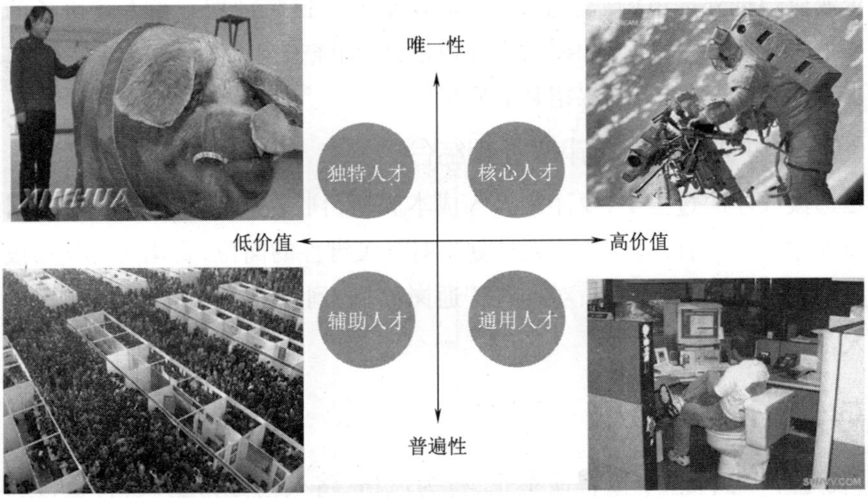

图4-2　人才分类图2

⑦凝聚者(team worker,简写TW);⑧完美主义者(completer finisher,简写FI);⑨专家(specialist,简写SP)。这些人才的专长包括:协调团队、明确前进方向、开创新思想、开发资源、评估选择、组织工作、细化工作、支持他人以及提供专业服务等方面。我们发现对于一个优秀的企业在获得这些人才的同时,还应注意用才的六个方面。

表4-1 贝尔宾团队角色特点与作用

人才类型	典型特征	积极特性	能容忍的弱点	在团队中的作用
实干家(CW)	保守、顺从、务实、可靠	有组织能力、实践经验;工作勤奋;有自我约束力,是一个好的执行者	欠灵活;对没有把握的主意不感兴趣,不太擅长制订一个新的计划	1. 把谈话与建议转换为实际步骤 2. 考虑什么是行得通的,什么是行不通的 3. 整理建议,使之与已经取得一致意见的计划和已有的系统相配合
协调者(CO)	沉着、自信、有抑制力	对各种有价值的意见不带偏见地兼容,甚为客观	在智能及创造力方面并非超常	1. 明确团队的目标和方向 2. 选择需要决策的问题,并明确它们的先后顺序 3. 帮助确定团队中的角色分工、责任和工作界限 4. 总结团队的感受和成就,综合团队的建议,一般扮演一把手角色
推进者(SH)	思维敏捷、开朗、主动探索、有紧迫感	有干劲,随时准备向传统、向低效率、向自满自足挑战	好激起争端;爱冲动;易急躁	1. 寻找和发现团队讨论中可能的方案 2. 使团队内的任务和目标成形 3. 推动团队达成一致意见,并朝向决策行动,一般扮演二把手角色
创新者(PL)	有个性、思想深刻、不拘一格	才华横溢;富有想象力、智慧、知识渊博	高高在上;不重细节;不拘礼仪	1. 提供建议(PL 的想法大都是原创) 2. 提出批评并有助于引出相反意见 3. 对已经形成的行动方案提出新的看法
信息挖掘者(RI)	性格外向、热情、好奇、联系广泛、消息灵通	有广泛联系人的能力,不断探索新事物,勇于迎接新的挑战	事过境迁,兴趣马上转移	1. 提出建议,并引入外部信息(RI 更擅长整合外界新鲜信息,有如天线对于电视机) 2. 接触持有其他观点的个体或群体 3. 参加磋商性质的活动
监督者(ME)	清醒、理智、谨慎	判断力、分辨力强;讲求实际	特别喜欢给别人泼冷水,缺乏鼓动和激发他人的能力	1. 分析问题和情景 2. 对繁杂的材料予以简化,并澄清模糊不清的问题 3. 对他人的判断和作用做出评价

续表

人才类型	典型特征	积极特性	能容忍的弱点	在团队中的作用
凝聚者（TW）	擅长人际交往、温和、敏感	有适应周围环境及人的力；能促进团队的合作	在危急时刻优柔寡断	1. 给予他人支持，并帮助别人 2. 打破讨论中的沉默 3. 采取行动扭转或克服团队中的分歧
完美主义者（FI）	勤奋有序、认真、有焦虑感	持之以恒；理想主义；追求完美	常拘泥于细节，不洒脱	1. 强调任务的目标和活动日程表 2. 在方案中寻找并指出错误、遗漏和被忽视的内容 3. 刺激其他人参加活动，并促使团队成员产生时间紧迫的感觉
专家（SP）	诚实、专注、从自我做起	精通自己擅长的特殊专业领域，能在急需时带来知识和技能	专业领域比较狭窄，对其他事情兴趣不大	1. 提出任务的关键解决方案 2. 专注于任务的完成

（一）角色齐全

人无完人，但集体可以完美；唯有角色齐全，才能实现功能齐全。

（二）尊重差异

多样性是组织的重要资源；对于一份给定的工作，完全合乎标准的理想人选几乎不存在，因为没有一个人能满足企业的所有要求，但是一个由异质性、多样性构成的团队可以是生机勃勃、充满活力的，可以做到完美无缺。

（三）用人所长

在实践中，真正成功的管理者对下属的秉性特征的了解都是很透彻的，而且只有在此基础上组建的团队，才能真正实现气质结构上的优化，成为高绩效的团队。

（四）容人所短

班固《汉书·东方朔传》中“水至清则无鱼，人至察则无徒”表明：人太精明了就没有伙伴没有朋友，因为精明者往往容不得他人有小小的过错或性格上的小小差异，他过分要求与自己的同一或者要求所有人的一举一动均符合或者满足自己的标准，但人总是有着各种不同的性格和待人处事的方式，除非是克隆体，否则永远无法达到事事一致，因此出现摩擦以致矛盾、冲突就是必然的结果，此时如果不能以一种宽容的精神调和于其间，事情就将无法收拾，结局便是人心不附，众叛亲离。

(五)主动补位

木桶盛水,取决于最短的那块木板,当一个团队在某一角色出现欠缺时,其成员应在条件许可的情况下主动实现团队角色的转换,使团队的气质结构从整体上趋于合理,以便更好地达成团队共同的绩效目标。

(六)增强弹性

《后汉书·黄琼传》中的"峣峣者易缺,皦皦者易污。《阳春》之曲,和者必寡;盛名之下,其实难副。"其意不言自明:品行高洁如玉石之白者,最容易受到污损;性情刚直卓尔不群的人,往往容易横遭非议。

三、人才类型自测问卷(参见表4-2)

表4-2 人才类型自测问卷

说明: 对下列问题的回答,可能在不同程度上描绘了您的行为。每题有八句话,请将总分十分分配给每题的八个句子。分配的原则是:最体现您行为的句子分最高,以此类推。最极端的情况也可能是十分全部分配给其中的某一句话。请根据您的实际情况把分数填入后面的表中
一、我认为我能为团队做出的贡献是: A. 我能很快地发现并把握住新的机遇 B. 我能与各种类型的人一起合作共事 C. 我生来就爱出主意 D. 我的能力在于,一旦发现某些对实现集体目标很有价值的人,我就及时把他们推荐出来 E. 我能把事情办成,这主要靠我个人的实力 F. 如果最终能导致有益的结果,我愿面对暂时的冷遇 G. 我通常能意识到什么是现实的,什么是可能的 H. 在选择行动方案时,我能不带倾向性也不带偏见地提出一个合理的替代方案 **二、在团队中,我可能有的弱点是:** A. 如果会议没有得到很好地组织、控制和主持,我会感到不痛快 B. 我容易对那些有高见而又没有适当地发表出来的人表现得过于宽容 C. 只要集体在讨论新的观点,我总是说得太多 D. 我的客观算法,使我很难与同事们打成一片 E. 在一定要把事情办成的情况下,我有时使人感到特别强硬以致专断 F. 可能由于我过分重视集体的气氛,我发现自己很难与众不同 G. 我容易陷入突发的想象之中,而忘了正在进行的事情 H. 我的同事认为我过分注意细节,总有不必要的担心,怕把事情搞糟

续表

三、当我与其他人共同进行一项工作时：
A. 我有在不施加任何压力的情况下，去影响其他人的能力
B. 我随时注意防止粗心和工作中的疏忽
C. 我愿意施加压力以换取行动，确保会议不是在浪费时间或离题太远
D. 在提出独到见解方面，我是数一数二的
E. 对于与大家共同利益有关的积极建议我总是乐于支持的
F. 我热衷寻求最新的思想和新的发展
G. 我相信我的判断能力有助于做出正确的决策
H. 我能使人放心的是，对那些最基本的工作，我都能组织得“井井有条”
四、我在工作团队中的特征是：
A. 我有兴趣更多地了解我的同事
B. 我经常挑战别人的见解或坚持自己的意见
C. 在辩论中，我通常能找到论据去推翻那些不甚有理的主张
D. 我认为，只要计划必须开始执行，我有推动工作运转的才能
E. 我有意避免使自己太突出或出人意料
F. 对承担的任何工作，我都能做到尽善尽美
G. 我乐于与工作团队以外的人进行联系
H. 尽管我对所有的观点都感兴趣，但这并不影响我在必要的时候下决心
五、在工作中，我得到满足，因为：
A. 我喜欢分析情况，权衡所有可能的选择
B. 我对寻找解决问题的可行方案感兴趣
C. 我感到，我在促进良好的工作关系
D. 我能对决策有强烈的影响
E. 我能适应那些有新意的人
F. 我能使人们在某项必要的行动上达成一致意见
G. 我感到我的身上有一种能使我全身心地投入到工作中去的气质
H. 我很高兴能找到一块可以发挥我想象力的天地
六、如果突然给我一件困难的工作，而且时间有限，人员不熟：
A. 在有新方案之前，我宁愿先躲进角落，拟订出一个解脱困境的方案
B. 我比较愿意与那些表现出积极态度的人一道工作
C. 我会设想通过用人所长的方法来减轻工作负担
D. 我天生的紧迫感，将有助于我们不会落在计划后面
E. 我认为我能保持头脑冷静，富有条理地思考问题
F. 尽管困难重重，我也能保证目标始终如一
G. 如果集体工作没有进展，我会采取积极措施去加以推动
H. 我愿意展开广泛的讨论意在激发新思想，推动工作

续表

七、对于那些在团队工作中或与周围人共事时所遇到的问题:

A. 我很容易对那些阻碍前进的人表现出不耐烦

B. 别人可能批评我太重分析而缺少直觉

C. 我有做好工作的愿望,能确保工作的持续进展

D. 我常常容易产生厌烦感,需要一个有激情的人使我振作起来

E. 如果目标不明确,让我起步是很困难的

F. 对于我遇到的复杂问题,我有时不善于加以解释和澄清

G. 对于那些我不能做的事,我有意识地求助于他人

H. 当我与真正的对立面发生冲突时,我没有把握使对方理解我的观点

自我评价分析表

大题号	CW	CO	SH	PL	RI	ME	TW	FI
一	G	D	F	C	A	H	B	E
二	A	B	E	G	C	D	F	H
三	H	A	C	D	F	G	E	B
四	D	H	B	E	G	C	A	F
五	B	F	D	H	E	A	C	G
六	F	C	G	A	H	E	B	D
七	E	G	A	F	D	B	H	C

四、团队中的人才类型详细解释

(一)实干家

作为实干家,他是工作的实际组织者,他将各种决策变成文件,易于管理,易于实施。他关心的是完成现在的工作。如果说智多星生活在未来世界中,那么作为实干家,他则是生活在当今的世界里,他通常认为各种想法只有归结于某一个方法才有价值。

实干家具有自我约束和控制能力。他喜欢辛勤的劳动,有计划、有规律地解决问题,他对团队十分忠诚,总是把工作放在第一位,个人利益放在后边。他具有严谨的风格,不容易失望和放弃。他也具有顽强的工作欲望、良好的技巧和能力,工作有效率、有条理、踏实。

但是,当计划突然改变时,他可能会感到不安,是因为在动荡的、情况瞬息万变的形势下,他不知如何应变,为此会显得不知所措。他在工作中有时缺乏灵活性,同时,对于手边工作没有直接关系的失误反应较慢。

（二）协调者

作为协调员，协调者时刻想着目标，并具有一种超凡的魅力。他能够激发别人的忠诚和热情，为一个共同的目标去奋斗。他并不是单纯因权威而使人信服，他具有天生的感召力，是宽松和谐氛围中的支配者。

他成熟、办事有条理、自信和信任别人。他心胸开阔，为人正直，对人办事公道公正。他清楚知道集体中其他成员的长处和不足，并能在完成工作任务时适当地加以运用。他也能看到工作中的一些漏洞并及时采取措施予以弥补。他在集体活动中从来不搞“一言堂”，他认真听取各种有价值的意见，并且客观地看待问题，如果需要做出决定，他也能够在别人发表观点后表明自己的观点和态度。

他可能在智力和创造力方面显得并不十分优秀，他可能也不是集体中最聪明的团队成员，但他具有眼界，视野宽广远大，是综合素质较高的一个角色类型。

（三）推进者

推进者思维敏捷，精力充沛，对任何事物都有主动探索的精神。他积极主动、有干劲，随时准备向传统、低效率、自满自足挑战，有紧迫感，视成功为目标，追求高效率。在团队集体中，他一旦找到自己认为好的方案或模式，就会希望团队中的所有人都能采用这一方案或模式，因此他会强力地向团队成员推销自己认为好的方案或模式。

他会努力推动团队达成一致意见，并朝向决策行动。他经常会在自觉不自觉的情况下扮演团队领导者的角色，即使他此刻不是名义上的领导，但却希望给大家留下二老板的印象。他容易冲动和急躁，容易给别人造成压力，说话太直接不给别人面子和台阶，从而容易为此而激起争端。他喜欢就事论事，但经常却会伤人不伤己。

（四）创新者

作为智多星，创新者思想奔放，创新力极强，是工作集体中许多想法和建议的提议人，是集体中的思想家，富有创造力与想象力，才华横溢，善于打破常规，且知识面广，能够解决困难的问题。

他富有闯劲，是集体中最富有想象力也最富有智慧的团队成员。如果工作陷入困境，很可能是他率先提出解决问题的方案。因此，要使一个集体具有开创性，最好的方法之一就是把他这种角色移植到群体中去，他通常能为团队的发展提供思想和点子。他是团队中的预言家和梦想家，往往是生活在未来的世界中，可能会过多地陶醉于自我的创造力之中，他的想法有时也有些激进。

他对表扬和批评反映强烈，不大顾及整体的需要和团队的目标，还可能不善于接受别人对自己观点的批评，有时会因此拍案而起。他的个性鲜明，有时却缺乏人际交流的技巧。

（五）信息挖掘者

作为外交家，信息挖掘者性格外向开朗，待人随和，交际广泛，善于与各类人进行沟通。他容易产生新的兴趣，善于发现新的机会和对外建立各种联系。由于他开朗、热情的本性和广泛多样的与外界的联系，他能把组织外的各种信息带回到组织中来，因此他往往很少待在办公室，也许经常会在打电话。

他是一个经常到外面跑，并给组织带回新的信息、思想和发展的人，他是团队对外联系最好的联络人。但是，广泛多样的外界信息可能使他把过多的时间和精力放在个人感兴趣的、但可能和本职工作不相干的事情上。同时，他也容易犯事过境迁、兴趣马上转移的毛病。因此，他的领导可能需要对他随时保持注意，有时他的热情可能会很快消失。然而，他仍然是团队中非常重要的团队角色，他使工作集体不至于停滞、僵化和与现实生活脱节。

（六）监督者

作为监督员，他生性严肃严谨，有点冷血气质，他不爱激动，有很强的逻辑思维和分析判断能力。他的贡献就在于他的冷静。他慎重地分析问题，不大可能提出启迪人心灵的好主意，但是极可能终止一项使集体步入歧途的方案。

他考虑问题周到、判断问题准确，善于对方案进行正反两面的利弊权衡。优秀的监督员是极少出错的。他一般不为情绪所干扰。监督员生性爱批评，但只是在他看到工作中有漏洞、有缺点时，他才这样做。他不是为批评而批评，而是把批评作为一种负责的行为。

作为监督员，他可能缺乏热情和想象力，缺乏鼓动力和激发他人的能力。有时他的做法也会显得不够明智，在不恰当的时候会使人感到扫兴。他更可能像一座山，像一把尺子，一般来说，能够过他这把尺子，能够过他这座山的人，都很有些水平。

（七）凝聚者

作为凝聚者，他是工作集体中最敏感的人，他最了解个人的需求和忧虑，能清楚地体察到团队内潜在的各种情绪，并加以疏通化解。他是团队内部信息的提供者。

凝聚者性情温和，易于结交，有很强的灵活性。他能适应各种不同的环境和各种不同的人，是团队的黏合剂。凝聚者最突出的特点是善于倾听，在工作集体中能轻松自如地与人沟通。他特别不喜欢个人对立，不仅自己不会这样做，也会设法让别人冷静下来。作为团结和合作的促进者，他防止和消除了由智多星、监督员及推进者偶尔引起的不和与摩擦。当团队处在压力和困难之中时，凝聚者的理解和支持都是非常宝贵的。他是团队的润滑剂，能化解许多的矛盾。

但是，在团队需要做出重大决策时，他可能优柔寡断，左右摇摆。在人际交往中，他的原则性可能稍差，因为他总是希望自己表现得和大家都一样。

（八）完美主义者

作为完美家，他经常担心可能会出差错，他特别关注细节，只有他亲自检查完每一个细节并且没有忽略任何一个方面时才会放心。因此在工作中他往往不大容易放权，而愿意自己去完成所有的工作。如果说智多星和实干家分别活在未来的世界和当今的世界，那么作为完美主义者的他，就是生活在过去的世界。他的动力来自于内心的一种紧迫感，这种紧迫感会时刻感染着大家，使大家都行动起来。

他有强韧的个性，能自我控制，他没有耐心也不能容忍团队中那些漫不经心和稀里糊涂的工作者。他通常强调秩序，按部就班，非常遵守时间。当工作需要高度集中、精确无误时，他工作的秩序性、精确性以及对细节的关注和坚韧不拔的性格，都是工作集体中十分有价值的财富。有时，他也可能过于拘泥于细节，而失去总体的方向。

（九）专家

作为专家，他专注认真，诚实可靠，能够自发进行某个专业领域的研究工作，并提供可能是众所不能的特殊知识、才干或技能。正是因为他的特殊才干与贡献，才能使得团队在激情、探索、讨论、协调之后，可以能够切实地去解决某个难题。

他掌握着解决问题所需要的特殊知识与技能，但是他从来不会在第一时间就冲在前面，因为他仍然需要时间处理信息，思考流程，整理措辞。虽然他不是言辞表达的专家，但是往往在最关键的时候，团队成员会想到他！因为他就是这个团队最后的堡垒，也可能只有他才能在急需时，带来知识和技能。

专家可能会局限在自己的专业的领域，一旦跳出了自己擅长的领域，可能就贡献有限。虽然他可能会触类旁通，但是团队成员对他的刻板印象就是某个专业的专家而已。对他来说，如果需要解决的问题并不隶属于他的领域，他也可能会觉得索然无味，毫无兴趣。

第二节　人才选拔技术一：简历制作与分析

引导案例：履历分析不是简单的学历门槛

履历分析评价技术是通过对被评价者的个人背景、工作与生活经历进行定性或定量分析,来判断其对未来岗位适应性的一种人才评价方法,是相对独立于心理测验、评价中心的一种评价技术,它源于“个体过去的行为表现是预测其未来成功的最佳指标”这一人才测评理论思想。

履历分析评价技术的雏形是诞生于第二次世界大战期间的个人经历分析。著名心理学家 J. P. 吉尔福特及其同事根据个人经历来预测军事训练的成功率,取得了相当的成功。二战后,这一方法被转移应用到民用部门,在大量研究和应用的基础上,逐步发展成为人事测评和预测的一项重要方法技术。国际上通用的履历分析评价技术一般是以选择题的形式,要求被评价对象填写经历调查表。其中的一个重要代表是美国人事总署研究开发的经历调查表(IAR,又称个人成就信息表)。该表自 1983 年起沿用至今,从学习经历、工作经历、工作能力和人际关系等方面编制了 148 道选择题,每个选择题有 5 个选项。

国内某企业管理人员晋升中采用了履历分析技术。不同层次、不同类型的岗位人事测评指标体系也不同,越是高层的岗位,应更加侧重对工作经历和工作业绩的评价(参见表 4 –3 与表 4 –4)。

表 4 –3　一般管理人员履历分析权重设置

测评要素	学历学位	技术职称	现职岗位	工作经历	科研论文	荣誉奖励
权重/%	15	15	20	15	22.5	12.5

表 4 –4　财务总监及中层干部履历分析权重设置

测评要素	学历学位	现职岗位	工作经历	后备情况	年度考核	荣誉奖励
权重/%	10	20	20	20	20	10

履历分析评价技术是一种侧重对被测试者过去的客观因素(如工作经历业绩) 的评价,与结构化面试有一定的相关性(参见表 4 –5、表 4 –6、表 4 –7)。

表 4 –5　一般管理人员履历分析与其他测评方式结果相关性分析

项目		履历分析	业务笔试	结构化面试
履历分析	皮尔逊相关系数	1	–0.497(*)	0.380
	置信系数		0.026	0.099
业务笔试	皮尔逊相关系数	–0.497(*)	1	–0.272
	置信系数	0.026		0.246
结构化面试	皮尔逊相关系数	0.380	–0.272	1
	置信系数	0.099	0.246	

表4-6 财务总监履历分析与其他测评方式结果相关性分析

项目		履历分析	评价中心(含业务笔试)	结构化面试
履历分析	皮尔逊相关系数	1	-0.272	0.503
	置信系数		0.447	0.138
评价中心(含业务笔试)	皮尔逊相关系数	-0.272	1	0.480
	置信系数	0.447		0.160
结构化面试	皮尔逊相关系数	0.503	0.480	1
	置信系数	0.138	0.160	

表4-7 中层干部履历分析与其他测评方式结果相关性分析

项目		履历分析	评价中心	结构化面试
履历分析	皮尔逊相关系数	1	0.205	0.383
	置信系统		0.372	0.086
业务笔试	皮尔逊相关系数	0.205	1	0.403
	置信系数	0.372		0.070
结构化面试	皮尔逊相关系数	0.383	0.403	1
	置信系数	0.086	0.070	

根据"非认知因素(情商)更能有效地预测广义的绩效"这一相关研究结论,可以推断,与被测试者的认知因素相比,非认知因素对履历分析和结构化面试的结果可能具有相似的预测度,即非认知因素(情商)得分较高的人,其履历分析得分和结构化面试得分都可能较高。在一个整体竞争性选拔干部方案中,应该根据目标岗位,合理设定各种测评方法的比重,履历分析评价和结构化面试的比重尽量不要超过60%,否则可能影响测评的公平性。

资料来源:王涛:"履历分析评价技术在干部竞争性选拔工作中的应用",《华北电力》,2013年第4期。

任何一家不错的公司每天(特别是招聘期间)都会收到成百上千的平面简历,而通过影音呈现的"视频简历",凭借其有别于传统平面简历的客观的影音效果以及丰富的信息量,快速拉近了求职者和用人单位的距离,使用人单位能在较短的时间内对求职者进行更全面的了解。我国制作视频简历的成功代表人物有二:一是2011年年初动漫专业的彭帅,耗时三个月制作的视频简历,在同学们还在为求职而奔波时,他已收到多家知名企业的邀请;二是2011年年底计算机专业的张翊婷所制作的“台湾90后视频简历”,该视频简历一经上传迅速走红网络,在此视频简历中,我们可以清晰地看到张翊婷的工作(学习)经历、专业特长、生活状态、求职意向和薪资要求等信息。

因此,对于应聘人员来讲,需要编制出能在一瞬间打动招聘人员的简历;而对于招聘人员来讲,透过简历,需要在一瞬间做出应聘者与应聘岗位匹配程度的大致估计。这些都需要招聘双方对简历的制作与分析有透彻的理解。

一、简历的筛选

招聘信息发布之后,应聘者便络绎不绝,这时为了避免忙中出错,人力资源管理人员需要将从各种渠道投递来的简历(即应聘者自我介绍的材料)做备案。备案内容主要是填写并整理出有关“应聘岗位、报名日期、编号、应聘者姓名、性别、出生年月、最高学历、学位、职称、专业、现工作单位、外语水平、兴趣爱好、身高、体重、照片、通信地址、邮政编码、联系电话等”信息的表格,此表格也称为招聘登记表。这是令招聘工作得以顺利进行下去的重要工具。作为人才选拔第一关,就是筛选简历。

毋庸置疑,筛选简历的工作犹如海选,相当烦琐,需要花费大量的人力和时间,因为,应聘者的信件实在太多,尤其是下载数以百计的Email更令人头疼。不过,如果在以下几个方面加以改进,或多或少地可以缓解筛选工作的难度。

(一)在招聘信息中注明“请勿来访,合者约见”

为避免应聘者纷至沓来场面的出现,在招聘信息中务必注明“请勿来访,合者约见”的字样。

(二)量化任职要求

为避免不符合任职条件者乱投简历情况的出现,建议在招聘信息中量化任职要求。例如:对打字速度的要求,“80字/分钟以上”比“打字熟练”更为明确;对写作能力的要求,“公开发表5篇以上文章”比“写作能力强”更为量化。

(三)提供多个邮箱

实际工作中,可采用提供多个邮箱的办法进一步缓解简历筛选的难度,即在招聘信息中的相应职位后面附上不同的邮箱地址。在此基础上,再分工负责各个邮箱的简历筛选工作。实践证明,这样的分门别类,大大加快了邮件的筛选工作。

（四）保存全部应聘简历

实际工作中，可以把某一阶段的招聘简历一个不落地刻录到光盘中，甚至抄送给分管人力资源的老总。这样做的益处有以下三个。

一是有利于储备人选，节约招聘费用。这次没有被聘用的员工，也许将来可以被聘用；这次条件不符合的应聘者，也许通过学习下次可以胜任了；这次意中的人选，遗憾地被其他企业捷足先登，下回便要"守株待兔"，决不让其"溜"走。

二是避免将优秀人才拒之门外。应当指出，不是所有的人力资源管理人员都有比较高的素质，有的可能嫉妒优秀人才，生怕一旦聘来，将来可能会冲击自己的职位；有的与其他部门串通一气，故意压制优秀人才的选入。另外，人力资源管理人员不喜欢的人选，可能由于角度不同老总们却喜欢。

三是有利于对人力资源工作实施监督和考核。人力资源部门与其他部门一样，都应该受到监督，一个企业里不应该存在没有被监督的部门。实践证明，没有对人力资源部门实施监督的企业，往往人力资源管理工作做得不尽如人意。监督和考核的内容主要有两条：一是监督其是否真正下载并阅读了所有求职者的简历；二是考核本次招聘的效果。

二、简历的制作

一份求职者简历好不好，完全取决于招聘者。有些人觉得自己的简历做得不错，为什么一投出去就石沉大海，杳无音信？主要的原因是应聘者的简历并没有吸引住招聘者的眼球。没有吸引住招聘者的眼球，在很大程度上是因为应聘者只以自己的眼光来看自己的简历，而没有从招聘者的立场看待自己的简历。无论简历做得多么精美，应聘者都要清楚一点，招聘者在筛选简历时根本没时间把简历看个遍。

尽管视频简历有着有别于传统文字简历的优点，但还有一个致命的缺点，就是不能保证随时随地都可浏览。不过，无论是平面简历，还是视频简历，招聘者透过简历主要考察两点内容：①求职者归纳、总结、整理材料的能力；②求职者的求职理念、做事方法、人文素养和职业文化。怎样能够有效地体现这两大方面，还需在简历编制过程中注意以下六点。

（一）编制简历的心态

招聘人员怎样鉴别简历？编制得好，当然要保留，如果其专业背景又是公司急需的，可能马上就要见；编制得不好的，就会丢掉，根本就不会保留。所以，编制简历的心理状态应该是"杜绝被扔""至少保存""力争面试"这三部曲。

(二)"长篇累牍"≠吸引力

符合规范、格式简洁、布局清晰明了、看上去一眼就能抓到关键词的简历最受招聘方的欢迎。而那些包括:前言、致辞、目录、学校历史、学院介绍、专业说明、能力评价、成绩列表、证书证明、人生信条、整页的联系方式、英文简历……的超繁简历,招聘者只能将其雪藏。

简历就是"简单的履历",突出的是"简",所以简历不是写论文,不能过于冗长,招聘人员看简历也只是扫描式的,他们没有时间从应聘者的长篇大论中总结归纳出应聘者的能力特点。因此,求职者简历的内容最好控制在一页内。

当然,"简历"的"简"也不能理解成简单,应当理解成"突出重点",即突出应聘者的"才能亮点"。那些在小尺寸里做出大文章的求职者,一说明他很自信,用不着弄些哗众取宠的泡沫;二能彰显水平,既能要言不烦、以小见大,又能突出重点、抓住主攻方向。下面行政管理专业的周平的成功应聘经历可以更好地说明此问题。

周平应聘的是一家外企的部门主管助理,应聘者有几百人。如何能在初试中让考官中意,进而从众多求职者中脱颖而出呢?周平想了一个办法:他将自己的简历设计成扑克牌模样,并按一定比例放大,在一张纸的空间中将自己的基本情况、专长及求职意愿写得一目了然。该简历独具匠心的设计、简明扼要的阐述、风格新颖的构图在众多一般化的应聘简历中格外显眼,使得考官眼前一亮。由于考官对这份简历赞赏有加,周平5分钟便通过了初试,并在复试中发挥出色,顺利地谋到了这份工作。

(三)"无所不能"≠竞争力

简历只是一块敲门砖,成功应聘的关键还在于要有真才实学。用人单位也告诫求职者,简历中的任何字句都有可能成为面试中的话题,一定要有把握的才写,没有把握的不要写,要实事求是,千万不要夸张。用人单位最忌讳撒谎的求职者,一旦让招聘人员觉得你在撒谎,你就丧失了进入这个公司的资格。

比如,朗讯公司非常在意职业道德和职业诚信,通常会注意查看简历内容的完整性、真实性,应聘者工作的连续性和稳定性。朗讯公司并不在意应聘者有其他方面的工作经历、不够良好的教育背景和中断的工作时间,但隐瞒和欺骗就会使公司对你个人的诚信和职业道德有所怀疑。

(四)"深情款款"≠亲和力

用人单位非常反感一种现象,就是很多求职者在表现个人能力时,总爱用一些抒情的句子,如"团结同事、能给公司带来何等效益"等的空话、虚话,甚至有的在结尾还不忘加上一句"我热切期待着一个大展宏图、共创辉煌未来的良机"之类的口号。这样的表达看起来充满激情,实际上等于白说。"无谓的抒情显得多余,还是实在一点的好。"这是大部分用人单位的忠告。

(五)明确的求职目标

想象一下,如果有人向你推销一件只有标价却不知其用途的商品,效果一定很糟。这就是为什么我们极力建议在简历的头几行开宗明义地提出你的求职目标,然后在接下来的10~15行之内让阅读者明了你对该目标职位所能做出的贡献。

那种"使简历保持对不同职位的开放性"的做法是造成简历失败的重要因素,特别是中高级管理人才的简历,这是因为此种简历会令招聘方得出简历提供者缺乏制定职业目标决断力的结论,当然,这样的人也不会胜任具有决策和管理职能的职位。

假如你到目前还不能提出一个明确的求职目标,那么,你首先需要对自己的专业能力、职业发展倾向、当前的就业市场进行分析,而不是急于编制简历、投递简历。

(六)杜绝拼写错误

现在文字处理软件都有拼写检查功能,实在没有理由拼错,否则会给招聘方不认真、不负责、不能脚踏实地工作的感觉,这是因为在如此重要的、影响自身利益的文件上,如果连最基本的东西都不肯认真去做,那么对于未来构建在其基础之上的其他工作,该求职者的工作态度可想而知。因此,简历中的文字错误是完全不能允许的。

三、简历的分析

在人事测评中有一句名言,即"个体过去的行为表现是预测其未来成功的最佳指标",也即通过应聘者过去在各种情况下的行为、态度、偏好、价值观预测其现在及今后的工作表现。因此,这一方式越来越受到人力资源管理部门的重视,被广泛地用于行政人员、中层管理人员、推销员等人才选拔实践中。

不过,简历内容中一般包括两部分,一部分是能够核实的项目,如家庭住址、家庭状况、工龄、学历、年龄等;另一部分则是难以具体核实的项目,如述职报告、自我工作总结等。因此,简历分析的作用效果将受到"简历编制的真实性""简历预测结果的稳定性""简历加权评分系统的科学性"的影响。

除了前述招聘者通过简历考察的两点内容外,还可进一步判断出以下四点:

(一)判断应聘者的工作稳定性

一般来说,判断应聘者是否有好的工作稳定性,主要是看其每份工作经历的时间是否足够长,或者说跳槽是否频繁。除此外,还需关注其每份工作的类别、内容,是否经常做变换,比如某个人一会儿做销售,一会儿做行政等不断变换工作,这不仅反映了此人职业规划不清晰,同时也表明此人工作稳定性不好。

(二)判断应聘者的职业发展潜力

从应聘者每份工作经历中所担任的职位和工作职责的发展趋势上可以判断出他的职业发展潜力。比如某个人第一份工作是做专员,第二份做到主管,第三份做到部门经理,职业经历的趋势是向上的,一般来说可以反映此人的职业发展潜力还不错。有的人则恰恰相反,职业经历的趋势一直向下,"混的"一年不如一年,对于这样的人千万要慎重考虑使用。另外,还可以从应聘者每份工作所服务的企业的规模大小、企业品牌美誉度等来判断其未来职业发展潜力。

(三)判断应聘者的薪水期望

在企业里,员工的薪水其实反映了该员工的价值,当然前提是这个薪水是合理的。因此,应聘者对薪水的期望其实也就是对其个人价值的判定。

有两种情况是值得招聘者关注的,其一是应聘者期望的薪水较目前薪水高出许多,甚至翻倍。这就需要招聘者继续分析,是否是目前薪水在市场同类职位中处于偏低位置,或还是应聘者"狮子大开口",只是表达了他心中美好的愿望,但是却失掉了对个人价值的客观判定(除掉岗位因素,如过低岗位直接应聘高级岗位本身已不适合)。其二是应聘者在简历中表示目前薪水比较高,而对应聘职位的薪水期望却在大幅度降低,这说明此应聘者要么对个人价值完全没有客观判定,要么目前薪水有"水分",要么就是为了上岗而自降身价。

"为上岗而自降身价"对企业风险更大,因为这不是应聘者对薪水的真正期望,如果企业因为"便宜"而录用,这个员工会逐渐要求加薪,或因为薪水过低而消极怠工,甚至流失,最终造成此次招聘的失败。

(四)判断应聘者的离职因素

针对应聘者简历中的真空期需要了解其原因:主动辞职,却没找好下家;被企业解雇或裁员;因处理家庭/个人问题而辞职;个人创业等。如果应聘者经常在没有找好下家的情况下主动辞职,这表面给人感觉似乎是性格比较果断,但更多会让人感觉考虑不够周全,过于冲动;如果经常是为了家庭、个人问题离职,是不是可以认为对工作不够重视,工作遇到家庭只能靠边站?

四、无履历招聘

不少企业在招聘时,总习惯于从年龄、学历、职称、经验等来框定一些“履历”条件,这样难免会使一些有实际才能而无相关“履历”、特别是有实干才能而无相关专业职称的年轻人和有丰富专业经验而无相关学历的中老年人才被拒之门外,以致招聘失败。

履历如同学历,并不一定代表能力,而且履历只能说明过去,并不代表现在和未来。例如,韩国三星、现代等公司实行“无履历招聘”,在面试前根本不去了解应聘者的任何背景材料,只对应聘者进行语言能力、判断能力和社会常识等方面的测试,初选合格后再进行了解,必要时甚至派人与应聘者共同生活一段时间,进行实地考察,合格者方能录用。

第三节 人才选拔技术二:面试与其测试流程分析

引导案例:这样的面试存在什么问题

今天,A很兴奋,因为终于接到位于CBD地区的某公司人力资源部的面试通知,要求她第二天9:30~10:00到公司面试,并携带身份证、学历证明原件。

面试当天A于9:25赶到公司,在前台处被要求在《某某公司面试人员登记表》(含当天所有面试人员姓名)上签上姓名和到达时间,粗略一看面试人数不下20人。工作人员引导A到公司会议室等待,会议室另有6人在等待,桌子上放着企业内刊,电视里播放着关于企业的相关新闻录像。工作人员通知各位候选人,他们的面试官是公司副总,此时,陆续有候选人被叫出进行面试,直到10:10,A才被通知到公司副总办公室进行面试。

在等公司副总打了15分钟的电话后,即10:25面试才正式开始,不过副总所提的面试问题,令A大吃一惊,比如问A所在上一家公司的经营范围与人员规模?上一家公司有没有完善的薪资体系?她是北京人吗?家住在哪里?爱人在哪里工作?工资要求多少?当A详细回答了公司副总的问题后,公司副总则说今天的面试是初试,至于复试还得等其他候选人结果,让她等通知,面试总时长为五分钟。

另外,A所带的身份证、毕业证从始至终没人查看,但要求她提供个人简历,还好她随身携带,而某位男候选人因为没有携带,只能离开。

请问:该公司在面试安排、面试程序上存在什么问题?应该怎么做?

参考答案：

第一：做好面试准备。

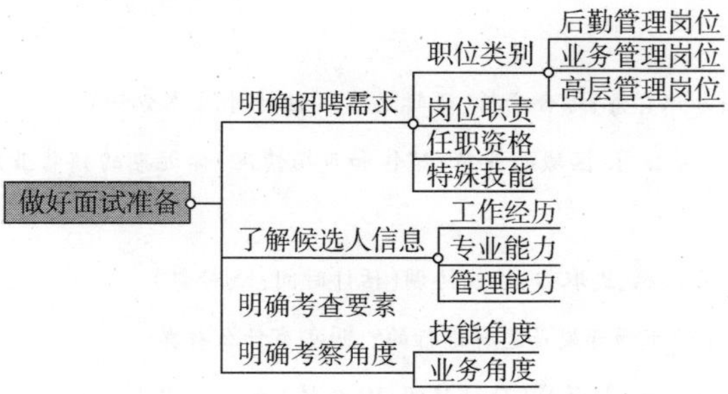

图4－3　面试准备

第二：面试题目确定。

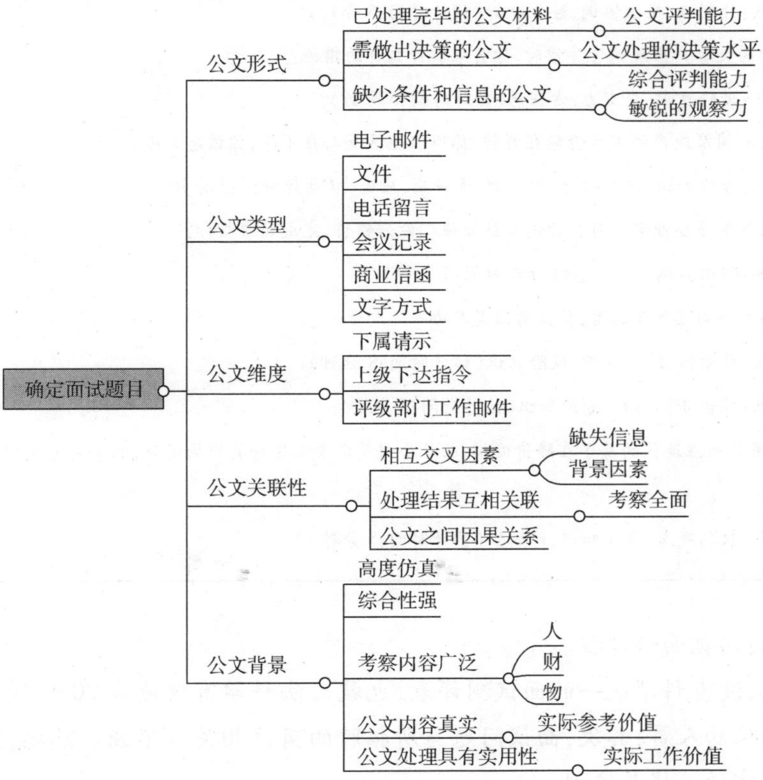

图4－4　公文筐面试题目确定图

表 4-8　面试题目及测评维度示例

(1)请简单介绍你本人的经历(你在 S 公司工作了多久了?都从事过么工作?来 S 公司以前做过什么?) 测评要点:基本经历;知识背景;综合分析(逻辑思维)(估计时间:5 分钟) (2)请介绍一下你所在分公司/区域的业绩、销售和市场情况,你近期的销售业绩下降了是什么原因?上升了是怎么做的? 测评要点:专业知识、责任感、进取心、组织协调(估计时间:15 分钟) (3)你所在的地区今年的市场开发是怎样进行的?明年有什么打算? 测评要点:专业知识、计划性、权属感(估计时间:10 分钟) (4)你觉得要提高销售业绩,可以采取哪些方法?(如果投入费用作促销、广告,没有这笔钱怎么办?如果总部一定要求完成指标如何?) 测评要点:专业知识、进取心、责任感、组织协调(估计时间:10 分钟) (5)估计明年的市场份额,最好的情况能达到多少,为什么?需要什么努力? 测评要点:计划性、组织协调、综合分析(估计时间:5 分钟) (6)在你的大客户出现销售异常时,你会采取什么样的措施? 测评要点:风险意识、应变力、责任感(估计时间:5 分钟) (7)如果全国房地产的市场份额在好转,你所在地区反而在下降,你该怎么办? 测评要点:专业知识、进取心、组织协调、责任感、应变力(估计时间:5 分钟) (8)你手下有多少业务人员?你怎么鼓励他们做好销售,完成销售指标? 测评要点:组织协调、人际交往(估计时间:5 分钟) (9)如果 S 公司陷入了困境,你认为该怎么办? 测评要点:计划性、综合分析、风险意识(估计时间:8 分钟) 测评要点:综合分析能力、专业知识(估计时间:5 分钟) (10)如果你所在地区的房子在降价促销,而 S 公司总部要求保持其市场定位,你又要完成指标,你该怎么办? 测评要点:权属观念、专业知识、计划性(估计时间:5 分钟)

第三:实施面试过程。

首先,没有科学统一的面试测评表,也就无法科学有效地在 20 位候选人中找出适合岗位的人员;其次,面试问题与所招聘的岗位相关度不强。总之,该公司忽略了面试官的选拔与培训。

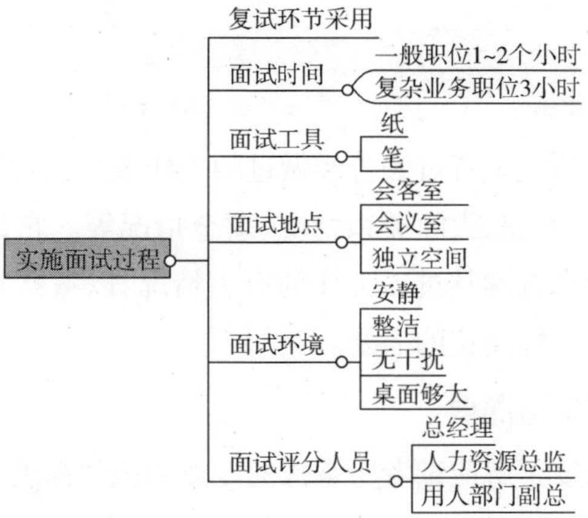

图4－5　面试过程实施流程

关于面试的概念众说纷纭，归纳起来有：①面试就是面对面的交谈；②面试是一种口头考试的形式，即口试；③面试是一种既包括口试，也包括模拟操作演示的形式；④面试就是面谈加口试，是通过面试官与应试者直接见面，边提问、边观察分析以评价应试者的仪表气质、言谈举止、体质精力以及相关素质能力，权衡是否与岗位要求相适应的考试方式。

上述观点都只说出了面试的某些特点和方式，如果对其加以综合总结，我们就得到：所谓面试是一种经过精心设计，在特定场景下以面对面的交谈与观察为主要手段，由表及里测评应聘者各种素质的一种十分有价值的测评方法。之所以这样说，是基于面试的三大假设：

假设一：人的行为是有规律的；

假设二：这些规律可以从他们过去的行为中总结出来；

假设三：这些规律在他们未来的工作表现中仍然会发挥作用。

既然是基于这三大假设，面试内容自然也离不开对人的过去行为的了解与分析。

一、面试的内容

（一）个人信息

个人信息是指测评对象的主要背景情况，包括：姓名、性别、年龄、主要家庭关系及主要工作经历等。

（二）仪表、仪态和风度

仪表、仪态和风度是指应试者的体格外貌、穿着举止以及精神风貌等。研究表明,仪表端庄、衣着风度、举止稳重的人,一般做事有规律,注意自我约束,责任心较强。

(三)工作经验

工作经验主要包括应试者过去曾经做过的工作或担任过的职务、取得的成就、工作的满意度、工作的收获、人际关系情况、薪金情况等。它是通过了解应试者的有关背景和工作经历来查询其过去工作的有关情况,以考察其所具有的工作经历和实践经验是否适应目标岗位的需要。

(四)知识的广度与深度

可以从专业的角度了解应试者所掌握的专业知识的深度和广度,技能的高低。面试对专业知识和技能的考察更具有灵活性和深度,所提问题也应更接近岗位或工作对专业能力的要求。除正面考察外,还可从应试者接受的专业知识和训练的努力程度、成绩高低等进行侧面考察。

(五)工作态度和求职动机

从工作的积极性和工作绩效的角度来看,工作态度和动机对于工作完成的情况往往有直接的影响,所以对工作态度、动机的考察十分必要。对工作态度的考察包括应试者过去对工作、学习的态度,也包括其现在对工作的态度与愿望。对过去工作、学习态度的了解,可以知道他是否热爱工作,钻研业务;从应试者对现在工作岗位的态度与期望的了解,可以考察他是为了施展个人才干,追求个人事业的发展,还是为了追求高工资等优厚的福利待遇等不同的工作动机。

(六)事业进取心

有事业进取心的人,一般都能确立事业上的奋斗目标,并为之积极不懈地努力,表现在工作上会兢兢业业、锐意进取,努力工作;同时他们不安于现状,勇于开拓,改革创新。可从奋斗目标、理想抱负、工作意愿、工作要求、工作成就、薪金变动情况、工作业绩和奖励情况等方面进行事业进取心的考察。

(七)反应与应变能力

反应和应变能力是面试考核的主要内容,也是面试功效的体现。这主要看应试者对面试官所提问题能否迅速、准确地理解并尽快做出贴切、繁简适当的相应回答,对突发问题的反应是否沉着镇定、回答恰当,以反映其思维的敏捷性和机智程度。面试官借此以判断应试者在工作中是否能迅速、准确地理解上级的指示和意图,以及了解其准确应付所面临的问题、恰当地处理意外事件的能力水平。

(八)分析判断与综合概括能力

分析判断与综合概括能力主要考察应试者在面试中能否对面试官所提问题通过分析抓住本质和要害,是否能说理透彻、分析全面、条理清晰,对众多观点和看法的概括是否全面、得当、要领突出,能否提出自己的观点和独特看法。

(九)兴趣爱好与活动

兴趣爱好与活动主要通过了解应试者业余时间的安排,经常从事的活动、业余爱好、娱乐活动、生活方式、嗜好等,来侧面分析一个人的精力和活力等。

(十)自我控制能力与情绪稳定性

在面试中,对管理阶层和其他领域人才的测评,自控力和稳定性的考察是一项重要内容。一方面,在面临上级批评指责、不公正的待遇、无端的责难、工作上的困难与压力、个人利益受损失时,能否克制、宽容、忍让、理智地对待,不因情绪的剧烈波动导致激烈反应,影响工作;另一方面,做工作是否有足够的耐心和韧性等。这是体现一个人的成熟度和社会化程度的重要组成部分。

(十一)口头表达能力

口头表达能力主要是通过对应试者语言的逻辑性、感染力、影响力、清晰度、准确性、音调、音量、节奏等具体内容的考察,来评价被试是否能够将自己的思想、观点、意见或看法顺畅、准确、有逻辑地表达出来。

二、面试的分类

(一)依标准化程度划分

1. 结构化面试

结构化面试又叫模式化面试,是对考官构成、考察要素、面试题目、评分标准、面试实施程序等规范化、结构化和精细化,并且统一培训考官,使测评更具有公正性,从而使面试结果更为客观、可靠,使同一岗位的不同应试者的测评结果更具有可比性。结构化面试可以综合考查应试者各个方面的素质与能力,结合笔试的结果,为组织高效地选择合适的人才提供充分的依据,因此,正规的面试一般都为结构化面试。

2. 半结构化面试

半结构化面试是指只对面试的部分因素有统一要求的面试,如规定有统一的程序和评价标准,但面试题目可以根据面试对象而随意变化。

3. 非结构化面试

非结构化面试则是对与面试有关的因素不作任何限定的面试,也就是通常没有任何规范的随意性面试。在非结构化的面试条件下,面试的组织非常“随意”。关于面试过程的把握、面试中要提出的问题、面试的评分角度与面试结果的处理办法等,面试官事前都没有精心准备与系统设计。非结构化面试颇类似于人们日常非正式的交谈。除非面试考官的个人素质极高,否则很难保证非结构化面试的效果。目前,非结构化面试的使用越来越少。

(二)依面试目的划分

1. 压力性面试

压力性面试是将应试者置于一种人为的紧张气氛中,让应试者接受诸如挑衅性的、非议性的、刁难性的刺激,以考察其应变能力、压力承受能力、情绪控制能力等。典型的压力性面试,是以考官穷追不舍的方式连续就某事向应试者发问,且问题刁钻棘手,甚至逼得应试者穷于应付,考官以此种“压力发问”方式逼迫应试者充分表现出对待难题的机智灵活性、应变能力、思考判断能力、气质性格和修养等方面的素质。

2. 非压力性面试

非压力性面试是在没有压力的情境下考察应试者有关方面的素质。

(三)依面试进程划分

1. 一次性面试

一次性面试是指用人单位对应试者的面试集中于一次进行。在一次性面试中,面试考官的阵容一般都比较“强大”,通常由用人单位人事部门负责人、业务部门负责人及人事测评专家组成。在一次性面试的情况下,应试者是否能面试过关,甚至是否能被最终录用,就取决于这一次的面试表现。面对这类面试,应试者必须集中所长,认真准备,全力以赴。

2. 分阶段面试

分阶段面试是指分为几次进行的面试,又可分为两种类型,一种为依序面试,另一种为逐步面试。

(1)依序面试一般分为初试、复试与综合评定三步。初试的目的在于从众多应试者中筛选出较好的人选。初试一般由用人单位的人事部门主持,主要考察应试者的仪表风度、工作态度、上进心、进取精神等,将明显不合格者淘汰。初试合格者则进入复试,复试一般由用人部门主管主持,以考察应试者的专业知识和业务技能为主,衡量应试者对拟任工作岗位是否合适。复试结束后再由人事部门会同用人部门综合评定每位应试者的成绩,确定最终合格人选。

(2)逐步面试,一般是由用人单位的主管领导、部门主管以及一般工作人员组成面试小组，按照小组成员的层次，由低到高的顺序，依次对应试者进行面试。面试的内容依层次各有侧重，低层一般以考察专业及业务知识为主，中层以考察能力为主，高层则实施全面考察与最终把关，实行逐层淘汰筛选，越来越严。应试者要对各层面试的要求做到心中有数，力争每个层次均留下好印象。在低层次面试时，不可轻视大意，不可骄傲马虎，在面对高层次面试时，也不必胆怯拘谨。

不同面试选才方式的优缺点参见表4－9。

表4－9 不同面试选才方式的比较

类 型	挑选方式	优 点	缺 点	适用范围
顺序性面试	由部门里职位比较低的人做第一级筛选，按照职位顺序层层面试	能早点去除不合格的人选，节省领导的时间	职位比较低的人对这个职位本身理解会有误差，他不一定清楚领导要招什么样的人	有很多候选人来应聘，不愁找不到合适的人才时
系列化面试	许多部门一块儿做决定，一个系列一个系列地往下推进	容易覆盖不同的层面，不易有偏见	花费时间比较多，同时可能影响各部门的正常工作	要求团队沟通特别好的职位适用
小组面试	一组经理同时面试一个人，然后小组决定录不录用他	节省时间，不容易错过一些关键性的考察	候选人压力太大，过于紧张，不利于充分表现出自己的优点	适于招聘管理、销售、市场等人员，因为他以后在工作中会遇到这种场景

三、面试的基本流程

面试不是从坐下来开始沟通才开始，而是从应聘人员走进公司就已经开始。为什么这样呢？因为一般人在无准备的情况下是不可能撒谎的。如果考官在背后观察应聘者，或在面试的时候晚出去五分钟，就可以发现很多问题。事实上，在背后观察应试者的过程就是面试的开始。可能有的人已经跟前台小姐聊得热火朝天，而且已经开始介绍他们公司的产品，有的人特别开朗、特别善谈。如果要招一个销售人员，那你就得给他画一个加号，因为这个人善于自我指导、自我激励，爱跟人沟通，爱跟人说话。但如果招一个研发人员，就该画个问号了。

一次好的面试＝充分准备＋好的提问＋仔细倾听＋准确记录＋评估＋取证

具体面试操作流程参见图4－6。

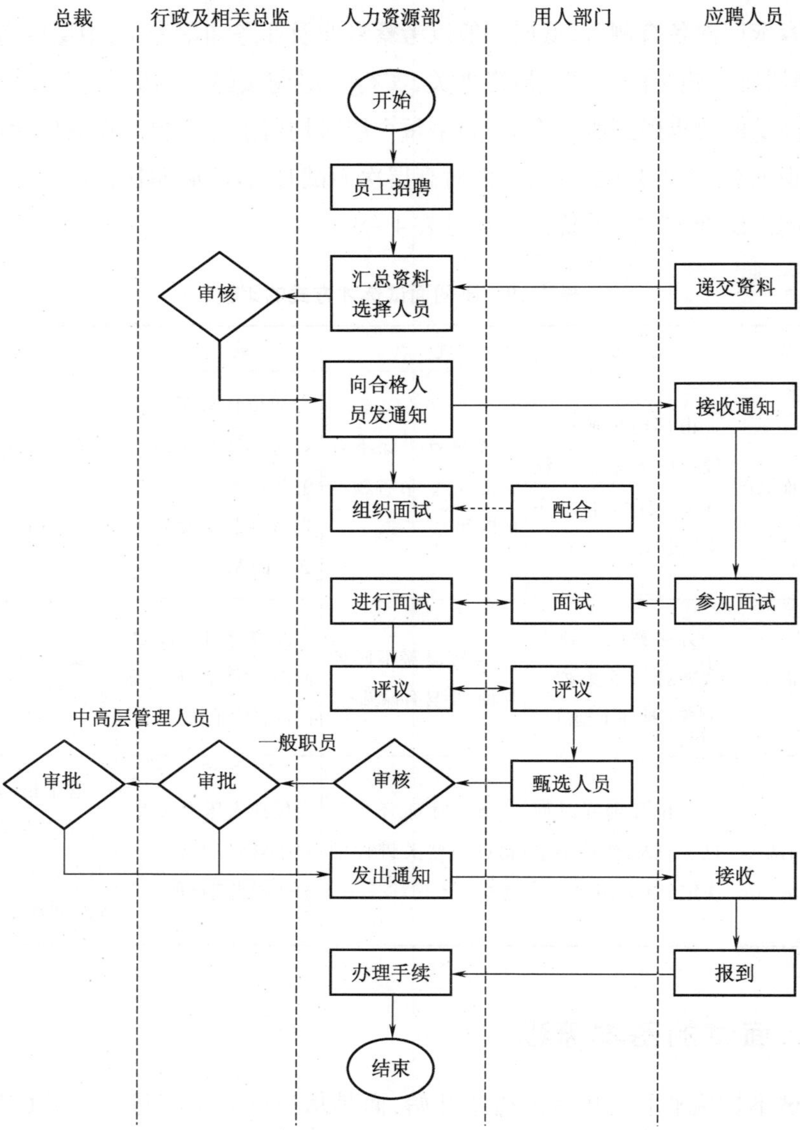

图 4-6　面试流程分析图

(一)做好面试准备

实践证明,凡是面试准备工作做得比较好的,日后的面试工作一定井然有序,反之则一团糟。为此,要在“细”字上下功夫。

1. 事务性准备

事务性的准备工作有:应聘表格的数量、饮用水、水杯数量、桌椅数量、落座场所、纸张和笔、笔试试卷数量、电脑测试机位安排、欢迎招牌、报刊、企业内部刊物,等等。此外,还要对接待工作进行分工,在倒水、分发应聘表、引导、监考等多方面落实到人。记住:面试如同谈恋爱,第一印象相当重要,切勿草率了事,更忌打无准备之“仗”。

面试官和求职者在面试中的座位安排代表着不同的面试风格,会形成不同的面试“气场”,影响着双方的现场发挥,导致不同的面试结果(参见图4－7)。

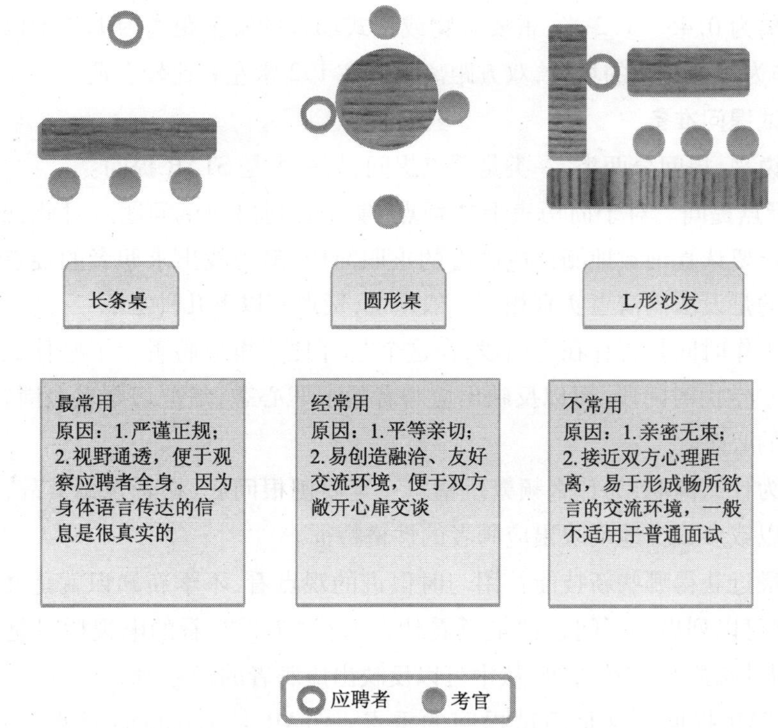

图4－7　三种面试座位安排比较图

在图4－7中,最常见的面试座位安排是面试官和求职者面对面坐在桌子的两侧。其优点是可以很方便地实现面试官和求职者多对一的面试格局,双方可以全方位地捕捉对方的面部表情和肢体语言变化;缺点是面试官处于强势地位,求职者处于较低位置,感觉比较压抑。尤其是在一些领导的独立办公室,作为领导的面试官坐在办公桌后边的老板椅里居高临下,对面是坐在位置较低的椅子上的求职者,这种因位置不同而产生的压抑和不平等的感觉可能更强烈。一般来说,这种座位安排比较适合面试管理、销售、客服等在工作中需要承受较大压力的人员,尤其适合压力面试,借以考察求职者的抗压能力。而圆形桌的座位安排在面试时经常使用,这种座位安排的优点是面试双方会感觉平等、亲切,容易创造出融洽、友好的交流环境,便于双方敞开心扉交谈,不过此种安排不适合进行压力面试。L形沙发的面试安排,可以将双方距离进一步拉近,甚至达到无拘无束、畅所欲言的地步。一般适用于比较熟悉和亲密的人之间进行,在普通面试中很少采用。

除了以上面试座位的基本安排,面试中还要注意沟通的安全距离。距离太远了不方便交流,太近了会使人局促不安。一般说来,在沟通中根据沟通对象的不同要遵循以下安全距离:恋人或家人的亲密安全距离为0~0.45米;朋友、同事之间的安全距离为0.45~1.2米;重要人物或正式场合的安全距离为1.2米以上。因此,面试作为较为正式的场合,双方距离掌握在1.2米左右比较合适。

2. 面试提问准备

一般说来,提问分两类,一类是疑点提问,另一类是STAR提问。

(1)疑点提问。对于简历表上的疑点,事先要列出面试问题。对此,面试前,面试官一定要认真细致地阅读应聘者的求职简历,努力找出求职者的疑点。提问疑点的目的是设法搞清事实真相。一般来说,疑点有以下几种。

一是工作时间是否存在空白段,在这个“空白段”里应聘者干了些什么?事实上,从这个“空白时间段”可以反映出应聘者的求职心态,是迫切要求上岗,还是带着无所谓的心态。

二是为什么离职,为什么频繁跳槽?一定要刨根问底,切忌含糊其辞,因为这个问题可以或多或少地反映出应聘者的性格特征。

三是最近获得哪些新技能?用与时俱进的观点看,不学新知识就是文盲。为此,面试官可以列出以下问题:“最近看什么书?”“最喜欢看的电视栏目是什么?”“最近获得什么新技能?”等等,从中可以反映出应聘者的学习力。

(2)STAR提问。这是面试提问的重点。STAR是situation(情形)、task(任务)、action(行动)和result(结果)四个英文单词的首字母组合,即面试官要提的问题,如果涵盖情形、任务、行动和结果,则是个好问题。例如,可以首先提问是在一个什么样的情形之下取得销售业绩的。接着提问为了完成工作,上司赋予了哪些工作任务。紧接着提问为了完成这些任务采取了哪些行动。最后提问结果如何。为此,要根据每一项职位要求列出对应的STAR问题,问题不宜太多,2~3个即可,几项职位要求的STAR问题累计起来以10个左右为佳。

(二)接待来访

面对应聘者来访,接待人员应该首先伸出手来与应聘者握手,这样会让对方体会到宾至如归之快感,也会一定程度上消除应聘者的紧张心理。握手之时,别忘记捎上一句欢迎词:欢迎前来面试。

应聘者落座后,接待人员应该为其递上一杯水,记住要双手递上。一杯水,对于在炎热夏季里匆匆赶来面试的应聘者来说,可谓是雪中送炭。此外,从应聘者接水的动作可以看出其基本礼仪教养程度的高低。试想,对于双手递过来的一杯水,应聘者如果既不起身,也不道谢,这样的应聘者是企业所渴望的人选吗?

接下来,应聘者应该填写应聘表格了。此时,接待人员表面上应该装出无所事事的样子,但心里头也在做"面试"——观察应聘者的一举一动。例如,可以观察如下小节:应聘者是在照抄早已准备好的简历,还是在默写简历;是依据身份证抄写号码还是默写身份证号码。事实上,一个小小的举动可以在不经意间反映出应聘者的冰山一角。对于观察到的举动,接待人员务必详尽地记录在案,以便选用时参考。

(三)组织面试

人力资源部与用人部门对面试人员进行面试的过程,一般包括五个阶段:关系建立阶段、导入阶段、核心阶段、确认阶段、结束阶段。

1. 第一阶段:关系建立

关系建立阶段主要的任务是面试官要为面试人员创造轻松、友好的氛围。这种轻松氛围将有助于被面试者在后面的面试过程中更加放松。在这一阶段通常讨论一些与工作无关的问题,如天气、交通等。这部分大致占整个面试时间的2%。

2. 第二阶段:问题导入

在问题导入阶段,面试官首先要问一些被面试者事先有所准备的、比较熟悉的问题,以缓解被面试者的紧张情绪,比如,让他介绍一下自己的经历等。这部分大致占整个面试时间的8%。

3. 第三阶段:核心提问

核心提问阶段为整个面试中最为重要的阶段。在核心阶段,面试者将着重收集关于被面试者核心胜任力的信息。这部分大致占整个面试时间的80%。

4. 第四阶段:疑问确认

在疑问确认阶段,面试官将进一步对核心阶段所获得的对被面试者关键胜任能力的判断加以确认。这一阶段所使用的最好是开放性问题。这部分大致占整个面试时间的5%。

5. 第五阶段:面试结束

面试结束阶段是面试官检查自己是否遗漏了哪些关键性问题,并加以追问的最后机会。而且,被面试者也可借这个最后机会来推销自己,表现出组织所需要的关键胜任能力。这部分大致占整个面试时间的5%。

在面试结束后,经过人力资源部与用人部门的评议,可以确定哪些面试人员进入复试阶段,并填写复试意见反馈表。表4-10给出某企业的复试反馈表。

表 4-10　复试意见反馈表

姓　　名		性　　别	
申请部门		申请职位	
面试日期		面试人员	
期望待遇	期望范围：__________元至__________元/年 可接受性：□可以接受　□可以考虑　□不可接受　□特别处理		
考察内容		评论	说明
基本素质	时间观念	□守时　□迟到	
	职业风范	□良好　□一般　□不佳	
任职资格	教育背景	□符合　□接近　□不符	
	工作经验	□符合　□接近　□不符	
专业特长	专业技能	□很强　□较强　□中等 □较弱　□很弱	
	特长	□精通　□擅长　□中等 □粗通　□没有	
基本能力	语言表达	□良好　□一般　□不佳	
	沟通反应	□良好　□一般　□不佳	
性格特点	工作热情	□良好　□一般　□不佳	
	适应能力	□良好　□一般　□不佳	
综合能力	竞争优势	□很强　□较强　□中等 □较弱　□很弱	
	人生观	□清晰　□一般　□模糊	
管理能力	基础管理能力	□很强　□较强　□中等 □较弱　□很弱	
	战略管理能力	□很强　□较强　□中等 □较弱　□很弱	
其他内容			
面试结论	综合得分	适合←10　9　8　7　6　5　4　3　2　1→不适合	
	综合评语		
笔试结论	得分		
	试卷分析意见		
处理结论	□确定录用　□再次比较　□留档备案　□不予考虑　□其他__________		
部门经理签名		日　期	

第四节 人才选拔技术三:情境模拟与其测试流程分析

情境模拟是通过设置一种逼真的管理系统或工作场景,让应聘者参与其中,按招聘者提出的要求,完成一个或一系列任务。在这个过程中,招聘者根据应聘者的表现或通过模拟提交的报告、总结材料为其打分,以此来预测应聘者在拟聘岗位上的实际工作能力和水平。情境模拟主要适用于中高级管理人员和某些专业人员。尽管我国在人才选拔上应用情境模拟测试技术比国外早,但首先提出"情境模拟"概念的却是美国心理学家茨霍恩等。

第二次世界大战期间,美国情报机构在向纳粹德国派遣敌后情报员的过程中,就是试用情境模拟法物色可靠人选,结果大获成功。随后,情景模拟法在德、英、美、澳和加拿大等国的高级军官选拔中得到普遍运用。同时,这一"发明"刺激了商界精英的管理灵感,20 世纪五六十年代,美国电报电话公司率先将情境模拟由"军用"转向"民用",先后为本企业 422 名年轻经理人实行了一种别具一格的、以工作情境模拟为核心的测试。该测试重点评估管理人员的知识、技能、价值观和个人职业追求,同样取得了轰动性成果,这其中就包括被称为"管理者实战演习"的文件筐测验。

一、文件筐测验

文件筐测验又称公文处理或公文包测验,是对实际工作中管理人员掌握和分析资料、处理各种信息以及做出决策的工作活动的一种抽象和集中测验。这种情境模拟法在实际工作中所使用的频率最高,是情境模拟测试方法中最常用和最核心的技术之一。

具体来说,这种测验在假定的情境下实施,该情境模拟一个组织所发生的实际业务、管理环境,提供给受测人员的信息如信函、备忘录、报表、账单、投诉文章、电话记录、电报、报告、声明、命令、请示、汇报、通知及其他任何可能形式的一大堆急待处理的文件材料,内容涉及财务、人事备忘录、市场信息、政府的法令公文、客户关系等十几份甚至更多的材料。这些材料通常是放在文件筐中的,文件筐测验因此而得名。

(一)文件筐测验的特点

文件筐测验作为一种个人综合性笔试测验,是一种极好的选拔高层管理者的测评工具。测验通常是在较紧迫困难的条件(如时间与信息有限、孤立无援、初履新任等)下,要求受测人员以管理者的身份,模拟真实工作情景中的想法和行为习惯，对各类公文材料进行现场处理。评委通过对被测试者处理文件过程中的行为表现和对问题处理方式的解释说明，评价其计划、授权、组织、预测、决策和沟通的能力。

文件筐测验有六个特点：纸笔＋面谈；可以多人同时施测，分别进行；可对个体行为直接观察；可以根据不同的工作特性和待测素质设计题目，灵活性强；施测时间一般为一到三个小时，最长可达一两天；适合测试中、高层管理者。

（二）文件筐测验的优势分析

1. 是管理者的实战演习

文件筐测验高度仿真和接近管理实践，非常有利于激发被测评者的积极性和创造性，对于在很短的时间内全面、准确掌握管理者的能力、潜能以及个性心理特征的某些关键要素具有不可替代的重要作用，是不折不扣的“管理者实战演习”。

两小时左右的文件筐测验对被测评者自身综合素质状况、工作经验积累、专业知识和相关知识的系统整合与娴熟应用的考察效果为其他许多人事测验所望尘莫及。更重要的是，文件筐测验不仅是一种选拔方法，而且也是一种培训的技术，可用于培训提高管理人员的管理技巧，解决人际冲突和组织内各部门不合的能力，以及进行人力资源规划和组织设计的能力。

2. 是具有普适性的测验

文件筐测验具有跨文化、跨地区、跨行业和跨企业规模的普遍适应性。据统计，欧美发达国家和日本在选拔、评价管理人员时最常用的技术就是评价中心，而评价中心中文件筐测验的使用频率高达95%。文件筐测验效度和信度极高（信度相关系数为0.92）且操作方便，已为各国企业的人才招聘选拔、人才评价和管理人员培训立下了汗马功劳。

文件筐测验自20世纪90年代被引入我国以来，已在少数跨国公司的中国子公司内开始推行。该测验由于技术要求较高，在我国企业的人力资源开发管理工作中尚处于起步阶段。近几年来，随着我国企业管理基础的不断改进和人们对企业管理咨询认识的不断加深，文件筐测验在企业管理中的价值和作用也逐步得到中国管理理论界及企业界人士的高度重视。

（三）文件筐测验题目设计

有效的工作分析是文件筐测验的基础工作，工作分析的关键内容开展得越规范、越全面、越深入、越细致，文件筐测验的题目设计就越容易，测评结果的信度和效度也就越高。但仅有系统的工作分析还远远不够，对行业特点、企业内外环境、企业文化和测评目标的分析也是测评题目设计时需要考虑的重要内容。掌握相关信息的题目设计小组一般用2～3个工作日即可完成一个重要管理职务的文件筐测验的题目设计。

比如针对所给定的典型事件,需要测评者收集以下相关资料。

- 文件:需亲自签发的文件样本,如请示报告,财务费用支出,人事调整(招人、裁人、岗位变动、辞职等),供货商的选定,学习进修申请,各类合同文本。
- 问题:3～5个需领导解决的典型问题,用书面文字整理描述出来,如工作汇报、客户投诉等。
- 函件:商业函件的文本样本。
- 会议:会议性质、主题、与会对象、人数、时间等信息。
- 任务:任务性质、要求、会遇到哪些阻力。
- 谈判:客户性质、一般谈判主题、会遇到哪些阻力。
- 冲突:典型的冲突(起因、经过、结果)。
- 社交:活动性质、场合、交往对象、主题(工作价值体现)。

(四)文件筐测验对考官的要求

文件筐测验对考官的综合素质要求较高。他们不仅要具备管理学和心理学领域的基础知识,了解文件筐测验的理论和实践依据,而且还要对测评对象所任职务的职责权限和任职资格(工作经验、学历、能力、潜能和个性心理特征等)进行过系统研究,能够独立或与他人合作设计测评题目,了解各测评题目之间的内在联系,能够恰如其分地开展考评问询,能够对被测评者进行全面、客观、公正的评价。考官要对每种可能出现的答案及其所代表的意义成竹在胸并与其他考官事先达成共识。

在20世纪50年代至80年代,文件筐测验的考官是清一色的管理顾问、咨询专家或心理学家。20世纪80年代以后,文件筐测验的考官也开始逐步吸收所在企业的高级管理人员(他们通常是被测评者直接上级的上司)。企业高级管理人员通常对企业管理现状的方方面面感受深刻,通过两周左右的标准化速成培训以及顾问人员的现场指导,基本上能够担负起合格考官的工作。这对于企业自身管理团队的建设意义深远!

(五)文件筐测验考查的要素

管理人员计划、组织、预测、决策、沟通能力的个体水平和群体水平是企业管理团队核心能力的标尺,对于企业可持续发展能力的保持和提升具有重要意义。五大能力的考查是文件筐测验关注的焦点。下面就以招聘市场总监为例逐一介绍。

1. 计划能力

计划能力是指被测评者分析每一既得信息所反映的问题、问题产生的根源以及各问题间的相互关系并据此确定工作目标、工作任务、工作方法和工作实施步骤的能力。比如,对于市场总监来讲,就是考查他(她)在特定的外部竞争环境和内部资源条件下进行产品计划、价格计划、分销计划和促销计划的能力。滚动计划法的应用情况、计划的可行性、实施所需时间/成本以及风险度是考评管理者计划能力的关键指标。

2. 组织能力

组织能力是指被测评者按照各项既定工作任务的重要和紧急程度安排工作次序,调配人力、物力、财力资源,合理分工和授权并进行相应组织机构或人事调整的能力。比如,当某大区的商品营业额出现大幅度滑坡时,市场总监往往要组织增派促销人员、调拨促销用品、加大营销力度,授予大区市场经理临时特别权力,甚至调整大区市场部组织机构或管理班子来加以应对。工作次序安排、资源配置、工作分工和授权情况以及组织措施的成本和风险度是考评管理者组织能力的关键指标。

3. 预测能力

预测能力是指被测评者对模拟工作环境中相互关联的各类因素及总体形势的未来发展趋势进行准确判断并预先采取相应措施的能力。例如,竞争对手在某中心城市的各大商场刚刚投放了一种明显优于公司现有主导产品的新产品,而该城市正是公司计划下一步重点经营的目标市场,此时准确的预测及有效的应对措施对市场总监来讲就显得十分重要。对工作环境中各类相关因素及总体形势未来发展的多种可能性及其发生概率的分析论证以及各种防范、应对措施的合理性,是考评管理者预测能力的关键指标。

4. 决策能力

决策能力是指被测评者在解决实际工作问题(特别是解决重要且紧急的关键问题)时策划并选择高质量方案的能力。例如,公司的新产品已得到消费者认同,销售额和利润正在快速增长,仿制品也开始进入市场,这时是重点开拓全新市场、建立新的分销渠道,还是在已开发市场转变广告宣传策略、降价促销呢?这就需要市场总监审时度势,全面斟酌,正确决策。决策目标的清晰程度、备选方案(一般为2~3个)的可行性、各方案的评价与比较和最终确定的方式是考评管理者决策能力的关键指标。

5. 沟通能力

沟通能力是指被测评者通过书面形式准确表达其个人思想和意见的能力。实际工作中,市场总监会经常以电子邮件、传真、信函或公文的形式与各大区经理进行工作交流,根据市场人员状况和市场竞争态势对大区经理进行适时的工作指导,对大区经理进行日常慰问和精神鼓励等,这就需要良好的书面沟通能力。沟通渠道和沟通方式的选择、信息的准确性、思维的逻辑性、结构的层次性、文字的流畅性是考评管理者沟通能力的关键指标。

二、案例分析

所谓案例,是依据实际发生过的事例,用白描的语言编制而成的原型介绍。案例具有客观真实性,但又不完全等同于原型,应对原型中涉及的人名、地名等进行技术性处理。在案例分析中一般选择内容翔实、信息复杂、有待决策的财务问题、制度问题或管理过程分析等问题。案例分析测试一般是先让被测者阅读一些材料(案例),了解并研究某个组织或个人所面临的问题,然后调动其所有的知识储备和经验储备,经过筛选、比较和复杂的排列组合,才能在纷繁复杂、不断变化的实际中分清各种因素的联系,抓住主要矛盾,形成准确的判断,提出解决方案,写成分析报告。此时评价者根据分析报告的内容和形式,对被测者的某些能力素质进行判定。

(一)案例分析的特点

案例分析测评能提供任何能级的工作场景,因而可以测评人员的任何能力量级。那种只会纸上谈兵、生搬硬套的教条主义者,在案例分析测评中是没有市场的。同样,那些因循守旧、守株待兔的经验主义者,也会在案例分析测评中原形毕露。只有既善于学习,又勇于实践的人,才能获得成功。

案例分析的特点是:把问题置于具体的案例情境,使问题显得生动而不呆板,且给被试提供了条件和机会相等的情境;既可以采取书面的形式,也可以采用口头形式,操作相当方便且易于控制。案例分析的缺点是:案例设计非常困难,且案例本身的内容与设计的好坏直接影响到案例分析的信度与效度;其评分较为主观,难以制定一个客观化的评分标准,很难找到客观的记分方法,使得评分结果极易受到评价者主观看法的影响。

案例分析通常是以书面材料的形式来阐述某案例的情境条件,要求被测者根据指定的社会角色来进行一系列分析或决策的测验方法。这种方法具有以下三个特点。

第一,每一案例均是一个独立的实际决策问题。它们通常具有非确定型决策问题的性质(即决策的先行条件中具有非确定型的因素),使受测人进行案例分析与提供决策方案时,无法依靠一种固定不变的程序来解决,其成败主要取决于受测人本身的知识、经验、决断能力和敢担风险的魄力等。

第二,每一案例均是一题多义、一题多解。每一案例的分析与判断,都有多种可供选择的方案,每一个方案均有利弊,甚至潜藏着一定的风险,因而要求受测人务必运用多种学科的知识,综合自己各方面的才能,通过周密详细的分析,才能做出合理的分析或选择。

第三,案例分析中使用的实例基本上来源于实际工作,因而使案例阐述的情境条件和分析要求与指定社会角色的实际工作十分接近,给人以亲切实用之感。

(二)案例分析的开发应用程序

一个完整的案例分析的开发应用程序应包括七大环节:职务分析及确立测评指标、收集案例素材、设计与编制案例(及问卷)、确定评分标准及记分方法、实施案例测试、培训评分人员及组织评分、检验案例分析的效果。

1. 职务分析确定测评指标

情境模拟所进行的职务分析需要注重以下三个方面:第一,围绕岗位关键职责任务;第二,以工作行为为基础;第三,与职务成败相关联的事件。通过职务分析,我们便确立了对特定职务人员进行测评或考查的指标要素。在确定了测评指标后,最好能确立各指标的权重系数,这样便于给出被测者的整体综合评价。

2. 收集案例素材

因案例分析法中的案例必须具有真实性和针对性,所以需要重点进行实际案例收集,从而为案例设计与编制做好准备。例如,挖掘当事人心目中的典型案例或关键事件时,需要请被访谈者从事件发生的组织背景,事件发生的时间、地点、人物,其中遇到的问题,问题的解决办法,解决的效果,以及被访谈者对此的感受或看法等方面加以描述。

3. 设计与编制案例

对从文献和实践中收集到的案例,在加工处理过程中要注重将实际案例事件与考查要素相结合,并针对案例中遇到的一些实际问题编制成问题项目,这里需要注意以下几点。

(1)要给出回答问题所需的足够信息。案例分析就是要基于一定的案例背景和事件信息给出问题,若信息不全,被测者就会无从回答;即使做出回答,也是基于自己假设的情境,假设因人而异,这样就会有更大的偏差出现,案例的标准化、可靠性及有效性也受到了破坏。所以,编制案例时一定要把回答问题所需要的必要信息明确、完整地提供给被测者。

(2)案例内容不能对问题项目有直接提示。在案例编制时虽说要给被测者足够的背景信息,但切忌含有对问题项目有直接提示的内容出现。所以,在编写过程中,既要做到不出现提示信息,又要做到内容的有效过渡与衔接,必要时可用笼统语言一笔带过,或者设置一些悬念,以有利于案例后的问题项目的设计。

(3)案例中的事件尽量具体、明确。编制案例时最好选择具体、明确的事件进行设计,因为事件越具体、越明确,被测者的回答范围就会越窄,计分标准就越容易界定,这样也避免了空泛、笼统的答案,有利于评分的统一和标准化。

(4)案例的篇幅要适度。案例的长短也应有所讲究,大致在 500 ~ 1 000 字之间较为合适。字数太少,不利于案例陈述清楚,也不容易和结构化面试中的情境访谈的题目形式区分开来;字数太多,容易让被测者产生厌烦情绪。

(5)请被测者对问题予以尽可能深入的回答。编制的案例都是生活中精挑细选的复杂的典型案例,所以在每个问题项目上被测者回答的越深入、越详尽,就越能充分体现出他的素质水平。现场实验研究不同于实际应用,所以,应通过指导语对此进行强调和引导。

(6)问题项目和测评指标的数量要适当。一个简短的案例本身不可能涉及太多问题,若太过细化,每个问题的难度和挑战性就会大大较低,所以案例之后的问题项目大致围绕在 2 ~ 5 个较为合适。

4. 评分标准与记分方法的确定

评分标准是指每一评定要素各个等级判分的参照标准,或者说是帮助评分者按规范化要求进行标准化记分的具体说明。常用的评分参照标准有两种形式:一种称为简化参照标准,另一种称为具体参照标准,两种形式参见表 4 – 11。

表 4 – 11　有关纪律性的评分标准举例

<table>
<tr><td>简化参照标准</td><td>差</td><td>中</td><td>强</td></tr>
<tr><td rowspan="2">具体参照标准</td><td>要素</td><td>1</td><td>2</td><td>3</td></tr>
<tr><td>纪律性</td><td>组织纪律性差,有违法乱纪行为</td><td>有一定组织纪律性,能遵守党纪国法和规章制度</td><td>组织纪律性强,模范遵守党纪国法和规章制度</td></tr>
</table>

记分方法分为一级判断记分法与二级判断记分法两种。

一级判断记分法就是要求评分人员通过一次性完整思维来定量判断个体行为的记分法。常见的一级判断记分法按采用奇数还是偶数,分为奇数法和偶数法两种。奇数法通常采用的数值为 3,5,7,9,11,15 几种,偶数法通常采用的数值为 8

和10，其中8分法中的4分与5分代表中等水平，10分法中的5分和6分代表中等水平。

二级判断记分法的目的是要使评分人员运用二级思维的方式来妥善解决一级判断记分法中所面临的问题。它先要求评分人员按一级判断记分法打分，然后再在此基础上分析被测者符合该等级分数的哪个水平（通常分为上、中、下三个水平，正好符合该等级为“中”，稍好为“上”，稍差为“下”）。

二级判断记分法中的两次判断结果，事实上起到了扩大记分范围的作用，例如，在五级记分中的二级判断实际上是十五分制，使评定结果具有一定的辨别力，且二次思维判断均控制在较小幅度内进行分析，评分者判断难度小，自我把握大，因而在一定程度上解决了一级判断记分法的难题，是目前应用较多的一种记分方法。

所以，综合来看，在评分标准和记分方法上，可以采用简化参照评分标准与二级记分判断法相结合的方法。

5. 案例测试的实施

将编制好的成型案例选取样本进行测试，测试对象一定要与收集案例素材时的行业和职位相吻合。例如，编制的教育系统的处级干部案例就应该以高校、教委等教育系统单位的处级领导干部为测试对象。实测最好能集中统一进行，但因案例分析耗时长、领导干部时间宝贵等原因，相应的难度较大，所以也可分散进行，在一定的时间内予以返还，但此过程中缺乏必要监督，可能会出现代答现象，所以在测试实施过程中，这一点一定要向被测者进行说明与提醒。

6. 组织评分

组织评分时，评价小组主要的组成人员是心理学专家和有相关经验的实践专家，当然再加上人力资源管理专家是最好的评价小组构成。心理学专家是从科学的专业角度进行评价，有相关经验的实践专家是从管理实践的经验方面对被测者的反应进行评价，而人力资源管理专家是从人事任用方面予以考虑，所以这样的评价小组结构比较全面与合理，能够胜任评价工作。组织评分时，最好统一、集中进行。

7. 案例分析的效果评估

用编制好的成型案例进行正式施测之后，要对案例分析的效果即信效度进行检验，即要分析案例分析的可靠性及有效性程度。在信度方面，运用评分者信度对案例分析的效果进行考查最为合适，即各评分人员的评分一致性程度。在效度方面，可以运用效标关联效度和构想效度来对案例分析的效果进行考查。

在拥有多种方法的调查数据的情况下，可以运用多质多法对案例分析的会聚效度和区分效度进行考查。多质多法是坎贝尔(D. T. Campell)和贾斯克(D. W. Fiske)于1959年提出的一种分析测验结构效度的方法,这种方法现在得到了普遍应用,并且广泛应用于评价中心的结构效度的验证。测评维度(指标)被看成特质,而测评方法(测评情境)则被看成方法。会聚效度是同一种测评维度(指标)在不同测评方法(测评情境)之间相关的程度;区分效度是同一测评方法(测评情境)内不同测评维度之间不相关的程度。会聚效度和区分效度是结构效度的两个重要指标。在仅有一种方法的调查数据情况下,最常用的方法是找到能反映测评指标要素的效标,以考查其效标关联效度。可以以被测者当前的工作绩效或行为记录为效标;若时间允许,可以以被测者将来的工作绩效为效标(即预测效度),但效标收集困难较大,而且考虑到时间的限制,比较简便的方法是以测评指标要素的自评和他评分数(上级、下级、同事等)为效标,把效标分数与评分人员对被测者的打分求得相关,即可求得效度。

三、无领导小组讨论

无领导小组讨论(leaderless group discussion,LGD)是采用情境模拟的方式对被试进行集体面试。LGD就是给被评价者一个待解决的问题,给他们大约一个小时左右的时间,让他们在既定的背景下或围绕给定的问题展开讨论并解决这个问题。被评价者的最佳数量一般是5~7人。所谓“无领导”就是说参加讨论的这一组被评价者,他们在讨论问题情境中的地位是平等的,而且也没有指定哪一个人充当小组的领导者。目的就在于考察被评价者的表现,尤其是看谁会从中脱颖而出,成为自发的领导者。评价者不参与讨论过程,他们只是在讨论之前向被评价者介绍一下所要讨论的问题,给他们规定所要达到的目标以及时间限制等,至于怎样解决问题则完全由被评价者自己来决定。评价者一般通过现场观察或者通过录像观察对被评价者进行评定。

(一)无领导小组讨论的特点

首先,LGD明显优于其他测验方法的一个方面就在于它提供给被评价者一个平等的相互作用的机会。在相互作用的过程中,被评价者的特点会得到更加淋漓尽致的表现,同时也给评价者提供了在与其他被评价者进行对照比较的背景下对某个被评价者进行评价的机会,进而做出更加全面、合理的评价。

其次,LGD的突出优点是具有生动的人际互动效应,通过被评价者的交叉讨论、频繁互动,能看到许多纸笔测验乃至面试所不能检测的能力或者素质,如被评价者在LGD中会无意中显示自己的能力、素质、个性特点等,有利于捕捉被评价者的人际技能和领导风格,提高被评价者在真实团队中行为表现的预测效度。

再次，LGD 的另外一个优点是赛马场效应，即 LGD 提供了一个“赛马场”，在赛马场中选马（被评价者），有利于识别最具有潜能的千里马。

最后，LGD 的第四个优点是其真实诱发效应，即讨论中的快速反应和随机反应，有利于诱发被评价者真实的行为模式，大大减少了行为的伪饰性。

（二）无领导小组讨论的适用对象

由于 LGD 主要是通过模拟团队情境来考察被评价者的能力，而且 LGD 技术要求高，设计成本高，实施起来费时又费力，所以一般将 LGD 用于组织中高层人员的选拔与诊断，既可用于选拔企业的管理人员，也可用于选拔事业单位的领导干部，还可以对组织的在职管理人员进行测评诊断。

如果对基层岗位的人员进行无领导小组讨论则测评得不偿失，既浪费物力、人力，同时浪费时间，而且不一定能取得一般测评方法能取得的结果，即 LGD 所测评的要素不符合基层岗位人员所需求的要素指标，而这些要素指标却能从一般的测评方法中得到。

（三）评价标准的确定

在无领导小组讨论中，考官的评价标准主要是：被试参与有效发言次数的多少；被试能否随时消除紧张气氛，说服别人，调节争议，创造使不大开口讲话的人也想发言的气氛，并最终使众人达成一致意见；被试是否能提出自己的见解和方案，同时敢于发表不同意见，并支持或肯定别人的意见，在坚持自己的正确意见基础上根据别人的意见发表自己的观点；被试能否倾听他人意见，并互相尊重，在别人发言的时候不强行插嘴；被试语言表达、分析问题、概括或归纳总结不同方面意见的能力；被试反应的灵敏性、概括的准确性、发言的主动性等。

（四）无领导小组讨论题目的形式

LGD 是通过小组成员之间进行互动，对某个讨论题目发表意见，互相讨论，并最终获得解决方案的方式，来诱发小组成员表现特定的行为，评价者则依据小组成员所表现出来的特定行为对其进行评价。因此，讨论题目的设计形式是 LGD 中非常重要的环节之一。从形式上来分，可以分为以下五种。

1. 开放式问题

所谓开放式问题，是指其答案的范围可以很广，很宽。主要考查被试思考问题是否全面，是否有针对性，思路是否清晰，是否有新的观点和见解。例如：你认为什么样的领导是好领导？对这个问题，被试可以从很多方面来回答，如领导的人格魅力、领导的才能、领导的亲和力、领导的管理取向等，可以列出很多种优良品质。开放式问题对于评价者来说，容易编制题目，但是不容易对被试进行评价，因为此类问题不太容易引起被试之间的争辩,所考查被试的能力范围较为有限。

2. 两难问题

所谓两难问题,是让被试在两种互有利弊的答案中选择其中的一种,主要考查被试的分析能力、语言表达能力以及说服力等。例如:你认为以工作为取向的领导是好领导还是以人为取向的领导是好领导?一方面此类问题对于被试而言,不但通俗易懂,而且能够引起充分的辩论;另一方面对于评价者而言,不但在编制题目方面比较方便,而且在评价被试方面也比较有效。需要注意的是,两种备选答案一定要有同等程度的利弊,其中一个答案不能比另一个答案有很明显的选择性优势。

3. 多项选择问题

此类问题是让被试在多种备选答案中选择其中有效的几种或对备选答案的重要性进行排序,主要考查被试分析问题实质、抓住问题本质方面的能力。对于评价者来说,此类题目的编制较难,但对于评价被试各个方面的能力和了解其人格特点则比较有效。

4. 操作性问题

操作性问题,是给被试一些材料、工具或者道具,让他们利用所给的这些材料,设计出一个或一些由考官指定的物体来,主要考查被试的主动性、合作能力及在实际操作任务中所充当的角色。如给被试一些材料,要求他们相互配合,构建一座铁塔或者一座楼房的模型。此类问题对被试操作能力方面的考查要多一些,同时情境模拟的程度要大一些,但对言语能力方面的考查则较少,同时考官必须很好地准备所能用到的一切材料,对考官和题目的要求都比较高。

5. 资源争夺问题

此类问题适用于指定角色的无领导小组讨论,是让处于同等地位的被试就有限资源进行分配,从而考查被试的语言表达能力、分析问题能力、概括或总结能力、发言的积极性和反应的灵敏性等。如让被试担当各个分部门的经理,并就有限数量的资金进行分配。因为要想获得更多的资源,必须要有理有据,必须能说服他人,所以此类问题可以引起被试的充分辩论,也有利于考官对被试进行评价,但是对试题的要求较高,即试题本身必须具有角色地位的平等性和准备材料的充分性。

四、即席演讲

即席演讲又称即席发言,是情境模拟测评中的一种常用方法。被评价者按照给定的演讲主题和相关材料,在做短时间准备后(通常 5 ~ 10 分钟),结合自身的情况和观点，运用语言、动作、表情、姿态等向评价者阐述自己的观点和理由，评价者对被评价者在演讲过程中表现出的各种行为进行全方位的观察和记录，对照标准化的评分对被评价者的行为进行归类和鉴定，得出其在各项指标上的分数，最后根据被评价者的得分情况来确定其在相关素质维度上的水平，从而为管理者对被评价者的选拔、录用等人事决策提供重要的参考。这种测评方法可以考察被试的分析推理能力、语言表达能力及在压力下的反应能力。

（一）即席演讲的特点

1. 直观性

比之其他测评方法，即席演讲更能直观地考察测评对象的各种能力素质。在即席演讲的过程中，测评对象被要求站在数位测评者的前方（有条件的测评还会提供正式的讲台），根据演讲要求围绕演讲主题尽情发挥自己的才能，而测评者们在台下第一时间看到测评对象的每一个细微行为，观察到测评对象的每一次表情变化，听到测评对象每一句演讲话语，感受到测评对象每一次感染观众的努力，这些使得测评者们能够得到最直观的观察、最直接的信息，对测评对象的真实才能的判断将因为没有其他媒介的间隔而显得更加准确和真实。

2. 预测性

即席演讲作为情境模拟测评的一种测评方法，常常被应用于招聘、晋升及培训诊断，而其演讲的主题通常是与目标岗位相关的模拟工作情境。测评对象被置身于这些针对性很强的模拟情境中，其表现往往比较接近于日后正式上岗后的真实情况；并且，在较短的时间内，置身于突如其来的模拟情境中，面临着复杂甚至艰巨的任务，测评对象很难做出伪装，测评者们对其能力素质的考察不易产生偏差，这样，即席演讲中测评对象的行为表现就能在较大程度上迁移到实际生活中去。因此，即席演讲测评法对测评对象在未来工作中的表现往往有较好的预测效果。

3. 真实性

由于每一个即席演讲的主题都源自实际工作中的典型事例，这些事例都是在目标岗位或相关岗位上曾经发生的真实事件，这就使得测评对象看到演讲主题时感觉真实可信，并迅速进入角色，而真实的情境也有利于测评者们考察测评对象的真实能力和素质。同时，为了有效控制许多与测评无关的干扰因素，这些典型事例往往经过了测评技术的处理，有时甚至会根据测评要求把分属于不同工作样本中的情境元素经过“剪辑”组合在一起，最终成为一个演讲主题中的情境，这样既提高了测评的准确性，又扩大了测评的内容与范围，还可以在同一次测评活动中测评出演讲者的多种素质，如人际交往能力、逻辑思维能力、应变能力、组织协调能力等。

4. 针对性

即席演讲测评往往会针对某一个测评目的、某一个目标岗位或某一种测评环境,来选择、设计特定的演讲主题并由此确定特定的评分体系,特定的演讲主题将为测评对象提供一个与工作有关的情境模拟和需要完成的任务,在这个完成任务的过程中,测评对象将得到机会表现组织者所想要看到的能力和素质;同时,特定的评分体系将为测评者提供一个清晰而标准化的评分框架,在这个框架中明确了需要评定的能力、素质。在测评过程中,测评者们将运用这个框架去观察测评对象的行为表现,并对测评对象的每一项能力、素质进行评定。

5. 灵活性

即席演讲测评法的灵活性主要表现在其演讲主题的设计和实际操作上。

在演讲主题设计上,测评题目的设计者们往往可以针对特定的目的和要求灵活地设计不同的演讲主题,而在不同的演讲主题中测评对象所预期表现出的能力素质是不同的。有时,为了满足测评的要求,甚至可以将不同的演讲主题进行灵活组合,应用到同一个测评项目中去,即在同一次整体测评活动中进行不止一次的即席演讲测评。

由于一个即席演讲测评在进行时只有一个测评对象,不像无领导小组讨论等其他情境模拟需要多个测评对象共同参与,也不像管理游戏那样需要其他的辅助资源,所以其在实际操作的时间与空间上具有较大的灵活性。

6. 可操作性

一个设计成熟的即席演讲测评具有很强的可操作性。在即席演讲测评过程中,测评对象被给予明确的演讲主题和任务,同时也被规定了明确的时间限制;测评者们得到高度标准化的评价标准,并接受统一的培训;测评项目管理者有明确的测评步骤、时间安排和注意事项。这样,在实际操作过程中,每一个角色都有章可循,有法可依,都能明确自己的职责和任务,从而整个过程可以得到较好的控制,测评项目也能比较方便地实施。

7. 公平性

在同一个即席演讲测评项目中,测评对象将得到完全相同的测评条件,包括完全相同的演讲主题和任务,完全相同的测评要求,完全相同的测评环境,完全相同的测评者团队,完全相同的评价标准体系。每一个测评对象都拥有一个展现自己才能的公平的舞台,不会因为外部条件的差异而受到影响,而且,每一次测评都是测评对象单独完成,不会受到其他测评对象的影响和干扰。所以说,即席演讲测评能为每一个测评对象提供公平的竞争机会。

即席演讲的上述特点构成了其有别于其他测评方法的优势,这也是即席演讲被广泛应用的原因。但是，任何一种测评方法都不是十全十美的，即席演讲也不例外。首先，即席演讲的测评形式决定了测评对象的能力素质主要通过语言、表情、少量的肢体动作来展现，这就使得对测评对象的实际操作能力的考察不够，而且，测评对象的个性、习惯和口才上的差异会对其真实能力的展现产生一定的影响。其次，测评者对测评对象能力素质的考察主要通过观察其在测评现场的行为表现，而行为观察的高难度决定了这种测评形式对测评者的专业水平要求较高，在测评进行前需要花较多的时间和资源对测评者进行培训，而即使所有的测评者都接受了统一的标准化培训，评价方法的主观性也会使得测评者自身的素质和经验会对测评结果产生一定的影响。最后，即席演讲的开发成本也要高于一般的人事测评方法，特别是演讲主题的编制和评价标准体系的建立需要花费大量的时间和精力，这些都将带来开发成本的攀升和开发周期的延长。

（二）演讲主题的类型

演讲主题的类型大致可以分为以下几种。

1. 命题型

命题型演讲主题通常将模拟情境大幅简化为一两句话，只给出一个类似于命题作文的主题，例如："请谈谈加入 WTO，对我国政府部门工作的影响"，此类演讲主题显然太为宽泛，缺少针对性，测评对象的演讲内容较难控制，往往无法表现出一些特殊和有针对性的能力素质，而测评者对测评指标的把握也比较困难。当然，这种类型的演讲主题也具有它的优点，那就是演讲主题的开发成本比较低，花费的时间、人力和物力相对较少，同时也能考察出一些基本的能力素质。这种演讲主题在目前多应用于各级党政干部选拔和考核中。

2. 发言型

发言型演讲主题通常会给测评对象一个大中型会议的情境，在描述了有关会议的背景后，要求测评对象在会议上发言，发言要有明确的目的性，也常常要求达到特定的效果。例如："某大型企业准备开展安全生产月活动……您作为该企业的副总，要求您在安全生产月的动员大会上进行发言，主旨是阐述安全生产的意义、调动全公司员工的积极性并做初步的策略安排……"这种演讲主题创造的情境往往比较真实，背景材料也较为丰富，测评对象有一定的发挥空间，而其演讲的内容则具有较大的针对性，这有利于设计和考察特定的能力素质。

3. 交流型

交流型演讲主题并非要求测评对象在测评时与他人进行交流，而是选取一个交流过程中的片断作为演讲的背景，模拟的情境通过简单的背景介绍以及描述交流的前半部分来创造。例如，使用一个面试的场景，介绍了简单的背景后，列出面试前半部分测评者与应聘者之间的对话,对话以测评者指出一个棘手的提问而中断,然后要求测评对象以该应聘者的角色回答测评者的提问。这类演讲主题也具有较强的情境性,测评对象必须尽快进入角色,努力应对测评者的提问,在此过程中能体现出测评对象的应变能力、逻辑思维能力等重要的能力素质。但值得注意的是,虽然该类型的演讲主题以一个交流的过程为背景,但是测评对象进行演讲时,测评者并不能给予任何反馈,这一点必须在对测评对象进行测评指导时充分强调,同时也应该在演讲主题设计中予以考虑。

4. 应急型

应急型演讲主题是所有演讲主题类型中最复杂也最有效的一种。应急型的演讲通常为测评对象提供了一个需要应急的模拟情境,如某个突发事件。这类突发事件可以是一次生产事故,可以是商业环境的突然变化,也可以是组织人事的突然颠覆等。

这些突发事件有一些共同的特征,首先这些事件是突然发生的,具有很大的意外性,都发生在正常的工作程序和商业规律以外;其次,这些突发事件对于组织和个人都十分关键,甚至决定一个组织的兴衰存亡,处理这些事件将面临巨大的压力,事件的处理者将为自己的决策担负巨大的责任。

具体操作时,演讲主题将详细描述突发事件发生的背景,包括组织背景、人事背景、市场背景等,详细和具体的背景信息能使测评对象深入地理解当时发生的情境,从而能更好地融入当时的环境中去。

由于此类型的演讲主题给测评对象设定的情境不但紧急而且重大,不但真实而且棘手,要求测评对象在短时间内熟悉材料所提供的背景信息,并迅速进入重要角色,融入纷繁复杂而且千钧一发的恶劣环境中,同时需要控制自己的紧张情绪并努力控制场面、解决问题,所以这类主题的难度较大,对测评对象的要求也比较高。

(三)即席演讲测评操作程序

在完成即席演讲测评工具的开发后,我们接下来将探讨这个工具在实际应用中的操作程序。整个操作程序可以分为测评准备阶段和测评实施阶段两个部分。

1. 测评准备

第一,确定测评项目的负责人。整个测评的顺利实施需要有一个负责人进行总体协调和组织,而这个负责人的首要任务就是熟悉测评工具,即要认真阅读和研究测评项目管理手册。熟悉了测评项目管理手册中的内容后,负责人就可以对整个测评的目的、内容和程序了然于胸,后续的所有操作程序都需要他来进行推动和协调。

第二,安排场地及其他设施。即席演讲测评需要有一个明亮和安静的房间,对房间的面积要求不大,但必须能够坐下 5 ~ 7 名测评者,而且测评者和测评对象之间需要保持一定的距离,这个距离既要能保证所有的测评者都能看清楚测评对象的面部表情,又要能保证测评对象不会因为和测评者距离太近而产生紧张情绪。如果是给多个测评对象进行测评的话,还需要另外准备两个相互隔离的房间,一个房间用于给开始测评的测评对象(拿到演讲主题和材料的测评对象视为开始测评)进行演讲准备(阅读演讲主题和相关材料时间为 5 ~ 10 分钟),另一个房间用于集中尚未开始测评的测评对象,两个房间相互隔离是为了避免演讲主题泄漏而造成不公平,此外,如果还有其他测评项目使得演讲结束的测评对象无法立刻离开测评区域的话,还需要准备另外一个场所进行安置。总之,要严格避免接触过演讲主题的测评对象和未接触过演讲主题的测评对象进行交流。其他设施包括测评者进行评分时、测评对象进行演讲准备时需要的纸、笔,测评者们入座的长桌,以及测评对象演讲所需的讲台,如果一些演讲主题和背景材料需要用影音资料来呈现给测评对象时,还需要准备影音播放设施。

第三,选择测评者。一个即席演讲测评项目通常需要 5 ~ 7 名测评者,选择测评者时注意按比例安排不同背景和工作经验的人员。通常,在一个测评者团队中应该包含心理学专家、人力资源管理者、目标岗位的直接上级或组织的高层领导。

第四,测评者培训。对测评者进行 1 天左右的培训。

第五,确定测评时间表。按照测评者的数量、其他测评项目的安排以及测评的环境制作详细的测评时间表,以此来增强对整个测评过程的控制。

2. 测评实施

测评实施阶段以一个测评对象的测评过程为单元进行描述。

第一,宣读指导语。向测评对象宣读指导语,指导语的主要内容包括测评的主要目的(可以进行加工处理)、测评的要求、程序和其他注意事项。

第二,测评对象准备。向测评对象宣读指导语后即向其提供演讲主题和相关背景材料,让其开始演讲的准备。准备的时间一般限定为 5 ~ 10 钟,按照演讲主题的复杂程度和材料的阅读量来进行调整。在测评对象进行准备时,允许测评对象就演讲主题本身向测评者提问,但是演讲一旦开始,测评者将不给予任何形式的反馈。

第三,测评对象演讲。测评对象演讲的时间一般限定为 5 ~ 10 分钟,具体时限根据不同的演讲主题而定。测评对象在演讲时将得不到任何形式的反馈,也不能和任何人进行交流。如果需要,还可以对测评对象的演讲进行录像。

第四,测评者记分。测评者的记分过程从测评对象开始演讲的那一刻就开始了。在整个演讲过程中,测评者需要对照评分标准在评分表上进行打分,针对每一个测评指标，测评者可以在评分表的相关栏位内记录下测评对象的典型行为，并初步给予评分。

第五，测评者讨论。当测评对象演讲结束后，所有的测评者需要坐在一起进行一次讨论，讨论的内容是测评对象各项指标上的得分，特别是针对那些得分差异比较大的指标。测评者在阐述自己的评分理由时，还需要引用在测评过程中记录下来的典型行为作为自己的评分证据。经过讨论，在某些测评指标上测评者们可能会达成一致，而达成一致的分数将成为测评对象在这些指标上的最终得分，还有一些指标可能无法达成一致，这就需要进行一些数学加工将不同的分数转化为一个综合的分数。

第六，测评结束。当测评对象所有测评指标的最终分数都出来以后，这一个测评单元就结束了。测评对象交还所有的测评材料后可以离开现场，测评者则要撰写测评报告和提供反馈。

（四）即兴演讲题目大全

1. 曾经有这样一首小诗，饶有趣味：

你不可以左右天气，但你可以改变心情；

你不可以事事顺利，但你可以事事尽力；

你不可以改变不公，但你可以展现笑容；

你不可以预知明天，但你可以把握今天。

细心品味这首诗，然后针对此诗，自定主题，即兴演讲。

2. 请根据“没有比人更高的山”这句话，自定主题，即兴演讲。

3. 你心中对“朋友”的定义是什么？请围绕朋友这一主题即兴演讲。

4. 有人认为：青春像一座山背负一路感伤；郭敬明也曾说：青春是道明媚的忧伤。请围绕“青春”这一主题，即兴演讲。

5. 清晨—微风—草坪（展校园一景：柳条依依，绿草青青）

注：(1)以上给出的词为即兴演讲的主题关键词；(2)括号内给出的是参考演讲方向，便于各位选手更好理解主题关键词，并非要求。

6. 责任—义务—自豪感（使命感，主人翁精神）

7. 请您以“人生处处是考场”为话题进行演讲。

8. 寻找幸福的人，有两类。

一类像在登山，他们以为人生最大的幸福在山顶，于是气喘吁吁、穷尽一生去攀登。另一类也像在登山，但他们并不刻意登到哪里。一路上走走停停，看看山岚、赏赏虹霓、吹吹清风，心灵在放松中得到某种满足。尽管不得大愉悦，然而，这些琐碎而细微的小自在，萦绕于心扉，一样芬芳身心、恬静自我。

请以“站在烦恼里仰望幸福”为话题演讲。

8. 有位哲人说:“真正让我疲惫的,不是遥远的路途;而是鞋子里的一颗沙。”体会其中的深意,并以此为话题演讲。

9. 张爱玲女士曾经说过这样一句话:“对于三十岁以后的人来说,十年八年不过是指缝间的事;而对于年轻人而言,三年五年就可以是一生一世。”(选自《十八春》)请以此为话题进行演讲。

10. 人生的道路上,处处可能遇上不可磨灭的创伤。有句话却说:“每一种创伤,都是一种成熟。”你同意这种说法么? 说说你的看法。

11. “不凡是瞬间的风景,平凡是永恒的罗兰。”谈谈你对这句话的理解,若要你选择,你会选择瞬间的风景还是永恒的罗兰?

12. 曾经有这样一首小诗,饶有趣味:

你不可以左右天气,但你可以改变心情;

你不可以事事顺利,但你可以事事尽力;

你不可以改变不公,但你可以展现笑容;

你不可以与之明天,但你可以把握今天。

细心品味这首诗,然后针对此诗谈谈你的看法。

13. 现在我们所看的每场晚会都经历过了精心的彩排。然而人生却没有彩排,每天都是现场直播。请说说你对这句话的理解。

14. 请谈一谈对“没有比人更高的山”这句话的理解。

15. 常有人说:“单独思考往往会创造奇迹。”请针对“智慧总是在孤独中生根”这句话,谈谈你的见解。

16. “幸福,不是长生不老,不是大鱼大肉,不是权倾朝野。幸福是每一个微小的生活愿望达成。当你想吃的时候有得吃,想被爱的时候有人来爱你。”请以此为话题演讲。

17. 人生中处处可以遇到值得我们感恩的人。里根在婚礼上的发言说了这样一句话:“上帝把南希赐予我,就足以让我毕生感激。”请以“感恩”为话题,以一个或多个具体的例子,阐述你对感恩的看法。

18. 请以“生命中的空白”为话题演讲。

19. 生活里人们往往力求改变,以让人生向自己的目标更加靠近。“大多数人想要改变这个世界,但罕见有人想改造自己。”请以此为话题演讲。

20. 但丁说:“走自己的路,让别人说去吧。”但现实中也存在着很多需要察纳雅言,虚心接受别人意见的时候。请说说你的看法。

21. 有人认为:“青春像一座山背负一路感伤”;郭敬明也曾说:“青春是道明媚

的忧伤。”你眼中的青春是什么样的？请具体说说你对“青春”的看法。

22. 当清晨的第一缕阳光照耀在非洲的大草原上,羚羊会对自己说:快跑！否则你会被狮子吃掉！狮子会对自己说:快跑！否则你会饿死在这里！请以这个小故事进行三分钟的演讲。

23. 阐述你如何理解“免费是世界上最昂贵的东西”这句话。

24. 有这样一首佛语:“菩提本非木,明镜亦非台;本自无一物,何处惹尘埃。”细心体会这首诗的哲理,自然原本的流露是否是世间至美至真的表现。说说你的看法。

25.“一个人之所以能,是因为相信能。”你同意这个观点么？请以此为话题演讲。

26. 请以“时间的重量”为话题演讲。

27. 可爱的刀刀狗曾经有这样一句话:“对于不会飞的蛤蟆来说,我们飞得越高,它看我们就越渺小。”你怎么看待这句刀刀的哲理的？

28. 男人两行泪,一行泪江山;一行泪美人。你同意这种观点么？请以此为话题演讲。

29. 心相印的纸巾外包装上有一句很有意思的话:“有时候一分钟很长,有时候又很短。”体会其中的深意,并以此为话题演讲。

30. JAY 的《彩虹》里有一句歌词这样写道:“也许时间是一种解药;也是我现在正服下的毒药。”请对这句话谈谈你的看法(看法可以与歌词表达的原意无关。)

31.《和平年代》里有这么一句话:“当幻想和现实面对的时候,总是很痛苦。要么你被痛苦击倒;要么你把痛苦踩在脚下。”说说你的看法。

32. 请以“人在旅程”为话题演讲。

33. 时间真正出众的人或事物,一定都是“誉满天下,谤满天下”。你同意这种观点么？请以此为话题演讲。

34. 描述一位你心中的英雄,并诠释你心中英雄的定义。

35. 人生应该守望执着还是随机应变？谈谈你的看法。

36.“贪婪是最真实的贫穷,满足是最真实的财富。”说说你的看法。

37. 很多人说:“80 后的一代和 90 后的一代有很大差别。”作为一名 90 后,你怎么看待这种说法？或者,身为 90 后一员,你怎么看待身边的 90 后？

38.“无数人看见苹果掉下来,但只有牛顿问了个为什么。”请试着谈谈你对这句话的理解。

39. 请以“岔路口”为话题演讲。

40.“生气是拿别人的错误惩罚自己。”请以此为话题演讲。

41. 请以“不必要完美”为话题演讲。

42. 有一句话这样来评价一个人的精彩一生：“生如夏花般灿烂，死如秋叶之静美。”请说说你的观点。

43. 谈父母。

44. 请以“永不放弃”为话题演讲。

45. “厄运——如果你总是期待最坏的，你永远不会失望。”生活中，很多时候，我们都要“做最好的准备，并做最坏的打算。”谈谈你的观点。

46. “我就喜欢！”【麦当劳广告】，结合你生活中的具体事例说说对这句话的看法。

47. 欲速则不达。

48. 靠近你的朋友，更要靠近你的敌人——《教父》。

49. 我们最大的荣耀不是用不跌倒，而是跌倒了以后勇敢地爬起来。——拿破仑。

50. “第一个青春是上帝给的，第二个青春是自己努力争取的。”你是怎么理解这句话的？

51. 你心中对“朋友”的定义是什么？具体说说朋友对你生活的影响。

52. 请以“汶川地震中的大爱”为题进行演讲，可谈谈自己的所见所感、所闻所想。

53. 把生活看作一种使命去完成，一往无前——阿诺德·格拉斯哥【美】。你同意“把生活看作一种使命”的观点么？说说你的理解。

54. “不论你在什么时候开始，重要的是开始之后就不要停止；不论你在什么时候结束，重要的是结束之后就不要悔恨。”说说你对这句话理解。

55. 有人说：“高尚是卑鄙者的通行证！卑鄙是高尚者的墓志铭！”你同意这句话吗？

56. 文明应不应该用法律来规范？

57. 谈谈“超级女声”对社会和文明的影响。

58. 导致不文明行为出现的自身原因与环境原因的关系。

59. 合作与竞争哪个更能使文明进步？

60. 网络文明应不应该迎合大众？

61. 有很多人把错误归罪于科学，你怎样认为？

62. 谈谈经济发展与文明的关系。

63. “民族融合的过程并不全如春天般温暖，血雨腥风与文明的交融总是交织在一起。”你如何看待这个问题？

64. 就“八荣八耻”谈谈怎样做一个文明的大学生。

65. 安乐死违背人类文明吗?

66. 谈谈战争与文明。

67. “祭祀”与“航天”有某种近似的内涵,这是人类文明的“周期”,也是人类文明的“脉络”。说说你的见解。

68. 谈谈“勿以恶小而为之,勿以善小而不为”。

69. 谈谈媒体与现代文明。

70. “如果你失去了今天,你不算失败,因为明天会再来。”谈谈你对这句话的理解。

71. “如果你失去了金钱,你不算失败,因为人的价值不在钱袋。”谈谈你对这句话的理解。

72. “如果你失去了文明,你是彻彻底底的失败,因为你已经失去了做人的真谛。”谈谈你对这句话的理解。

73. 谈谈奥林匹克精神与人类文明。

74. 谈谈怎样看待传统文明与现代文明。

75. 有人认为“大丈夫当扫除天下,安事一屋”;但也有人认为“一屋不扫,何以扫天下”。就寝室文明问题说说你的观点。

76. 如何看待奥斯卡与文明?

77. 敞开心扉,享受人生。

78. 坚守心灵的一方沃土。

79. 给快乐找个理由。

80. 年轻,没有什么不可以。

81. 心底无私天地宽。

82. 一个当代大学生的思考。

83. 我们与时代同行。

84. 放飞梦想,展翅翱翔。

85. 生活从“心”开始。

86. 我有一个小小的心愿。

87. 让更多的人快乐。

88. 端正心态,挑战自我。

89. 和谐、健康、快乐。

90. 善待自己,呵护希望。

91. 失败面前挺起胸膛。

92. 培养积极心态,感悟责任人生。

93. 呵护美丽心灵,打造完美人生。

94. 平衡个人心态,促进校园和谐。

第五节 人才选拔技术的运用

俄国作家克雷洛夫写过一则寓言,寓言说:一人刮胡子,怕剃刀太锋利伤脸,弃之不用,找来一把钝镰刀刮,结果胡子没刮干净,却落得个满脸伤痕,血迹斑斑。这则寓言告诉我们:尽管人才选拔技术多种多样,但需要找到适用的那一种才能达到目的,否则会适得其反。因此,有必要了解当前科学甄别、评价人才技术的运用方法。

一、健全企业的人力资源管理体系是人才选拔技术的运用前提

苏轼曾写道:"人之难知,江海不足以喻其深,山谷不足以配其险,浮云不足以比其变。"对这句话张小姐有深切的体会,张小姐在一家IT公司担任招聘主管,主要职责之一就是考察和评估前来应聘的人员,为各个岗位招聘和选拔有胜任力的人选。为了更深入地了解应聘者,招聘到更加适合岗位的员工,公司年初刚刚引进了人事测评,每位应聘者都要做一套测评试题。但随着人事测评投入使用,张小姐的难题也接踵而至了。她发现人事测评好像是给她增加了工作量,而不是本来预想的降低工作负担,她除了要看简历,还要阅读每个人长达十几页的测评报告,更加令她头疼的是,她根本搞不清报告上那些分数和这个人能不能把工作做好有什么关系,结果还是按照自己原来的方法来选人。公司高层对这项工作十分重视,要求她尽快将应用人事测评的效果汇报上去。用人部门主管看了应聘者的报告也经常是一头雾水,面对他们的询问张小姐无法给出令人满意的解释,令她倍感压力。难道人事测评非但不能为招聘工作助上一臂之力,还要为张小姐徒增烦恼吗?

健全的企业人力资源管理体系能给我们提供两份重要的文件——工作描述和工作规范。从工作规范中,我们可以知道每一个岗位对任职者的资格要求,任职者的性格、能力、技能等信息。从工作描述中,我们可以得出各岗位的胜任特征。胜任特征所给出的是在特定岗位上产生优异绩效的素质。当我们有了这两份重要文件,我们便能设计出符合本企业的人事测评题目并选出适合的测评方式,把好企业的"入口"。

在前面案例中，张小姐搞不清楚人事测评的分数和工作做好有什么关系，就是源于这两份重要的文件没有整理好。同时，一套健全的人力资源管理体系还为人事测评提供制度保障、思想保障和程序保障。制度保障是指企业中各人员对人力资源管理制度都有所认识和了解，这样有利于人事测评技术的运用。思想保障是指企业的人力资源管理传递给员工的企业文化；程序保障是指员工在企业中工作，可以了解与自己利益相关事情的动作流程。所以说，一家企业要想运用人事测评技术为企业服务，那么一套健全的人力资源管理体系是必需的，而且是基础。

二、人才选拔技术要与企业文化和企业战略相结合

人才选拔技术，首先需要考虑企业文化，其次还要与企业战略相结合。当一家企业的企业文化是“诚信、负责、创新、沟通”时，那么，招聘人员的测试题目或维度就应结合企业文化，体现企业文化。在招聘高管人员时，当运用无领导小组讨论、文件筐处理等情景模拟技术时，应把与企业战略相关的题目或内容放入其中，这样可以更好地选拔出符合企业所需的高级人才。

另外，针对内部晋升问题，通过合理运用人才选拔技术，我们也可以在了解候选人所具备的素质、性格、心理素质的同时，知道他们的构想，及时发现与企业战略的偏差，在以后工作中给予指导和培训。

三、人才选拔标准需要动态变化

在社会的不同历史发展时期，对人才的选拔和使用的标准也不同。20 世纪 80 年代前，用人单位在选拔和使用人才时主要看重政治（思想道德）素质，认为这种人好管理。到了 20 世纪 80 年代，由于矫枉过正，一度产生过度看重文化素质，以文凭取人的情况。20 世纪 90 年代，多数用人单位以思想道德素质和科学文化素质兼备取人，特别是在科技发达、经济繁荣的城市，许多用人单位在选拔人才时，不仅重视人才的思想道德素质、科学文化素质，同时，开始对人才的心理素质给予了关注，并在人才选拔和职业分配中进行了有益的尝试。

同理，我们需要对一些技术类、市场营销类、高管类等对人员要求差异大的岗位，灵活运用人才选拔技术标准。这是因为，这些岗位的工作内容、工作性质不同，所以，在实际选拔过程中，就不能要求用同样的题目测出相同的结果，或者说，在不同工种之间不能要求相同的测评维度标准。

四、人才选拔技术的运用人员必须经过专业培训和指导

现在社会上有许多测评软件，这些软件为人力资源工作者设计出了很好的测

评方法和简单的操作界面,可以提供每一位应聘者的测评报告。但正如前述提到的张小姐,她感到测评技术非但没有减轻她的工作量,反而给她增加了很多负担。其主要的原因是不真正了解所使用的人才测评技术,在运用过程中不知道如何取舍。

现在也有许多人事测评机构,他们受企业的邀请,参与企业高管人员招聘测评活动,但由于本企业的人力资源部门人员对人事测评缺乏相关知识,很难给出合适的胜任特征和任职资格。也有一种情况,就是专家们给出的人才测评维度不符合企业实际要求等。这些问题阻碍了人才选拔技术在企业中的运用和作用的发挥。因此,人才选拔技术的使用人员的培训和指导是很有必要的。

总之,人才选拔技术只是一种辅助工具:用其于理,则得其利;用之于罔,则得其弊。就对招聘流程与人才选拔技术使用理解的不同,可将人力资源经理的招聘能力分为以下九大层次。

第一层次:发消息,等消息。

第二层次:紧跟踪,做分析。

第三层次:凭经验,做判断。

第四层次:做标准,严考核。

第五层次:做交底,给推荐。

第六层次:做培训,做监督。

第七层次:做文化,做推动。

第八层次:做战略,做梯队。

第九层次:做流程,做传承。

案例分析:××饮料有限公司招聘工作的调查与思考

一、背景调查

××饮料有限公司是在中国改革开放的浪潮推动下,于1983年由原某饮料厂引入外资而成立的大型饮料公司。该公司主要生产、销售世界知名碳酸饮料。公司现有员工1 200多人,销售网络主要集中在中南地区,每年销售额达3亿多元。在人力资源管理方面,也由传统的以“工作”为核心,逐渐转化为以“人”为中心,强调“人”与“工作”相互适应,从而将“人”的发展与企业的发展有机地联系起来。

二、招聘现状及存在的问题

(一)招聘现状

招聘工作是一个企业人力资源管理中最基础性的工作。随着经济的发展和社会生活的开放,企业业务规模不断扩大,人员流动日益频繁,员工招聘工作越来越成为人力资源部门一项长期而繁重的任务。一个优秀的企业,其员工招聘工作不仅关系到能否解决企业目前劳动力资源紧缺的问题,而且有可能影响到企业发展战略能否顺利实现。近几年由于外界环境的影响和内部机制的改变,××饮料有限公司的招聘工作也存在一定的问题,如何招纳贤才、留住人才,是该公司人力资源管理所面临的重要问题之一。

以下为该公司20××年招聘工作情况:

20××年××饮料有限公司共招聘正式员工76名,其中销售人员48名,占总数的63%;主管级以上人员27名,占总数的35.5%。对于管理人员与销售人员主要采用网上招聘、人力资源市场现场招聘这两种渠道,并采用面试、素质、性向测评、背景调查的甄选方法,在对管理人员的筛选中还采用演讲练习、角色演练的甄选方法;对于生产人员则采用人才市场现场招聘、劳务公司介绍这两种招聘渠道,并采用面试、素质测评、背景调查三种甄选方法。

(二)招聘工作中存在问题

通过对以上情况的分析,再加上我们对其招聘工作的整体了解,我们发现该公司招聘工作存在的问题主要有以下几点。

1. 招聘无计划

××饮料有限公司下属有16个营业所,每个营业所都有行政、人事权,因此招聘工作一般都由各营业所的人事专员负责组织,每月将当月所聘人员的资料和人数报至总部人力资源部即可。但是总部人力资源部在审核过程中发现,个别营业所招聘人数较多,人员替换频繁。追其原因,发现是由于大多数营业所没有制定年度招聘计划,发现人员不够时,才慌忙通知人事专员组织招聘,特别是在销售旺季,营业所大量招收业务人员销售产品,到了销售淡季又不好轻易辞退相关人员,就造成了人员盲目扩编,组织臃肿。

2. 面试提问无章

××饮料有限公司在面试员工时,一般是由人力资源部经理、招募主任主持初试,用人部门经理或主管主持复试。在面试过程中,面试人员会问应聘者一些基本情况,然后会凭自己对岗位的了解程度问一些专业或工作方面的问题,经常是东一个问题、西一个问题,让应聘者感到很困惑,且只能了解一些表面情况。对于应聘者的回答,面试者也没有具体的参考答案,只能根据自己对该岗位的了解程度和自己的见解来决定应聘者的回答是否恰当,造成对应聘者评估不确切,甚至是在录用后才发现所招聘的人员与岗位并不合适。

3. 各部门面试手法不一,招聘效率较低

在面试过程中,应聘者经过人力资源部的初试后,如果被认为合格,由人力资源部将应聘者的资料送至用人部门，用人部门经理审核后，与人力资源部一起协商、安排复试。在面试中，由于人力资源部的面试人员对岗位要求的理解和所提出的问题与用人部门面试者不一样，所以很容易造成应聘者虽顺利度过第一关却大多在第二关被淘汰，或人力资源部根本就没有找到用人部门想要的人员。招聘人员虽然非常积极、忙碌地组织面试、甄选，但工作效率却比较低，有时甚至要经过二、三个月才能招到合适人员。

4. 新进员工流失率较高

由于××饮料的品牌效应，大多数应聘者到××饮料有限公司应聘时都憧憬着高额的薪资、良好的工作环境和完善的培训福利。实际上，××饮料有限公司的高额薪资是建立在严格的绩效考核基础上的，下属营业所受所在地环境的影响，工作条件也并不是很舒适。在面试过程中面试人员并没有将这些情况详细告知应聘者，造成新进员工在入职后才发现现实与理想有一定的差距，不能接受而离职。

三、招聘改进策略

进入21世纪，随着人力资源管理在企业管理中的角色转变，××饮料公司在充分发挥自我品牌优势的前提下，需要吸纳先进的管理思想，借鉴其他企业的招聘模式，在招聘思想和招聘实践上不断创新。

（一）招聘新理念

招聘理念是指导整个招聘过程和活动的思想，是站在比招聘本身更高的角度来看待招聘的原则。确定一个好的招聘理念对设计和组织高效的招聘工作有重要作用。针对某饮料公司的具体问题，我们认为招聘人员应该建立以下几个新理念：

第一，对应聘者坦诚相见——招聘人员需要给应聘者以真实、准确、完整的职位信息，这样才可能产生雇员与企业匹配的良好结果，从而大大降低雇员的流失率。

第二，人力资源部门与直线部门配合做好招聘。在招聘时，需要对于空缺岗位有明确的描述，便于应征者衡量自己是否合适。人力资源部的招聘人员最好到该岗位现场考察并与有关人员进行直接沟通，了解这个岗位有哪些特殊要求。

另外，直线部门经理也必须参与招聘前的人力资源规划工作，充分考虑到未来有可能出现的“意外”情况，如工作量变动、在职人员的休假和稳定性。人力资源部经理要辅导、指导、帮助直线部门经理，培训他们，对其进行新的面试技巧的培训，共同完成招聘、挑选新员工的工作。

（二）新的招聘途径引入

对原有的“招聘应届毕业生”计划做一定的修改，采用“招聘实习生计划”，即改原有的招聘应届毕业生为招聘大中专院校的大三学生作为公司实习生，按照一定的招聘、甄选方式确定一批学生，在放假期间安排他们到公司参观实习，实习期内表现优秀、本人有工作意愿的实习生，毕业后可留在公司工作。

（三）甄选方法的改进

1. 使用结构化面试

所谓结构化面试，就是首先根据职位的分析，确定面试的测评要素，在每一个测评的维度上预先编制好面试题目并制定相应的评分标准，面试过程遵照一种客观的评价程序，对被试的表现进行数量化的分析，给出一种客观的评价标准，不同的评价者使用相同的评价尺度，以保证判断的公平合理性。

结构化面试作为行之有效的人才测评技术在实际的招聘工作中取得了良好的效果。有研究表明，经过结构化面试而录用的应聘者在实际工作中的工作业绩明显优于采用普通面试方法而录用的应聘者。

2. 测试系统

××饮料公司已在一年前购买了一套较为实用的测试软件，其内容包括基本智力、基本能力素质、个性特征、内在驱动力、管理意识等等。但该软件公司设计的“常模”（常模即与被测人有相同背景的人群）和公司岗位的“资质标准”并不一致，为了使测评工作更专业化、科学化，公司已有意与相关的咨询顾问公司联系，希望在咨询顾问公司的帮助下，为公司自己量身定做“测评中心”，对不同的岗位可选择不同的测试项目，评估应聘者各方面的职业素质，并建立公司各岗位的“常模”。在测试之后，测评中心会提供一份评估报告，将参加测试者的成绩与“常模”相比较，将其职业素质与现在岗人员作一个定位，为公司人员招聘工作及员工职业发展提供科学的参考依据。

3. 小组讨论法

小组讨论法，顾名思义，就是将一组人选集中在一起就某个话题展开讨论，考官在旁进行观察筛选的一种甄选方式。它的主要好处在于把考官从大量重复性的提问过程中解脱出来，同时给应聘者自由发挥的空间，这就有助于考官在更好的状态下准确地把握应聘者的一些关键特征。它需要的时间通常在1个小时左右，两名考官可以同时考察12名或者更多的应聘者，效率和准确性都较面试高。当大量应聘者在一起进行竞争性发言时，考官更容易做比较，更容易挑选出较为优秀的人员。同时，它使得简历筛选有更大的余地，可以将大致符合条件的人员都挑选进来进行小组讨论。

在设定小组讨论的题目时我们最好选择与职位本身相关的题目，这是因为在所有的甄选方式中，工作模拟有着极高的效率，而且这种方式的设计与实施也相对较为容易。

（四）流程的创新

在招聘过程中，当人力资源部收到人员需求信息时，除了准备招聘广告进行外部招聘或内部竞聘外，还可以从公司"人才库"里选出后备人员，经过简单的程序，去迅速弥补职位空缺。

在员工招聘工作中，通过建立备用人才库，将由于种种原因没有录用但有潜在可能的人才信息（包括面试的结果）统一管理起来，形成企业的"备用人才库"。也可通过内部人力资源整合，将现有员工的工作技能整理后，形成公司内部的"人才技能库"。当有招聘需求时，可以首先在企业的"内部人才技能库"和"备用人才库"中搜寻相关信息，直接了解到现有及应聘人员的工作经历、特长、技能和以往面试的结果。这样有效地利用现有人力资源和以往的工作记录，选出较合适人员，只需一些简单手续，即可使人员到位、缩短招聘周期、提高工作效率。人才选聘作为人力资源管理的一部分，在整个企业的人力资源管理中发挥着非常重要的作用。然而要想成功地进行人才选聘，还需要企业高层管理和人力资源部门充分重视选聘工作，以及科研机构提供科学合理的评价方法，共同推动整个企业人力资源管理工作和整个企业的发展。

资料来源：李桂云："××饮料有限公司招聘工作的调查与思考"，《职业》，2010年第2期。

第五章　心理测评:价值匹配　事半功倍

引导案例:心理测验在面试招聘中对考官的影响

研究发现:面试是一种特殊的人际互动,应聘者力图通过印象管理来给考官留下美好的印象,提高面试绩效;从考官的角度讲,面试是知觉印象和印象匹配的过程。心理测验作为对结构化面试的补充形式,普遍应用于人员招聘。但是,能正确实施心理测验的专业测评人员很稀缺,也就是说,在保证考官主观印象恒定的情况下,会出现与考官印象"一致/不一致"的两种心理测验结果。

本研究直接从考官的角度出发,探讨心理测验在招聘决策中的权重关系,以及考官对主观印象和心理测验结果的取舍,并尝试对各个不同评价维度的影响因素进行探讨。

一、方法

(一)被试

人力资源专业三年级本科生22名,以及应用心理系三年级本科生36名,共58名被试;其中男生30名,女生28名;部分被试曾从事学生会、团委、社团等学校组织招聘工作,或兼职企业的招聘工作,即有相关招聘工作经验的被试24名,而没有相关招聘工作经验的被试34名。为了使全部被试进行结构面试的招聘能力基本相等,本研究在实验准备阶段时,对所有被试进行统一的招聘结构化面试培训。在正式实验中,被试将会被随机分配到两种不同的实验条件中。

(二)实验材料

材料一:招聘评分手册,内容有实验指导语、招聘职位说明、结构化面试的题目与评分等级、心理测验简介、应聘者心理测验结果等。招聘职位直接选取某知名企业的大客户经理(key account manager)一职,具有很高的真实性和操作性。结构化面试的题目都是经过大量相关资料收集和专家评审后筛选出来的,并与五等级的评分维度相对应,增强实验的效度。评分的六个维度分别是:语言表达能力、个人性格与品质、判断力与反应能力、求知动机与愿望、人际关系和领导能力。

本次研究所采用的六个国内外知名的心理测验量表与结构化面试和评分维度

是相对应的。它们分别是:职业成就动机测验、一般能力倾向成套测试 GATB 、斯坦福—比纳量表、霍兰特式中国职业兴趣量表(H-C 职业兴趣量表)、中国领导行为评价表 CPM 量表、中国人职业个性测量工具 CVPS 。

材料二:结构化面试的招聘现场录像。该录像选取的是一般的办公室招聘场景,求职者在现实生活中已被该职位所录取。该录像的录制是一次完成,拍摄前求职者完全不知道面试题目、评分准则以及招聘考官的类型等。录制过程中要求求职者代入以往某公司的面试状态与情境,采用积极主动的印象管理策略。整个录像大概耗时 6 分钟,要求每个题目限时 2 分钟左右的作答时间。

(三)实验操纵

1. 实验变量操纵

本研究采用 2(心理测验结果)×2(考官类型)多因素实验设计。第一个变量的两个水平分别是与结构化面试印象一致或冲突的心理测验结果。一致的实验状态操作是指心理测验的结果与结构化面试中求职者给考官留下的主观印象是相符合的,或者是互相支持的。冲突的实验状态操作是指心理测验的结果与结构化面试所形成主观印象是相抵触的,或是互相矛盾的。第二个自变量是被试变量,被试按专业分为应用心理学和人力资源管理两类。

实验的因变量为考官在形成主观印象后的初评分数与考虑心理测验结果后再评分数的总改变量,在统计数据的时候都采用绝对值计算。

2. 恒定变量操纵

本实验的恒定变量,是考官在结构化面试中形成的主观印象。根据以往的研究结果,大多数应聘者为了达到求职的功利目的,都会进行积极主动的印象管理。故此,本实验只安排积极主动型印象管理策略的求职者录像。这样的设计也是为了让两种不同类型的被试在基本一致的基线上形成对求职者的主观印象,有利于实验结果的比较。

(四)实施程序

1. 实验准备

在实验前我们组织专家对招聘评分手册的编写、评分项目以及等级、心理测验结果的呈现等进行评价和修订,保证材料的可靠性和实用性。邀请专家对全体被试进行招聘结构化面试培训。该面试培训内容包括如何观察应聘者的肢体语言、如何避免招聘中的心理误差、统一评分标准和要求等,保证评价者具有一定水平的招聘面试能力,以及使得面试评分者的评分信度达到一定水平,并且在数据处理的时候,对其招聘能力水平进行了一些比较。

2. 正式实验

正式实验开始时，主试者说明实验要求和注意事项，并派发评分问卷，要求被试仔细阅读实验的指导语以及职位说明，并特别强调被试不能私自跳开任何一个招聘步骤，必须跟着主试者的引导进行实验。然后相隔三分钟后播放一段6分钟左右的结构化面试录像。被试需要根据求职者的面试表现对其评分。最后是被试独立阅读各项心理测验以及结果，并结合心理测验结果和面试表现，对求职者再次评分。最后一步就是要求被试填写一些个人资料，然后回收评分问卷以及心理测验的资料。

二、结果与讨论

（一）恒定变量操纵有效性检验

研究利用独立样本的T检验对两种不同实验设计的初评分数进行分析，其显著性概率为0.84，大于0.05，检验结果接受零假设，推断出初评分数在总体上没有显著性差异，即两类考官被试的初评处于同一基线水平上，也就是说，求职者的录像给每一个被试的主观印象是一致的。

这个统计结果从侧面说明了所有被试都具有一定水平的结构面试能力。因为本研究所邀请的应聘者在现实生活中已通过多轮面试，并获得相同职位的任职资格。同时，所有被试对其结构化面试的评价几乎一致，被试初评平均分为23.4分（满分为30分），每个评分维度大概都在3～4分，整体处于较高水平。再者，在面试印象和心理测验一致的实验条件下，两种被试的再评平均分为26.2分，每个维度的评分在4分左右，处于相当高的水平。故此，可以认为所有本科被试都具有一定甄选应聘者的能力。

（二）不同心理测验结果对考官评价的影响

为了分析在不同的心理测验结果对考官评价的影响，我们首先对相关数据进行配对组 T 检验处理。

表5－1　在一致的状态下，初评与再评分数在总分上的差异性检验

	t	df	$Sig.$
总分	−0.184	22	0.076

表5－2　在冲突的状态下，初评与再评分数在各个维度和总分上的差异性检验

	t	df	$Sig.$
语言表达能力	11.540	34	0.000
个人性格与品质	16.619	34	0.000

续表

	t	*df*	*Sig.*
判断力与反应能力	17.796	34	0.000
求和动机与愿望	15.543	34	0.000
人际关系	12.892	34	0.000
领导能力	18.443	34	0.000
总分	30.461	34	0.000

数据结果显示(参见表5－1、表5－2):①在心理测验与主观印象一致的情况下,显著性概率为0.076,大于0.05,检验结果拒绝零假设,即在心理测验与主观印象相互得到验证的条件下,被试的初评和再评分数没有显著差异,也就是说,考官没有改变对求职者的评价。②在两者相冲突的情况下,各个评分维度以及总分的显著性概率为0.000,小于0.01,拒绝零假设,即在心理测验和主观印象相冲突的情况下,被试的初评分数和再评分数有显著差异,也就是说,心理测验在这种情况下对面试考官评价的影响作用很大。

实验数据表明:在结构化面试中形成的主观印象,若得不到客观的心理测验的支持,很快就会被考官修正,使评价的分数向着与心理测验结果一致的方向转变。由此可以得知,在人才招聘的过程中,心理测验是影响人们评定决策的一个重要因素。

产生这种现象的原因,可能是因为人才的素质优劣单凭传统的观察法、自由面谈法,甚至是有一定效度的结构化面试都难以准确区分,而心理测验在区分人才素质上有其独特优势。而且各种标准心理量表或测验在设计时在一定程度上考虑了被试的不诚实应答,设计了各种不同的测谎题,提高了各种量表的可靠性。

(三)被试类型与心理测验结果的交互作用检验

在进行主效应的数据分析中,我们得出,在自变量的各自水平上,实验组别(心理测验与主观印象的一致或冲突)和被试专业两者的显著性概率都为0.00,小于0.01,说明两者分别对考官的评价改变有显著效果。数据结果说明,不同专业以及心理测验与主观印象一致与否这两个自变量分别对考官的评分产生影响。

为了进一步了解不同的心理测验结果在不同专业类型的被试中对评价的影响程度,我们在初评分数一致和主效应显著的基础上,以被试专业和心理测验结果为自变量进行交互作用的检验。从图5－1可判断出两者存在交互作用,并且在进一步的方差分析中可以得出，被试的专业类型与心理测验结果交互作用的显著性概率为0.01，小于0.05，达到显著性水平（参见表5－3）。这说明两者对因变量（前后评分的改变量）具有显著性效果。在不同的招聘情形下，不同专业类型的考官对心理测验的重视程度也有所不同。从另一个侧面来说，在不同的专业领域里，人力资源管理教育的侧重点有所不同，并且导致考官对求职者的评价依据以及标准发生了改变。

从实验结果可以看出，不同专业的被试对心理测验的衡量权重并不一致。人力资源专业的被试，可能由于长期接受以企业目标为最高宗旨的理念熏陶，在其评价标准中，目标成为第一位，人的问题没有给予足够重视，忽视了心理测验所能反映的情况。而应用心理学专业的考官由于与心理学打交道，清楚各种心理量表或测验的优缺点，因此在人才招聘的过程中，能适当地考虑到客观数据。因此，两种不同专业的被试在初评与再评的分数改变上有了显著性的差异。

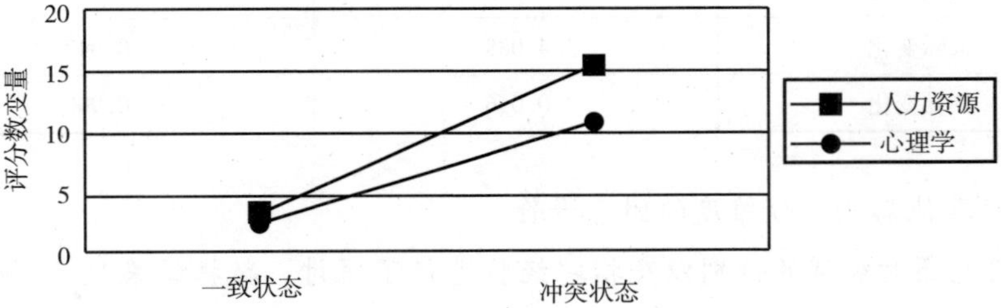

图5－1　不同专业与实验组别的交互作用图表

表5－3　不同专业与实验组别的方差分析表

	df	*F*	*Sig.*
实验组别	1	388.613	0.000
被试专业	1	30.768	0.000
实验组别＊被试专业	1	11.704	0.001

（四）不同专业类型对各项评分维度改变量的影响

在得出专业与实验的不同状态存在交互作用后，为了进一步分析考官专业类型在各个不同评分维度上的影响程度，我们从总体出发，对不同专业类型在各评分维度的分数改变量进行差异性检验。表5－4显示，在总体上，不同专业类型只有在语言表达能力、人际关系的显著性概率值小于0.05时，即分别为0.040和0.047时，不同专业类型对上述方面的评价有显著效应。

这说明不同出发点的人才测评培训对考官衡量语言表达和人际关系这两方面

的标准有重大影响。其原因一方面可能是心理学在这两个方面缺乏像智力、动机和职业兴趣等权威量表或规范的测试程序；另一方面，可能是纸笔操作的心理学测验在测试语言表达和人际互动上没有受到人们大范围的肯定和应用。这样致使非心理学类别的考官对这两方面的心理测验结果有所保留。

值得我们关注的是，专业因素在个人性格与品质、判断力与反应能力、求知动机与愿望和领导能力上的差异仅仅存在边缘显著或不显著。其原因可能是心理学的测验和量表在这些方面的研究比较完善，并能对人力测评产生广泛影响。

表 5－4　总体上不同专业在各维度评分改变量上的差异性检验

	F	*Sig.*
表达变化	4.420	0.040
个性变化	0.401	0.529
判断变化	0.749	0.390
动机变化	3.515	0.065
人际变化	4.088	0.047
领导变化	0.016	0.900

（五）其他影响评分维度的因素检验

本研究还对被试的性别以及招聘经验进行了探讨。数据结果显示，被试的性别在判断力以及反应能力方面对评价改变量上的显著性概率为 0.05，男性与女性考官在评价判断力和反应能力项目上有显著差异。另一方面，被试的招聘经验在个性与品质上的显著性概率为 0.042，小于 0.05，拒绝零假设，则在个性与品质上，招聘经验不同的考官在评价改变中有显著差异，也就是说，招聘经验对考官评价的改变有显著作用。但是，性别与经验这两个因素在其他方面均没有显著性影响，性别效应和经验仅在某些因素上相应存在边缘显著（如人际关系和反应判断等）。这可能是因为男性与女性对反应能力和判断力的理解有差异。另外，也可能是因为录像中只有女性求职者，这在一定程度上造成男性和女性考官在评分上的差异，也就是产生了“性别效应”。另外，有经验的被试，可能更能体会到单凭结构化面试的主观印象很难准确地掌握到求职者的真实个性以及品质。因此，他们更倾向于认为心理测验能为考官提供一个更可靠更准确的参考依据。

资料来源：马欣川，杨靖：“心理测验在面试招聘中对考官的影响”，《心理科学》，2008 年第 5 期。

自人类文明诞生以来，雇主们就已经开始对未来雇员进行评估，并且发展出了一些具有一致性和可重复性的方法。中国是最早意识到用测评筛选人才的国家，公元前500多年的孔子就提出人是有差异的，“性相近，习相远”，并有“上智、中人、下愚”之分（《论语·阳货篇》）。孟子认为这些差异是可以测量的，“权，然后知轻重；度，然后知长短；物皆然，心为甚”（《孟子·梁惠王》）。荀子则进一步提出“量能而授官”（《荀子·君道》）的观点。

而在现代，我们也常常看到很多外企以及一些大中型企业在招聘中，采用心理测评的方法来挑选应聘者。心理测评在招聘中的应用已经越来越广泛，但是对很多人力资源从业人员来说，如何编制心理测评试题以及如何在招聘中正确应用心理测评仍然是一个难题。

第一节　心理测评的概念与内容

一、心理测评的概念与种类

（一）心理测评的概念

心理测评也称心理测验，它是用人单位选拔安置人才的一个重要手段，是选拔合格人才，并做到人尽其才的重要保证。所谓心理测评是指通过一系列的科学方法测试个体的智力水平和个性差异的一种科学方法。美国心理学家卡特最先提出心理测评这个词。1904年法国的心理学家比纳和西蒙编制了第一个儿童智力测验量表，接着美国斯坦福大学的心理学家推孟教授，提出了心理商数的概念，简称为IQ。IQ的计算公式是：IQ=（心理年龄/实际年龄）×100。

第二次世界大战结束后，许多企业家看到了心理量表在招聘人员中的积极作用，由此，心理测评技术得到了很大发展。我国的心理测评主要是在1978年以后开始运用于实践。在企业招聘中进行心理测评始于20世纪80年代的中后期。随着人力资源的开发与管理的科学化、标准化的发展，心理测评技术在我国企业人才选拔与安置中运用得越来越广泛。通过心理测评，可以了解一个人是否符合某一岗位的需要，可以较客观、真实地了解一个人的个性与能力，将他安置到适当的岗位上去，以保证人尽其才。

心理测评量表也叫心理测验，目前仅英文公开发表心理测验量表就有的5000多种，国外心理测验量表及其应用主要参见苗青、陈思静、宫准、洪雁编著《人力资源管理研究与实践：前沿量表手册》，浙江大学出版社，2015年2月版，作者收集了1994—2014年10种主要国际管理学顶级杂志的15 050篇文章中的1 144个心理测验量表。这10种杂志分别是:《人事心理学》(Personnel Psychology)、《领导季刊》(Leadership Quarterly)、《管理学会杂志》(Academy of Management Journal)、《管理科学季刊》(Administrative Science Quarterly)、《应用心理学杂志》(Journal of Applied Psychology)、《组织科学》(Organization Science)、《管理研究期刊》(Journal of Management Studies)、《组织行为与人类决策过程》(Organizational Behavior and Human Decision Processes)、《管理学报》(Journal of Management)、《组织行为学杂志》(Journal of Organizational Behavior)。这些心理测验量表经过两次严格筛选,分为20大类,保留了242个量表;国内心理测验量表及其应用主要参见李超平、王桢、毛凯贤主编《管理研究量表手册》,中国人民大学出版社,2016年7月版,作者通过收集2005—2015年10本国内主要管理学杂志,即管理世界、心理学报、南开管理评论、管理评论、中国软科学、管理学报、科研管理、管理科学学报、经济管理、心理科学,分为15大类,总计274个量表。

(二)心理测评的种类

尽管心理测验种类繁多,但都可以按不同的分类标准加以分类。

1. 测验内容

智力测验——测量个人的智力水平的高低。

能力倾向测验——测量个人的潜在才能,预测个人的能力发展倾向。

成就测验——测量个人在接受教育或培育后的学业成就。

人格测验——测量个人在兴趣、态度、动机等方面的心理特征。

2. 测验材料

文字测验——通过文字的形式表现,受测者也用文字作答。

非文字测验——通过图形、仪器、工具、实物、模型等形式表现,受测者通过指认、手工操作向施测者提供答案。

3. 测验目的

描述性测验——通过测量描述某一特定群体在某一心理特质上的一般状况。

诊断性测验——测量个人在某一领域内已达到的实际成就。

预测性测验——测量个人在未来某一方面获得成功的可能性。

4. 测验时间

速度测验——题目简单,但数量较多,限时较短。

难度测验——各种不同的题目,作答时间充分,测量的是解答难题的最高能力。

5. 测验要求

最佳行为测验——要求受测者尽可能做出最好的回答,主要与认知过程有关,有正确答案。如能力测验、成就测验。

典型行为测验——要求受测者按通常的习惯方式做出反应,没有正确答案。如人格测验。

6. 测验应用领域

教育测验——教育部门是测验应用最广的领域,许多能力与人格测验都可在学校中应用,但用得最多的是成就测验。

职业测验——用于人员选拔和职业指导。

临床测验——用于医务部门,除感觉运动测验和神经心理测验外,许多能力与人格测验也可用来检查智力障碍或精神疾病,为临床诊断和心理治疗工作提供服务。

7. 测验结果的评价标准

标准参照测验——将受测者水平与外在绝对标准相比较。

常模参照测验——将受测者水平与常模相比较,以评价个体在团体中的相对地位。

二、心理测评的主要方法

心理测评的方法主要有以下四种。

(一)纸笔测验

纸笔测验简称笔试,是一种最古老、最基本且应用很广的人才甄选方法。在这种测试方法中,一般都有事先编制的成套测验题目,测试时让被评价者按试卷要求,在规定时间内用记录方式回答问题。笔试是考试的一种主要方式,例如,我国古代的科举制度是历经千年的一种选拔人才的方法,我国现代学生的学业考试(如学习单元考试、结业考试、毕业考试、升学考试等)也是每个人一生中都要经历的测试。

笔试主要用于测量人的基本知识、专业知识、管理知识、相关知识以及综合分析能力、文字表达能力等素质及能力要素。笔试在测定知识面和思维分析能力方面效度较高,而且成本低,可以大规模地施测,成绩评定比较客观,往往作为人员选拔录用程序中的初期筛选工具。笔试形式主要有七种:单项选择题、多项选择题、是非判断题、匹配题、填空题、简答题、小论文。

除此之外,招聘人员还可通过要求应聘者写一篇自我介绍或其他内容,要求字数达 50 字以上,然后根据书写笔迹来推测应聘者的内在心理状态。

1. 书写的压力

每个人写字的用力程度不同,有的人写字力透纸背,有的人则写得很轻,其实书写的压力反映了人精神和肉体的能量。重压力者表明其生命力强、自信、专横、顽固;轻压力者则说明书写人敏感、主动性差、缺少勇气和抵抗力,所以招文员助理等一般事务员就不要字写得太重的人。

2. 书写的笔画

有的人写字松松垮垮,有的人则一笔一画,一笔一画的书写方式反映了办事认真、通情达理、纪律性强的心理特点;笔画过分伸展、夸张的书写方式则反映了爱虚荣和随时想引起别人注意的心理特点。

3. 字体的大小

字以超过格为大,小于一半为小。字体的大小就是自我意识强弱的表现,大字形的书写是情感强烈、善于表现自己和自我为中心的体现,小字形则反映了精力集中、细致、焦虑和自我压抑的心理特点,做管理尤其是主管字太小则不行,太大则性格刚烈,难以稳定。

4. 字的连笔程度

连笔程度反映着思维与行为的协调性。龙飞凤舞的连笔形反映出有较强的判断、推理能力和恒心;不连笔形则反映了有分析能力、比较节制和独立性强的个性特点。

5. 字行的方向

字和字行的方向是人自主性及与社会关系的反映。字行上倾表明书写人热情、有勇气、有抱负;字行下倾则反映了情绪低沉、悲观、失望、气馁的心理特征。

6. 书写的速度

书写速度与人理解力的快慢有关。缓慢型是小心谨慎、遵守纪律和思维速度慢的反映;快速型则表明反应快,观察力、抽象力、概括能力强。如果想要那种稳定型的员工,一般选书写慢的员工。

7. 整篇布局情况

整篇文字的布局反映着书写人对待外部世界的态度和占有方式,它包括字距、行距和页边空白几个方面。如果整篇字向左页边靠,就反映出留恋过去,追求安全感和对未来勇气不足的心理状态;整篇字向右页边靠,则反映出向往未来和有勇气面对未来的心理特点。

(二)量表法

量表(scale)是一种比纸笔测验更严格的测量工具,可以把量表看作是一把尺子,用这把尺子对被试的属性进行测量,一般的心理测验都由一个或几个量表组成,它们的建构程序更严格,客观化的程度更高,往往有常模可以参照,如韦克斯勒智力测验量表。

(三)投射测验

投射(projection)这一概念最早由弗洛伊德提出。弗洛伊德认为,自我(ego)

会将不能接受的冲动、欲望和观念转移到别人身上,投射的作用是一种防御机制。投射测验有共同的基点:一个人真正的动机、欲望以及其他心理活动,可以通过此人的其他心理过程或心理活动间接地表现、反映、亦即投射出来。穆雷(H. A. Murray)发展了弗洛伊德的概念,创立了著名的投射技术:主题统觉测验(TAT),但其已经不仅仅是一种防御机制。穆雷认为,人们在认知和解释模糊性刺激时的知觉整合受到需要、兴趣以及总的心理组织(psychological organization)的影响。弗兰克(L. K. Frank)则是最早提出"投射方法"的人。他认为投射方法可以用以研究人格。

投射测验技术,主要是向被试提供模糊的材料,引起被试的联想,让他的内心深层动机、情绪和价值观以及内心的焦虑和冲突不知不觉投射出来。投射测验的一个主要优点就是,可以提取出被试在知道研究目的的情况下不愿意或不能提供的回答。在直接询问时,被试常常有意或无意的错误理解、错误解释或错误引导提问者。在这些情况下,投射技术可以通过隐藏研究目的来增加回答的有效性。

1. 联想投射技术

联想投射技术起源于著名心理学家、精神分析师荣格提出的语词联想技术。精神分析学家认为,在自由状况下进行的联想,能反映被试深层的无意识心理。这种投射技术主要为被试呈现一些刺激,请被试报告对这些刺激的反应,根据被试的反应做出分析。这种技巧能挖掘出比问卷调查和访谈调查更丰富的语意学含义,应用比较多的联想技术有:墨渍投射测验和语词联想技术等。

(1)墨渍投射测验。墨迹技术(inkblot technique)又称墨迹投射测验。墨迹测验是指用黑色或彩色墨水置于纸上,压成一个对称的或不对称的墨迹图,这个图形无主题,是模糊的,可被人看成某些形象或图案及其他意义的东西。这类测验主要有洛夏测验及 Holtzman 测验。

洛夏(Herman Rorshach)是一位瑞士精神科医生,他于 1921 年出版了《心理诊断学》(Psychodiagnostic)一书,副标题为"知觉诊断方法结果",在此书中介绍了他的墨迹技术。这种技术在 20 世纪 40 ~ 60 年代盛极一时。洛夏墨迹测验几乎成了临床心理学的同义语,成为临床心理学不可或缺的工具,甚至到了精神病学家不懂洛夏墨迹测验,就不像精神病学家的地步。

据记载,洛夏的父亲是一位美术教师,这也许是他想到用图画来作为一种测验手段的潜在原因。主题清楚、意义显而易见的图画,很难发现人们的特征性视知觉,只有模棱两可的墨迹才便于揭示这些特点。他在成千的墨迹图中,最后筛选出 10 个图,有 3 张是彩色,2 张是黑色和红色的,5 张全为黑色的,都是将墨迹放在纸上再加以折叠而成的对称的浓淡不匀的墨迹图,参见图 5 - 2。

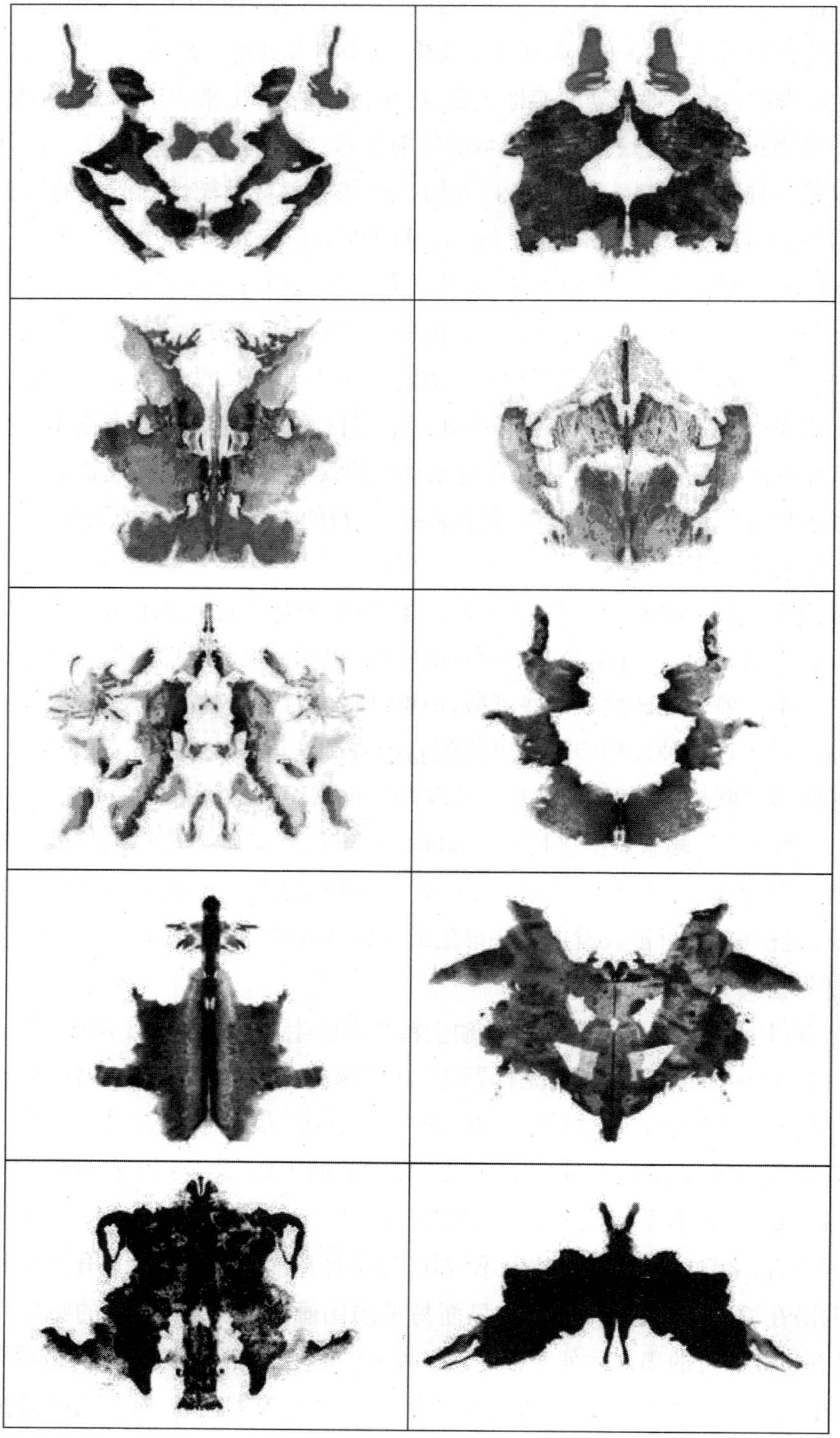

图 5-2　洛夏墨迹投射测验图

洛夏墨迹测验的一般方法:10 张图片有一定顺序,施测时按顺序一张一张地交到被试手中,要他说出从图中看到了什么。不限制时间,也不限制回答数目,一直到没有回答时再换另一张。每张均如此进行。看完 10 张图后,再从头对每一回答都询问一遍。问他看到的是指图整体或是图的哪一部分,问他为什么说这些部位像他所说的内容。将所指部位和回答的原因均记录下来。这一步骤的前一部分(即问他看到了什么)称联想阶段,后一部分(即决定回答因素)称询问阶段。完成这两个阶段后,被试的任务即告完成,余下的工作是测试者的结果分析阶段。不是所有墨迹测验都是按这个方法进行,也不是所有洛夏测验的方法都一样。

被试的每一回答一定包括了整图或图的某一部位,用符号表示如:W,D,d,S为回答所指墨渍图的部位,W 表示整图,D 表示图中的常被看到的部分,d 表示图中的细小部分,S 为图中的空白部分。F,C,M,Y 为决定回答的因素。F 是图的形状,C 是图的色彩,M 是将图形看成有运动,Y 是墨色的浓淡。A,H 以及 Obj 为联想的内容。A 联想的是动物,H 是人,Obj 是物。P 为大多数人的共同回答,Orig 表示个人独出心裁的回答。

回答部位的质量(DQ)表明认识功能水平。不论是整体回答或部分回答都有质量水平的不同。综合记分系统分成四种等级的划分水平。

第一水平:+(综合的回答)。一个单一回答,可能只包含一个独立的部分,也可能包含联合起来的几个部分。回答中有两个以上互有关系的客体。这些客体中只一个有特殊的形状,或者想把它描述成某种特殊形状。

第二水平:V/+(综合的回答)。基本同上,但其中没有一个客体有特殊的形状。

第三水平:O(普通回答)。将墨迹选出一个单独的部分,着重描述为某物的轮廓和结构特点。所描述的东西要有自然形状。

第四水平:V(模糊回答)。对墨迹或一个墨迹区域只有一个模糊的或一般的印象,而无特殊的形象或结构。

形状的质量(FQ)按与描述形状的相似程度而分出几种水平。比如,分为三级,即优秀(F+)、一般(F)及低劣(F-);综合系统分成四级,即 F+(优秀的):选择的墨迹部位不是人人都能一看即知,但与描述的客体很适应,形象很相似,有创造性,但不一定都是原创性(original)回答;FO(一般的):形状一看即知,也常为其他人所看出,没有创造性;Fu(稀少的):稀有的回答,但基本轮廓并无明显破坏;F-(负性的):变形、模糊、不实际的形状。

由于墨渍测验不受语言文字限制,也可用于跨文化研究。对墨渍测验的批评主要是记分困难和对结果的解释带有主观性。

洛夏墨渍测验已有一些修订本，其中有名的是 W. H. 霍尔茨曼的墨渍测验(HIT)。霍尔茨曼1961年出版了A式和B式两套HIT，各包括45张图片，其中有些图呈不对称性。该测验与洛夏测验最不相同的是每图只作一次回答。由于霍尔茨曼将测验标准化了，所以比洛夏测验更容易解释。

(2)语词联想技术。语词联想的方法是给应聘者看一段文字，然后要求他把反应过程中最初涌现在头脑中的词记录下来。在词语联想中，给出一连串的词语，每给一个词语都让被试回答其最初联想到的词语(叫反应语)。招聘者感兴趣的那些词语(叫试验词语或刺激词语)是散布在一串展示的词语中，在给出的词语中，也有一些中性的或充数的词语，用于掩盖研究的目的。

被试对每一个词的反应是逐字记录并且计时的，这样反应犹豫者(要花三秒钟以上来回答)也可以识别出来。调查者记录反映的情况，这样被试书写反应语所要求的时间也就得到了控制。

这种技术的潜在假定是，联想可让应聘者或被试暴露出他们对有关问题的潜在态度或情感。对回答或反应的分析可计算如下几个量：每个反应词语出现的频数；在给出反应词语之前耽搁的时间长度；在合理的时间段内，对某一试验词语完全无反应的被试的数目；根本无反应的被试就被判断为是情感卷入造成的反应阻塞。招聘者常常将这些联想分为赞成、不赞成和中性三类。

2. 完成法投射测验技术

主要的完成法投射测验有语句完成和故事完成两种。测验者对语句和故事的完成情况进行多方面的分析，通过分析回答的内容来确定所表达的主题，另外还可以分析被试对不同主题的反应和态度。

(1)句子完成法。句子完成法与词语联想法类似，把一些没有完成的句子呈现给被试，请被试根据自己的想法把句子完成，例如，对于"我觉得我们的企业……"这句话，被试可以做出各种反应。一般来说，要求被试使用最初想到的那个单词或词组。与词语联想法相比，句子完成法对被试提供的刺激更直接，从句子完成法中可能得到的有关被试感情方面的信息也更多。不过，句子完成法不如词语联想法那么隐蔽，许多被试可能会猜到研究的目的。

句子完成法的另一种类型是段落完成，被试要完成由某个刺激短语开头的一段文章。例如，在市场调查中，如果采用问卷或者访谈法调查消费者购买凯迪拉克品牌汽车的原因，相当多的消费者会说这车跑得快或者高贵。用语句完成法可以设计如下的语句："买卡迪拉克的人____"。如果相当多的人填写富裕，则可解释为买该车的人处于一种炫耀的动机，如果相当多的人填写魅力，则可解释为性感的动机。

(2)故事完成法。在故事完成法中,给被试的故事的一个部分要足以将完成人的注意力引到某一特定的话题,但是不要提示故事的结尾,被试要用自己的话得出结论。例如,在百货商店顾客光顾情况的调查研究中,要求被试完成下面的故事:一位男士在他所喜爱的一家百货商店里买西服。他花了45分钟试了几套之后,终于选中了一套。当他往柜台走时,一位店员过来说:"先生,我们现在有减价的西服,同样的价格但质量更高。您想看看吗?"问题是:这位消费者的反应是什么?为什么?从被试完成的故事就可看出他(她)对花费时间挑选商品的相对价值方面的态度,以及他(她)在购物中的情感投资行为。

3. 构造法投射测验技术

构造法投射测验与完成法投射测验十分相近。构造测验指的是被试需要根据一个或一组图形或文字材料讲述一个完整的故事。这种测验主要测量被试组织信息的能力,从测验的结果分析被试的深层心理。比较著名的有:主题统觉测验,麦克莱兰的成就测验;其他的还有测量人们信念、宗教信仰、价值观等的测验,这种技术主要侧重于对被试产出的分析。构造法测验的两种主要方法是图画回答法和卡通试验法。

(1)图画回答法。图画回答法的起源为主题统觉法或叫TAT法。其测试方法是向被试展示一系列的图画,在其中的一些画面上,人物或对象描绘得很清楚,但在另外一些中却很模糊。要求被试看图讲故事。他们对图画的解释可以指示出他们自身的个性特征。例如,可以将被试的特征描绘为冲动、有创造性、没有想象力,等等。称之为主题统觉法是因为主题是从被试对图片的感觉概念中抽取出来的。比如,主题统觉测验材料是一些图片(图5-3),这些图与洛夏测验用的墨迹图不同,有一定主题,不是完全无结构的,而回答则无内容限制,所以仍属投射测验。

(2)卡通试验法。在卡通试验中,将卡通人物显示在一个与问题有关的具体环境内。要求被试指出一个卡通人物会怎样回答另一个人物的问话或评论。从被试的答案中就可以指示出他(她)对该环境或情况的感情、信念和态度。卡通试验法比图画回答法在实施和分析上都简单一些。例如,奥利奥公司调查小组运用了一系列的构造测试技术来发掘消费者对于奥利奥品牌内心深处的感受和情感。

4. 表露法投射测验技术

在表露法投射测验技术中,给被试提供一种文字的或形象化的情景,请他(她)将其他人的感情和态度与该情景联系起来。三种主要的表露测验技术是角色表演、第三者技术和仪器测量法。

图5－3　主题统觉测验图例

（1）角色表演。在角色表演中，让被试表演某种角色或假定按其他某人的行为来动作。调研者的假定是，被试将会把他们自己的感情投入角色。通过分析被试的表演，就可以了解他们的感情和态度。

（2）第三者技术。在第三者技术中，给被试提供一种文字的或形象化的情景，让被试将第三者的信仰和态度与该情景联系起来，而不是直接地联系自己个人的信仰和态度。第三者可能是自己的朋友、邻居、同事或某种“典型的”人物。同样，调研者的假定是，当被试描述第三者的反应时，他个人的信仰和态度也就暴露出来了。让被试去反映第三者立场的做法降低了他个人的压力，因此能给出较真实合理的回答。

（3）仪器测量法。这是指通过科学的仪器对被试进行测试，以了解被试心理活动的一种科学方法。随着科学技术的发展，测量心理活动的仪器越来越多，如多导仪、眼动仪、动作稳定仪等，这些仪器在测量人的兴趣、动机、技能等方面起到了举足轻重的作用。

第二节 信度检验

在人才甄选中，无论是施测人员还是被测人员都非常关心心理测评的结果。一方面，在不同的测评时期、不同的测评情景下所得到的测评结果一致吗？另一方面，测评所反映的真实程度如何。

一、信度的概念

信度是测验不受随机误差干扰的程度，简言之，就是测评结果的前后一致性程度或稳定性，又称可靠性程度。信度是衡量任何测验质量的基本指标，测验信度较高，则说明分数是稳定的、一致的，测量结果是可靠的。如果用某套试题对同一应试者先后进行两次测试，第一次得 80 分，第二次得 50 分，则该套试题测评结果的可靠性值得怀疑；相反，该套试题无论是多次再测，或由多人进行测验，其结果都大致相同，则此套试题测评结果可信。当然，没有一个测验是绝对可靠的，只是其误差有大小而已。

信度一般用信度系数来表示。信度系数是同一样本在不同时间、不同情境条件下或不同评价材料的评定结果之间的相关系数，即测评两次或多次结果间的相关系数。那么，信度多高才算合适呢？一般来说，当信度大于 0.7 时，可以将测验结果进行不同团体间的比较；当信度大于 0.85 时，测验结果才能应用于个人之间的比较和评价。总的来说，信度越高越好。具体而言，若信度系数为 1，表明测评工具完全可靠，完全不受测量误差影响；信度系数大于 0.9，则人事测评被认为是可靠的、高信度的，比较知名的智力测验基本上都在这个水平；信度系数 0.8 左右，则意味着在实得的分数中误差的变异占到了 20%，属于中等信度，通常也被认为是比较可靠的，多数编制良好的个性测验能够达到这个水准；信度系数低于 0.7，则认为可靠性较低，如一些投射测量；信度系数为 0，则表明该测评工具完全不可靠。

表 5－5 信度系数取值范围

信度系数	可信程度
信度 <0.30	不可信
0.30 < 信度 <0.40	初步的研究，勉强可信

续表

信度系数	可信程度
0.40 < 信度 < 0.50	稍微可信
0.50 < 信度 < 0.70	可信
0.70 < 信度 < 0.90	很可信
0.90 < 信度	十分可信

总之，信度是指测评结果的稳定性，反映测量中的随机误差的大小。而信度分析的终极目标则是如何控制和减少随机测量误差对测评结果的影响，从而达到增强测评工具可靠性和预测性的目的。

对信度系数的理解，还需要注意以下三个方面。

第一，在不同情况下，对不同样本采用不同方法会得到不同的信度系数，因此，一个心理测验可能不止一个信度系数（参见表 5－5、表 5－6）。

第二，信度系数只是对测量分数不一致程度的估计，并没有指出不一致的原因。

第三，获得较高的信度系数只是使测量工具有效的一个必要条件。

表 5－6　信度系数与误差来源

信度系数类型	误差方差
重测信度	时间取样
复本信度（即时）	内容取样
复本信度（延迟）	时间取样和内容取样
分半信度	内容取样
库－理信度和 α 系数	内容取样和内容异质性
评分者信度	评分者之间差异

二、重测信度

（一）重测信度的概念

重测信度（test－retest reliability）是信度中比较常用的，又称稳定性信度，用于分析两次间隔一定时间的评定结果之间的相关关系。具体是指使用同一测验在不同时间对同一群体施测两次，考察这两次测验分数的一致性（参见图 5－4）。

重测信度是衡量一个测验的结果是否可靠的标准之一。比如，我们选用 A 测验测查某一名应试者的智商，第一次测试结果显示智商为 100；而一个星期以后，我们用同样的测验对他进行第二次测验，结果发现他的智商变成了 140。若没有极特殊的原因，一个人的智商是不可能在一周之内发生如此大的变化的，由于两次测量结果很不一致，我们就很难下结论说这名应试者的智商究竟是多少。所以，在一般情况下，若两次评定的成绩相差较大，则说明评定结果不稳定、不可靠，当然也不值得信赖。

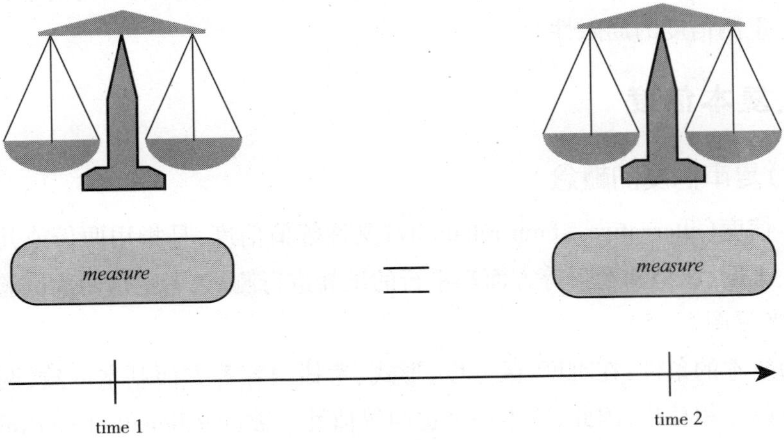

图 5－4 重测信度

（二）重测信度使用条件

（1）所测量的心理特质必须是稳定的。

（2）遗忘和练习的效果基本上相互抵消。

（3）在两次测试时间间隔内，被试在所要测查的心理特质方面没有其他的学习和练习。

（三）重测信度的误差来源

（1）测验者本身：测验所测的特性本身就不稳定，例如情绪不稳定。

（2）被试方面：成熟、知识的发展并非人人都等量增长，而且练习因素、记忆效果也存在个体差异。

（3）施测情境：偶发因素的干扰，如计时错误、情绪波动、健康状况、动机变化等。

重测信度高，说明分数受被试状况和测验情境变化影响小。这里题目取样并不影响重测信度。

（四）重测信度的优缺点

优点是能提供有关测验结果是否随时间而变异的资料，可作为预测受测者将来行为的依据。重测信度一般只反映由随机因素导致的变化，而不反映被试行为的长久变化。

缺点是容易受练习和记忆的影响，前后两次施测间隔的长短必须适度。对同一对象再测试同样的内容，难免会受记忆的影响，由此造成的第二次测试成绩的提高会降低两次测试的相关。这样得到的重测信度很难反映出真正的时间间隔的稳定性，另外，第一次尝试所发现的错误也可能导致第二次反应的变化而增加误差变异。这是重测信度的局限性。

三、复本信度

（一）复市信度的概念

复本信度（alternative－form reliability）又称等值信度，是指用两份或几份在构想、内容、难度、题型和题量等方面都平行的试卷进行测试，考察这两次测验分数的一致性（参见图5－5）。

互为复本的条件：在难度、区分度、形式、考核内容等方面基本一致，两个测验原则上可以互相替代，因此，复本信度也叫等值性系数（coefficient of equivalence）。

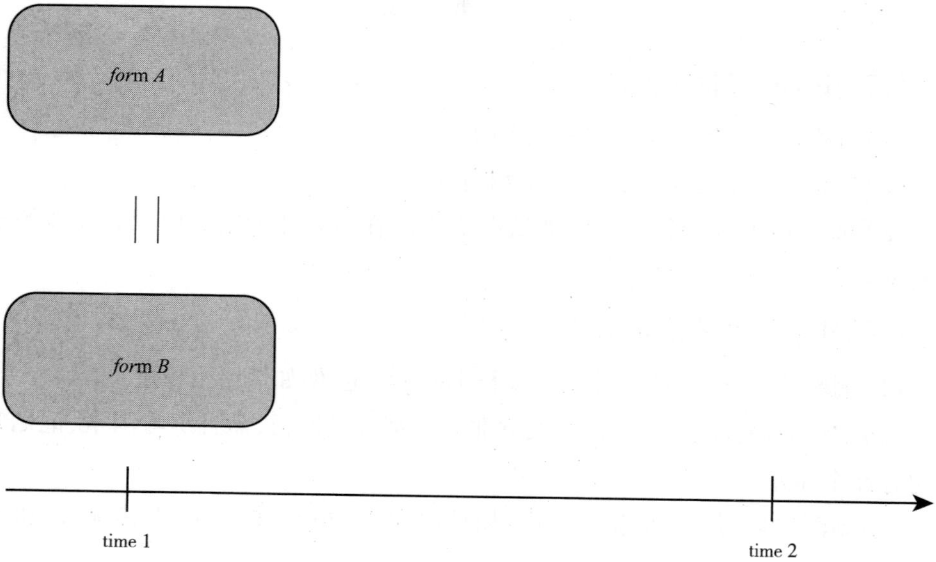

图5－5 复本信度

对一组被试用两个复本（或称为平行测验，根据相同的设计理念，独立编制的题目不同但内容相似的测验）同时施测或间隔一定时间施测，所得分数的积差相关系数，就是复本信度。

复本信度规避了重测信度的局限性。由于被测的复本内容不同,被测者对第一份试卷的回忆和复习并不影响第二份问卷的回答,且第二份问卷内容也不完全是第一份问卷的内容,因此对被测者的兴趣无影响。但是,在命题时要使两套试卷完全平等等值,难度很大。

(二)复本信度误差来源

(1)测验两种形式是否等值:①测题取样是否匹配;②格式是否相同;③内容、题数、难度、平均数、标准差是否一致。

(2)被试情绪波动、动机变化等。

(3)测验情境的变化,偶发因素的干扰。

(三)复本信度使用条件

(1)两个测验必须在项目的内容、形式、数量、难易、时限、指导语等方面相同或相似。

(2)两次测验的时间间隔要适当,若时间间隔太短,由于测验太相似,被试可能厌倦,若时间间隔太长,可能又会因被试新的学习,测验结果受到干扰。

四、内部一致性信度

(一)内部一致性信度的概念

内部一致性信度(homogeneity reliability)反映测验内部题目之间的同质性,考察测验的各个题目是否测量了相同的内容或特质。内部一致性信度测量的是单一特质,那么,如果测量掺杂了该特质以外的东西,其同质性就会受到很大的影响。因此,一个具有可靠性的测量工具必须具有很好的内部一致性。

有时候,一套完整的测验把某个内容分为多种特质来进行,典型测验如卡特尔16种人格因素测验,该测试从16个方面(特质)来测量,每一个特质因素由10~13个测题予以确定。例如,16种人格因素问卷中对情绪稳定性测量题目有13道,这13道测量都从不同角度测量个体情绪稳定与否,你可以实施测试,然后统计测试者对此13个题目的总体反应差异程度,这个差异程度就是内部一致性信度。

(二)分半信度

分半信度(split-half reliability)是指试卷内部各题之间的一致性,通常是将试卷一分为二,然后计算一半试卷与另一半试卷之间的相关系数。这个相关系数实际上代表的是两个同等测验内容取样的一致性程度,所以也属于内部一致性信度系数。这种信度系数获得较为简单,只需要一份试卷且只需要测试一次,就可以避免重测信度和复本信度的缺点。

如何将一个测验分成两半呢？一般来说，应采用奇偶分半的方法，即将测验题目按照奇数和偶数分成两半。当然，划分时还要注意测验自身的特性，注意题目之间的关联等。值得说明的是，前后各取一半内容的划分方法是不足取的，因为，应试者在前后部分答题时会受到更多其他因素的干扰，导致二者之间出现误差。这些干扰因素包括应试者的疲劳程度、练习程度、准备状态、重视程度等，在前面的和后面的答题之间产生不同的影响，进而影响到这种测定方法的信度。

由于分半信度使用的题目数比整体测试减少了一半，因此对所求得的相关系数可能会造成低估，所以需要再用斯皮尔曼—布朗公式(Spearman - Brown formula)对分半信度系数进行修正，这可以获得修正后的分半信度，即原长测验的信度估计值。

（三）库得—理查森信度

库德—理查森信度(kuder - richardson reliability)适用于计算“对或错”的是非题的同质性信度。库德—理查森公式：

$$r_{KR_{20}} = \frac{n}{n-1}\left(1 - \frac{\sum_{i=1}^{n} p_i q_i}{S_X^2}\right) \tag{5.1}$$

其中，S_X^x 为量表测评总得分的方差，p_i 表示答对该题的人数占总被测评者的比例，q_i 可视为该题的难度，$q_i = 1 - p_i$，n 为量表所包含的题目数。

（四）克隆巴赫信度系数

克隆巴赫信度系数(cronbach’s alpha)指测验内部的各题目在多大程度上考察了同一内容，即测验内部题目之间在测验内容方面的相关程度。克隆巴赫信度系数是克隆巴赫于1951年创立的，用于评价量表的内部一致性。一般地，测评量表的alpha系数在0.8以上，该量表具有使用价值。若各分测验alpha系数均达0.85以上，表明该量表的信度良好。

$$\alpha = \frac{n}{n-1}\left(1 - \frac{\sum_{i=1}^{n} S_i^2}{S_X^2}\right) \tag{5.2}$$

公式5.2中，alpha系数会与测验题目数 n 成正相关关系，即题目数越多，或量表长度越长，则alpha系数值越高。

表5－7　环境领域测评量表各条目得分情况及领域总分的相关分析表

环境领域条目	平均得分	方差	相关系数
1. 日常生活中您感觉安全吗？	3.4255	0.380	0.565**
2. 您生活的环境对健康好吗？	3.3404	0.534	0.488**

续表

环境领域条目	平均得分	方差	相关系数
3.您的钱够用吗?	3.0638	0.887	0.697 **
4.在日常生活中您需要的信息都齐备吗?	3.0213	0.543	0.546 **
5.您有机会进行休闲活动吗?	3.5745	0.858	0.630 **
6.您对自己居住地的条件满意吗?	3.5745	0.598	0.528 **
7.您对得到卫生健康服务的方便程度满意吗?	3.4255	0.685	0.608 **
8.您对自己的情况满意吗?	3.3565	0.787	0.752 **
环境领域总分 *	26.8261	15.614	1.000

alpha 系数利用公式 5.2,计算得 0.757。

$$\alpha = \frac{k}{k-1}\left\{1 - \frac{\sum_{i=1}^{k} s_i^2}{s_T^2}\right\} = \frac{8}{7}\left(1 - \frac{0.380 + 0.543 + \cdots + 0.787}{15.641}\right) = 0.757 \tag{5.3}$$

将表 5-7 中的 8 道题分为前后两部分,前半部分由 1~4 题构成,后半部分由 5~8 题构成。前半部分各条目得分总和计为 h_1,后半部分各条目得分总和计为 h_2,计算二者的相关系数为 0.585,最后分半信度系数为 0.7382。

$$r_u = \frac{2r_{h_1h_2}}{1 + r_{h_1h_2}} + \frac{2 \times 0.585}{1 + 0.585} = 0.7382 \tag{5.4}$$

五、评分者信度

在有些研究中,研究者或观察者的评分也会出现不一致的情况,也会造成误差。特别是在情景模拟测验、投射测验、工作样本分析、面试、实战演习、无领导小组讨论、绩效考评等人事测评中,由于评分者自身的阅历、看问题的视角不同也会造成评价的不一致,甚至得出完全相反的结论。

(一)评分者信度的概念

评分者信度(raters reliability)是指不同评分者对同样对象进行评定时的一致性。考察评分者信度的方法:随机抽取相当份数的测评量表,由两位评分者按记分规则分别给分;然后根据每份量表的分数计算相关系数,得到评分者信度。

评分者信度也可以是一位评分者两次评分的相关系数。如果是多个评分者或一位评分者两次以上的评分,可采用肯德尔和谐系数(用于等级资料)和 Kappa 系数(用于定性资料)。

估计评分者信度的方法有多种。当只有 2 个评分者时,让评分者分别给同一组应试者的同一份测验结果评分,然后根据采用的是连续变量评分还是等级评分,计算两次评分的积差相差或等级相关。当测验的评分者多达 3 个以上,且测验采取等级评分时,可以用肯德尔和谐系数。

(二)斯皮尔曼等级相关系数(评分者为 2 人)

斯皮尔曼等级相关系数适用于定序数据,包括收集到的测量的定距与定比数据为非正态分布时,可先进行等级排列后再计算斯皮尔曼等级相关系数。

$$r_R = 1 - \frac{6\sum D^2}{N(N^2 - 1)} \tag{5.5}$$

表 5-8　测评师 A 与 B 分别给 9 名候选人打分表

候选人	A 测评师	B 测评师	等级差 D	D 的平方
1	1	1	0	0
2	8	9	-1	1
3	2	2	0	0
4	3	4	-1	1
5	5	6	-1	1
6	4	5	-1	1
7	9	7	2	4
8	6	3	3	9
9	7	8	-1	1
				18

利用公式 5.5,表 5-8 经过计算得出斯皮尔曼等级相关系数为 0.85。表明此两位测评师打分达到满意的一致性,他们对于评判标准的掌握是一致的。

(三)肯德尔和谐系数(评分者为 3 人及以上)

肯德尔和谐系数是指定序变量间的相关系数,或称肯德尔 W 系数。例如,该系数可用于了解几个面试官对同一组应聘者面试成绩等级评定的一致性程度等。

$$W = \frac{\sum (R - R)^2}{\frac{1}{12}K^2(n^3 - n)} \tag{5.6}$$

式中，K 为等级变量的列数或评价者人数；n 为被评价项目数或被评价者人数；R 为每一个被评价项目由所有评价者给出的等级序数和。

表 5－9 3 位测评师给 6 位候选人打分后的排序表

测评师姓名	李一	王二	张三	刘四	陈五	杨六
A	4	1	3	5	2	6
B	2	3	4	5	1	6
C	3	2	5	4	1	6
R	9	6	12	14	4	18

利用公式 5.6，表 5－9 经过计算得出肯德尔和谐系数为 0.86。表明此三位测评师打分达到满意的一致性，他们对于评判标准掌握是一致的。

实际上，当同一位评价者对被评价者不同素质的等级评价出现相同等级时，应校正 W 系数，校正公式为：

$$W_c = \frac{SS_R}{\frac{1}{12}K^2(n^3 - n) - K\sum C} \tag{5.7}$$

式中，$\sum C = \sum \frac{t^3 - t}{12}$；$t$ 为相同等级数。

表 5－10 面试小组针对四项内容对某应聘者打分，将分数转换为等级后的结果表

	内容一	内容二	内容三	内容四		
面试官 1	2.5	4	2.5	1		
面试官 2	3.5	3.5	1.5	1.5		
面试官 3	2.5	2.5	1	4		
面试官 4	4	2	2	2		
面试官 5	3	4	1.5	1.5		
面试官 6	1	2	3	4		
面试官 7	2	4	2	2		
意见和 R	18.5	22	13.5	16	$\sum R =$	70
R^2	342.25	484	182.25	256	$\sum R^2 =$	1 264.5

表 5－10 告诉我们，第 1 个人的打分有 2 个等级相同，第 2 个人的打分有 2 个 3.5 和 2 个 1.5 等级，第 3 个人的打分有 2 个等级相同，第 4 个人的打分有 3 个等级相同，第 5 个人的打分有 2 个等级相同，第 7 个的打分有 3 个等级相同。所以，

$\sum C$ 为6.5。

$$\sum C = \frac{2^3-2}{12} + \frac{2^3-2}{12} + \frac{2^3-2}{12} + \frac{2^3-2}{12} + \frac{3^3-3}{12} + \frac{2^3-2}{12} + \frac{3^3-3}{12} = 6.5 \tag{5.8}$$

$$\begin{aligned} W &= \frac{SS_R}{\frac{1}{12}K^2(n^3-n) - K\sum C} \\ &= \frac{39.5}{\frac{1}{12}\times 7^2(4^3-4) - 7\times 6.5} \\ &= 0.198 \end{aligned} \tag{5.9}$$

利用公式5.7,表5－10经过计算得出肯德尔和谐系数为0.198。表明7位面试官打分没有达到满意的一致性,他们对于评判标准掌握是不一致的,其对应聘者面试结果不可信。

总之,重测信度估计测验中跨时间的一致性,复本信度估计测验跨形式的一致性,内部一致性信度估计测验跨项目或两个分半测验之间的一致性,评分者信度估计测验跨评分者的一致性。

六、影响信度因素

一个好的测评工具需要通过设计尽可能避免一些干扰因素,这包括量表的开发、测量程序的标准化、对测试者的培训及数据的收集等,任何一个环节出问题都可能影响到测评结果的可靠性。为了提高测评工具的信度,应注意以下五个方面。

(一)测验要标准化

测验的一系列过程应经过严格的设计,按照测量学的要求去做。只有这样才能保证测验的稳定性和内部一致性,避免测试者误差等。

(二)样本要具有广泛的代表性

如果样本缺乏代表性,都集中于某一层次,可能会造成分数分布狭窄或集中,从而影响到信度系数。如果在某一个总体内抽样,样本应尽可能具有异质性。从统计上看,异质样本的分布要宽广一些,得出的信度相对较高。

(三)注意环境因素对测验的影响

影响测验的环境因素包括心理环境与物理环境,测试时应试者要保持轻松自然的心态,以避免发挥失常。当然,安静的答题环境也是十分重要的。

（四）根据不同的测试选择合适的信度系数

易于找到复本的测试可采用复本信度，如英语标准化考试；具有跨时间稳定性的测试可采用重测信度，如智商测验、个性测验、管理能力测验等；测试内容可以分割为均等的两个部分的测试可选择分半信度。

（五）注意测验的难度与长度

如果成就型测验太难，容易出现地板效应（即分数都很低，如全部测试者不及格）；题目太易，又会出现天花板效应（如百分制试卷，测试者分数均在 90 分以上），这都会影响信度。另外，测试时还要注意测试的长度。虽然测验同一内容的题目个数越多，信度也越高，且不容易受到猜测的影响，但测验也不宜太长，否则会导致应试者疲劳和厌倦，从而影响答题质量。

七、提高信度的方法

心理测验的信度越高，受到人、时、地、物的干扰就越低，其所能反映事实或让人相信的程度就越高。因此，在测评量表施测前，如何有效提高信度是测评的关键。

第一，适当增加测评题目数量。测评题目数量较大能在一定程度上排除偶然因素的影响，从而提高信度系数。

第二，题目难度要适中。测评题难度 p = 题目上通过人数/总人数。$P<0.1$，难；$P>0.9$，易；$p=0.5$，最适宜。题目太难或太简单，都会使实际测量分数间的方差减少，造成信度系数降低。只有测验难度为 0.5 时，才能使测验分数分布范围最大，求得的信度也最高。

第三，测验时间要充分。一份问卷应保证绝大多数答卷者在规定的时间内能完成测验。当答卷者不能从容地回答所有题目时，问卷的得分就不能反映答卷者的真实情况。

第四，测验程序要统一。问卷题目要统一，指导语以及回答问题的方式、分收试卷的方法和问卷测验的时间等都要统一，这些是问卷有较高信度的基本保证。

第三节 效度检验

一个测验光有信度还不够，测验分数稳定并不能说明其就能够准确地测量想要测的特质。比如，一台磅秤，长期使用，弹簧早已疲劳，一个 100 千克的人站上去，显示的却是 110 千克，一天称 10 次，显示的都是 110 千克，“信度”足够好，但结果却并一点都不准。由此，效度的概念应运而生。

一、效度的概念

所谓效度，也称有效性，测评量表的效度是指测量的有效性和正确性，即测验能够测出所欲测量属性的程度；是指测验使用者的预定目的与实际测评结果相吻合程度。

1966 年，美国心理学会（APA）、美国教育研究会（AERA）、国家教育测量委员会（NCME）联合推出的《教育与心理测验的标准和指南》中将效度类型简化为内容效度、结构效度和关联效度三种。

在测量理论中，效度被定义为在一系列测量中，与测量目的有关的真变异数（即有效变异）与实得分数总变异数之比。效度具有特殊性和相对性，即每个测量工具只对某特殊目的有效，仅能对其特定项目做正确度量，或者说测量的效度总是针对要解决的问题来说的。

测评的效度越高，表明它所测得的结果就越能代表欲测特质的真正水平。效度是一个相对概念，即效度只有高低之分，没有全部有效和全部无效之分。

二、效度的分类

（一）表面效度

表面效度（face validity）是指测量方法或测试结果所要说明的问题符合专家和公众的共识。表面效度是一种直觉判断，未体现效度在程度上的高低问题，严格说来，它不算是效度。但表面效度可取得应试者的合作，一般不能作为测量工具有效的有力证据。例如，如果被评价者主观上认为测试与测试目的无关、测试内容无聊或测试的量表印刷太差，他们就有可能排斥这个测试，从而影响测试效果，损害测试的实际效度。

（二）内容效度

内容效度（content validity）是根据理论基础及实际经验，考察测评量表是否包括足够的项目且有恰当的内容分配比例所做出的判断，其目的是要评估测试是否充分代表了所要测试的内容范围。

内容效度需要建立在大量文献查阅、工作经验及综合分析、判断的基础上，大多由非常熟悉所测评内容的专家（但他们不是测评量表的编制者）组成的专家委员会（专家委员会人数 3 ~ 10 人，5 人较为合适）进行评议，以判断测试题对所研究领域的取样是否具有代表性，通过这些评定资料来确定测验的内容效度。

（三）标准关联效度

标准关联效度（criterion - related validity）是以一个公认有效的量表作为标准

(通常称为金标准),检验新量表与标准量表测量结果的相关性,即测评结果与某种标准结果的一致性程度。

根据效标(即我们想要测量的素质的一种理想样本,是能够用来作为检验测试本身是否正确的外在标准)是否与测评结果同时获得,可以划分为共时效度(concurrent validity)与预测效度(predictive validity)。

共时效度要求相比较的两份测评量表由同一组应试者在同一时间相隔较近的情况下进行测评。

预测效度要求相比较的两份测评量表由同一组应试者在半年、一年或更长时间情况下进行测评。

不论是共时效度还是预测效度,都以某种独立的、可靠的效标为参照系,从而确定测评结果与效标之间的相关程度。其中,共时效度是测评结果与现有标准之间的相关程度,而预测效度是测评结果作为未来情况预测指标的有效程度。

(四)结构效度

结构效度(construct validity)是研究者所构想的量表结构与测试结果吻合的程度。结构效度表明,实际的测评结果在多大程度上能够被看作是我们所要测评的素质在结构上的替代物。结构效度是个相对概念,其建立最为复杂,目前采用因素分析、收敛—区别法来考察量表的结构效度。由于不同的研究人员使用不同的研究手段或从不同的角度进行研究,得出的结论也往往不同。

三、信度与效度关系及效度提升方法

(一)信度与效度的关系

信度与效度是表征心理测验质量的两个主要指标,两者不是并列的、无关的、相互独立的。效度表示的是结果的正确性和可靠性,它是测评情景真实性的量度。而信度则表示测定结果的一致性和稳定性,它是测评施测准确性的量度。

正确和可靠,必须稳定和一致;稳定和一致,不一定表示正确和可靠。也就是说,高信度是高效度的必要条件,但不是充分条件。换言之,效度高的测评量表信度一定高,但信度高的测评量表效度不一定高。

(二)提高效度的方法

(1)理论正确,解释清楚。

(2)操作规范以减少误差。

(3)控制系统误差。误差主要包括仪器不准,题目和指导语有暗示性,答案安排不当(被试可以猜到)等,控制这些因素可以降低系统误差,提高效度。

(4)样本适宜且要预防流失。

(5)适当增加问卷的长度。增加问卷的长度既可提高问卷的信度,也可以提高问卷的效度,但增加问卷的长度对信度的影响大于对效度的影响。

(6)排除无关因素干扰。认清并排除足以混淆或威胁结论的无关干扰变量。

第四节 项目检验

一般来说,仅仅依靠心理测验编制者的丰富经验和所受训练,还不足以保证量表的信度与效度。为了提高测评量表的质量,应对量表试题的内容进行项目检验,即指对量表题目的难度和区分度进行分析,以此帮助我们筛选和修订题目,从而通过科学定量的方法提高测评量表的可靠性和有效性。

一、难度检验

(一)难度概念

难度是指检验测评题目的难易程度。一道试题,如果大部分应试者都能答对,则该题的难度太小;如果大部分应试者都不能答对,则该题的难度偏大。

一道试题的难度大小,除了与所测内容本身的难易程度有关以外,还与测评量表的编制技术和被测评者的知识经验有关。由于表述不清或者是因被测评者没有相关知识储备,一个本来容易的题目可能会变成难题。这就是说,测评题目的难度具有相对性,正因如此,必须先进行小范围试测,通过实践来对题目难度做检验。

(二)难度计算

1. 采用二分法记分的项目

(1)是非题的难度计算。由于是非题是典型的采用二分法记分的项目,其难度常用通过率来表示,即用答对该题人数的百分比作为难度指标值。其计算公式为:

$$p = \frac{r}{n} \qquad (5-10)$$

其中,p 代表试题的难度指数,r 代表试题的答对人数,n 代表应试者总人数。

但当参与测试的人数较多时,可以先将应试者依照测验总分从高到低排列,然后将总分最高的27%和最低的27%的应试者分别定为高分组和低分组，再计算此两组在该题目上的通过率。其计算公式为：

$$p = \frac{p_H + p_L}{2} \tag{5-11}$$

其中，p_H 与 p_L 分别代表高分组与低分组的难度指数。

(2)多项选择题的难度计算。多项选择试题由于受猜测因素的影响，答对的人数比率可能增加，而且选择项越少，猜对的概率越大，对此类题目的难度程度应进行较正。较正公式为：

$$cp = \frac{kp - 1}{k - 1} \tag{5-12}$$

其中，cp 代表校正后的难度指数，p 代表校正前的难度指数，k 代表选择项的数量。

通常，校正后的试题难度值均要低于校正前的难度值。

2. 不采用二分法记分的项目

由于论述题是典型的不用二分法计分的项目，其难度计算公式为：

$$p = \frac{\bar{X}}{X_{\max}} \tag{5-13}$$

其中，p 代表试题的难度指数，$\bar{X}$ 为全体应试者在该试题上的平均分，$X_{\max}$ 为该试题的满分。

难度指数从某种程度上说就是试题过关率，显然，试题的难度指数越高，表示试题越容易，试题的难度指数越低，则表示试题难度越大。一般认为，试题的难度指数值在0.3～0.7比较合适，整份测评试卷的平均难度指数值最好掌握在0.5左右，高于0.7和低于0.3的试题不能太多。

二、区分度检验

(一)区分度概念

区分度是反映测评试题区分应试者能力水平高低的指标。试题区分度高，可以有效拉开不同水平应试者分数的距离，使高水平者得高分，低水平者得低分；而区分度低则反映不出不同应试者的水平差异。

(二)区分度计算

区分度常用的计算公式：

$$d = \frac{h - l}{n} \tag{5-14}$$

其中,d 代表区分度指数,h 代表高分组答对题的人数,l 代表低分组答对题的人数,n 代表高分组与低分组各组人数。

区分度指数越高,试题的区分度就越强。一般认为,区分度指数高于 0.3,试题便可以被接受。

试题的区分度与试题的难度直接相关,通常来说,中等难度的试题区分度较大。另外,试题的区分度也与应试者的水平密切相关,试题难度只有等于或略低于应试者的实际能力,其区分度才能充分显现出来。需要特别指出的是,试题的难度和区分度指数只能用做筛选试题的参考,而不能作为绝对的标准。

第五节　常模

一、常模的内涵

不同被测评者的同一项人事测评的原始分数本身并不具有任何可比性。应将他们个人所得的分数与代表一般人同类行为水平的分数分布情况做比较,从而通过比较他们各自所处位置,来判别其得分的高低。此处所指的“代表一般人同类行为的分数的分布情况”,即是常模。

常模又称测验常模,是一种描述由个体组成的总体行为特性的概念,这种总体行为特性的描写一般需借助于测验才能实现。因此常模可以直接解释成一个总体关于其某一被测量对象确定的特殊分数的分布状态,即某一标准化样组在某一测验上的平均分数,为测验分数提供比较的标准,从而对测验分数加以解释。

(一)常模产生的条件

常模是针对一个具体的总体而言,从理论上说,这个总体的容量应该是无限大的,而且在实践中其容量也的确非常大,因此要产生一个总体的常模并不是一件简单的事。所以,常模产生的关键在于寻求一个能有效代表总体的样本,即标准化样本。常模可根据标准化样本的测验分数经过一定的数据统计处理而产生。

标准化样本的产生与抽样的方法有关。只有经过恰当的抽样设计,并有较大的样本容量,才能产生能够恰当代表总体的标准化样本。对于总体容量很大,而且对各子体之间的差异也比较大的总体而言,一个测验能通过其标准化样的测量而产生常模,可以实现对总体行为特性描述的目的。

（二）常模表达的形式

常模表达的形式多种多样，不同的测验分数表示方式可相应地形成不同的常模表达方式，如以原始分数直接表示测验结果时，一般把频数分布中的平均数表示常模值。如果测验分数是以百分等级形式表示，通常以百分等级量表中的中位数（第 50 个百分等级）表示常模。此外还有标准分数、九段分数、*T* 分数等一系列方式表示常模。

总之，常模是总体（或标准化样本）测验分数的分布状态，其本质上只有一种分布状态，而由于分数表达方式的不一样，所以它可以有多种分布形式。每一种分布形式都可以以其分布形式的某些参数（如平均数、中位数、等级位数等）简单地表示。

（三）常模的解释

常模是针对一个总体的某一具体特性而言的，因此，常模可因标准化时选取样本的不同而有不同的类别，形成不同的亚常模。常见的亚常模有年龄常模、年级常模、性别常模、地域常模、民族常模、职业常模等。

常模的含义与常模的"标准"一词有严格区别。个体达到标准并不一定意味着个体在总体中处于领先位置；同样，个体分数在总体常模中处于平均数之上，也并能说明其达到了标准。这两个概念之间没有必然的联系。常模是客观的，而标准是主观的。

尽管常模是客观的，但是常模是可以变化的。总体的行为特性随着教育、社会影响、时间推移等诸因素的影响而变化，人们所制定的常模也是暂时稳定的。所以，常模必须不断更新，不仅结果要更新，测验本身也要更新。

（四）常模样本的确定和选择

常模样本的确定包括确定一般总体、确定目标总体、确定常模样本。不同的测验性质、测试者不同的文化教育水平、不同的性别，都可能影响常模。样本选择需要注意以下五点。

第一，常模样本的构成必须明确。一个测验可能有许多常模样本，在选取常模样本时，首先要保证常模样本的所有成员是同质的，可以相互比较。

第二，常模样本必须是所测群体的代表性样本。

第三，取样的过程必须详尽地描述，即必须介绍常模团体的大小、取样策略、取样时间以及其他有关情况等。

第四，注意常模的时效性。常模必须定期修订，要以批判的眼光看待旧的常模，并尽可能采用新的常模。

第五，常模样本大小要适当。一般来说，取样误差与样本大小成反比，所以在其他条件相同的情况下，样本越大越好。常模取样适当性由三方面决定：①取决于总体的规模。总体规模小，如只有几十个人，则常模样本应包括所有总体成员；如果总体数目大，相应地，样本也应较大，一般最低不应少于30个。②取决于总体性质。总体性质越复杂，越需要较大数量的样本。③取决于施测结果。样本大小适当的关键是样本要有代表性。

（五）取样方法

1. 简单随机抽样

简单随机抽样，也称纯随机抽样，是一种最简单的抽样方法。简单随机抽样是在总体中抽选样本单位时，不附加任何条件，完全按随机原则抽选，并且保证每个总体单位都有相等机会被抽选出来。

抽取办法是将抽样范围中的每个人或每个抽样单位编号，以避免由于标记、姓名或其他社会赞许性偏见而造成抽样误差，然后按随机数码表选择被试作为样本。

2. 等距抽样

等距抽样，也称机械抽样、系统抽样，是指以被试的某些与所测特征无关的特性（如电话号码、学号）将被试按一定的顺序排列，再确定一个随机的起始点。

如果从数目为 N 的总体中抽取 $\frac{1}{K}$ 的被试作为样本，那么列表中的第 K 个就成为样本组成中的被试。如果到达底端时仍不够预定的样组容量，只需简单地到列表的前面继续选取，直到第 K 个被试便可。或者将随机确定的起始点定为第1号，以此类推，将所有的人从1到 N 按序编号，把所有编号是 K 的倍数的人抽取出来，即可组成所需样本。再或者把所有的人分为 $\frac{N}{K}$ 组，当然分组也是按随机性原则，再从每个组中随机选择一个人，则刚好组成 $\frac{1}{K}$ 的样本。总之，等距抽样在没有更好的列表单时特别有用。

3. 整群抽样

当被试以一些自然的组合单位组成各种团体时，如班级、工厂、医院等，我们便可以以一整群为单位进行随机抽样，这种抽样方法叫整群抽样。在第一阶段整群抽样中，被选中的单位团体将全部进入样本，每个团体都有同等的机会被抽到。为得到样本，可以将每一个“整群”赋上从1到 N 的标签，然后利用随机数码表，就像简单随机抽样中抽取单个被试一样。

4. 分组抽样

在总体数目较大,无法编号,并且总体成员又具有多样性的情况下,可以先将群体分为一定的小组,再从小组内随机抽样。如将全国大学生按地区分为许多小组,然后在各小组中选取一定比例的学生作为被测者。

5. 分层抽样

在确定常模样本时,最常用的抽样方法是分层抽样。分层抽样是先将目标群体的某一种变量(如年龄)分成若干层次,再从各层次中随机抽取若干个案 n_i ,各层次的个案总和即为样本个案数目 n 。分层抽样分为分层比例抽样法和分层非比例抽样法两种方法。

分层比例抽样法:各层抽取的个案数目 n_i 是根据各层的个案数目 N_i 占总体数目 N 的比例决定的,其中, $n_i = \frac{N_i}{N}n$ (n 为所抽取样本个数)。

分层非比例抽样法:有些层次的重要性大于其他层次,这时应该采用分层非比例抽样方法。这种方法的目的在于降低各层次的标准差,使总体平均数的估计较为准确。

二、常模的类型

(一)发展常模

发展常模表示个人在以正常途径发展的心理特征方面处于什么样的发展水平。如一个 8 岁儿童的智力相当于 12 岁儿童的智力平均水平,则可以说该儿童有 12 岁的智力年龄。这种表示方式是将被测者的表现与各种发展水平群体的平均表现做比较,根据这种平均表现所制成的量表就是发展常模或年龄量表。发展常模有智力年龄、年级当量、发展顺序表等几种形式。

(二)百分位常模

1. 百分等级

百分等级是应用最广的表示测验分数的方法,是指把一个总体的所有分数按大小顺序排列后,将所有分数按个数等分为 100 等份,每一等份对应的百分数就是这个分数分布的百分等级,而刚好把所有分数个数分为 100 份的分数值叫作百分位数。一个分数的百分等级就是指在常模样本中低于这个分数的人数百分数。例如,一个原始对应的百分等级为 98,就表示在常模样本中 98% 的人的得分比这个分数要低。百分等级是以百分率形式来表示一个人的相对等级,即如果我们将常模团体分成一百等份时该被测者所占的等次。

2. 四分位数和十分位数

在很多情况下,并不需要像百分位数将量表分成100 等份那样精密的区分,只要分成少数的段落区间就足够了。四分位数的计算将数据分成四等份,实际上就是第25,50,75 等百分点段。同样,十分位数计算与计算第10,20,…,90 等百分点相同。

三、常模的表示方法

(一)转化表

转化表最简单而且最基本的常模表示方法,也叫常模表。由原始分数表、相对应的导出分数表和对常模样本的具体描述三个要素组成。值得注意的是,根据转化表进行解释时,常模转化表总是来自特定的常模样本,这种转化表只能表示被测者在常模样本内的相对等级,若要依此做出某种结论或预测,需要进一步获得信度和效度的依据。

(二)剖析图

剖析图是测验分数的转换关系用图形表示出来的一种模式图。使用剖析图做解释,要求各个分测验所使用的常模样本必须相同,否则各个分测验分数之间无法比较。值得注意的是,使用剖析图容易夸大各个分测验间分数的差异。为避免这个问题,有些剖析图注明了多少距离代表两分数间差异显著,使用者可以依此很快地确定某对分数间是否存在差异。另一种方法是将被测者分数用一段范围表示,假如范围不重叠,表明分数间有显著差异存在。

第六节 心理测评在人才选拔中的应用

社会中有很多工作岗位,每一个工作岗位对任职者的素质有不同方面的要求。只有当任职者具备所有这些要求的素质并达到规定的水平,才能最好地胜任这项工作,获得最大绩效。由于存在人—事匹配关系,这就要求在人事招聘和安置中“按图索骥”,为特定工作寻找合适的人,这也就是我们常说的“按岗找人”,使人与岗位匹配,实现让恰当的人做恰当的事。

一、诊断岗位需要

要挑选能与岗位匹配的人员,首先要知道岗位需要什么样的人。一般通过职务说明书可以得到这些信息。但是,很多企业的工作说明书并不是很完善甚至没有。许多企业还没有意识到编制工作说明书的意义,认为它是件没有意义的文案工作。他们编制的说明书要么过于简单,缺乏系统、详细、准确的描述,要么就是内容陈旧,所以,人员选拔的第一步就是诊断岗位需要,制订、完善工作说明书或者制订人—事对应表。

二、寻找相应的心理测评方法、工具

很多人提到心理测评,想到的就是做测试题。不少企业的人事经理提到心理测评,通常就问"能给我几套题吗?"不少企业认为有一套题目就可以所向无敌了。其实不然,不同的岗位对人才需求的差别是非常大的,比如销售人员和财务人员就是截然不同的两类人,即便同样是销售人员,卖计算机设备的和卖矿泉水的也有很大区别。即使是最权威的人格测试,也只能测试人的大概性格特征,很难把人与具体的岗位联系起来。所以,在企业招聘中,心理测评的应用不是找几套题目那么简单的事,而是一个系统的过程,是一个针对岗位编制或选择有效的心理测评题,还要对它进行不断的修正,不断循环的长期过程。

要针对某个岗位编制或选择心理测评题,首先要了解岗位需要什么样素质的人,这可以从前面的工作说明书上得到。例如客户投诉经理,这个职位要求有高水平的客户满意度,要求从业人员有耐心、善于倾听,有高度的人际交往技能等。那么,我们在编制试题时就要重点考虑这些因素,寻找与这些因素相关的问题。我们可以从已有的心理测评题库里去寻找和选择与这些因素相关的试题,也可以委托心理学家针对这些因素去编制试题,甚至也可以自己制作。不管采取什么方式,应当注意的是,不要认为试题编制完了就万事大吉,还要确定试题的信度和效度。

三、实施测试

虽然实施测试这个阶段相对简单,但也不容忽视。在实施测试的过程中,要注意做到客观化、标准化,保证收集到的测试结果能够公平、真实地反映应试者的状况。通常要求测试的现场环境要空气通畅、新鲜,照明充足,温度、湿度适宜,干净整洁,安静,没有外界干扰。每个被测者的桌椅应尽可能舒适,并有足够的空间,尤其要避免多个被测者同时应试时相互影响、干扰。

四、鉴定测试效果

鉴定测试效果包括对测试结果的计分、统计、解释和对测试结果、聘用结果进行跟踪检验。一般心理测评的计分和统计方法都是在编制试题时就预先建立好的，只需按测试说明进行操作即可。对测试结果的解释比较复杂，需要对主试人进行预先培训。

鉴定测试的效果关键在于对测试结果、聘用结果的跟踪检验，这也是对试题进行修订的一个过程。这主要是根据新员工的工作绩效对测量结果和聘用的检验，有条件的话，也可以对未聘用者进行跟踪检验。可以说，到了这一阶段，才真正完成了一个心理测评过程的环路。

第七节　人岗匹配测评一：员工职业兴趣与职业价值观测试

兴趣是人积极探索某种事物的认识倾向，兴趣在人的职业活动中具有重要作用。诺贝尔物理奖获得者丁肇中教授曾说“兴趣比天才重要”，当人们把对日常活动的偏好转变成某种职业活动时，就形成了职业兴趣。有职业兴趣的人，会有明确的职业定向和职业选择，会增强职业的适应性，并最大限度地爆发职业潜能。从这个意义上讲，了解了自己的职业兴趣，就能更明确地选择今后将从事的工作，从而也在很大程度上决定了一个人未来的生活内容和生活方式。

价值观这个词源自拉丁语 valere，意思是“强状、勇敢、无畏”（Raths，Harmin & Simon，1996）。当价值观作为名词时，是衡量事物的一种标准，表明“在拥有者眼里是最重要的东西”；当价值观作为动词时，意思是“高度重视、评价、赞扬某事物”。而将人生目标、人生态度、理想信念等在职业选择上的表现则是职业价值观，俗话说：“人各有志。”这个“志”表现在职业选择上就是职业价值观，它是一种具有明确的目的性、自觉性和坚定性的职业选择的态度和行为，对一个人职业目标和择业动机起着决定性的作用。

一、职业兴趣评价途径

对某种职业感兴趣的人在学习工作中就能全神贯注，积极热情，富有创造性地努力完成任务；对自己的工作毫无兴趣的人，即使聪明能干，也不大可能在本专业或本行业中有所建树。对于企业而言，也会考虑候选人的职业兴趣与所招聘的职业类型是否相匹配。了解、评价应聘者的职业兴趣有多种途径，概括起来主要有以下四种。

第一种：兴趣表达。这是评估兴趣的最直接、最简单的方法，直接询问应聘者自己所感兴趣的事情是什么。

第二种：行为观察。观察应聘者在拟定情景或参与活动时的行为，从中推测出其兴趣所在。

第三种:知识测验。测试在一些特殊职业中的专有词语的掌握情况,以此推测出其兴趣。

第四种:兴趣测验。兴趣测验的基本原理是:具有一定兴趣模式的人才更倾向于寻找特定的职业类型。因此,如果应聘者所表现出来的兴趣和爱好同在某种职业生涯中取得成功者的相似,那么,该应聘者就很可能在该种职业生涯中得到满足。

兴趣测验就是向应聘者提出一系列问题,要求指出其对诸如职业、学习、娱乐、业务活动等是否喜欢或不喜欢的程度,再根据测试结果进行分析,最后确定应聘者的兴趣倾向。

职业兴趣测验类型有很多,其中在招聘选拔中最常用的是依据美国心理学家霍兰德的职业兴趣理论编制的,此测验将职业兴趣划分为 R,I,A,S,E,C 六种类型。其中,R 代表"现实型";I 代表"研究型";A 代表"艺术型";S 代表"社会型";E 代表"企业型";C 代表"常规型"。表 5－11 是霍兰德职业兴趣测试题。

表 5－11　霍兰德的职业兴趣测试题

请根据自己的实际情况对表中题目做出回答。如果符合自己的实际情况,则把该问题后面的"是"圈起来;难以判断回答的,则把"?"圈起来;不符合自己实际情况的,则把"否"圈起来。

	测验题目	答卷
R		R:
1	你曾经将钢笔全部拆散加以清洗并能独立地将它装配起来吗?	是 ? 否
2	你会用积木搭出许多造型吗? 或小时候常拼七巧板吗?	是 ? 否
3	你在中学里喜欢做实验吗?	是 ? 否
4	你喜欢尝试着做一些木工、电工、金工、钳工、修钟表、印照片等其中的一件或几件事情吗? 或你对织毛线、绣花、剪纸、裁剪等很感兴趣吗?	是 ? 否
5	当你家里有些东西需要小修小补时(诸如窗子关不严了,门锁上而忘带钥匙了,凳子坏了,衣服不合身了等),常常是由你做的吗?	是 ? 否
6	你常常偷偷地去摸弄不让你摸弄的机器或机械(诸如打字机、摩托车、电梯、机床等)吗?	是 ? 否
7	你觉得身边有一把镊指钳或老虎钳等,就会有许多便利吗?	是 ? 否

续表

	测验题目	答卷
8	看到老师傅在做活，你能很快地、准确地模仿吗？	是 ? 否
I		I：
1	你对电视或单位里的智力竞赛很有兴趣吗？	是 ? 否
2	你经常到书店或图书馆翻阅图书（文艺小说除外）吗？	是 ? 否
3	你常常会主动地做一些有趣的习题吗？	是 ? 否
4	你总想要知道一件新产品或新事物的构造或工作原理吗？	是 ? 否
5	当同学或同事不会做某一道习题来请教你时，你能给他讲清楚吗？	是 ? 否
6	对一件想知道但又无法详细知道的事物，你常常会去想象出它将是什么或将怎么变化吗？	是 ? 否
7	看别人在为一个有趣的难题讨论不休时，你会加入进去吗？或者即使不加入进去，你也会一个人思考很久，直到你觉得解决了为止吗？	是 ? 否
8	看推理小说或电影时，你常常试图在结果出来以前分析出谁是罪犯吗？并且这种分析时常和小说或电影的结果相吻合吗？	是 ? 否
A		A：
1	你对戏剧、电影、文艺小说、音乐、美术等其中的一两个方面较感兴趣吗？	是 ? 否
2	你常常喜欢对文艺界的明星评头论足吗？	是 ? 否
3	你曾参加过文艺演出或写出诗歌、短文被墙报或报刊采用，或参加过业余绘画训练吗？	是 ? 否
4	你喜欢把自己的住房布置得优雅一些而不喜欢过分豪华而拥挤吗？	是 ? 否
5	你觉得你能较准确地评价别人的服装、外貌以及家具摆设等的美感如何吗？	是 ? 否
6	你认为一个人的仪表美主要是为了表现一个人对美的追求而不是为了得到别人的赞扬或羡慕吗？	是 ? 否
7	你觉得工作之余坐下来听听音乐，看看画册或欣赏戏剧等，是你最大的乐趣吗？	是 ? 否
8	遇到有美术展览会、歌星演唱会等活动，常常有朋友来约请你一起去吗？	是 ? 否
S		S：
1	你常常主动给朋友写信或打电话吗？	是 ? 否
2	你能列出五个你自认为够朋友的人吗？	是 ? 否
3	你很愿意参加学校、单位或社会团体组织的各种活动吗？	是 ? 否
4	你看到不相识的人遇到困难时，能主动去帮助他或向他表示你同情安慰的心情吗？	是 ? 否
5	你喜欢去新场所活动并结交新朋友吗？	是 ? 否
6	对一些令人讨厌的人，你常常会由于某种理由原谅他、同情他甚至帮助他吗？	是 ? 否

续表

	测验题目	答卷
7	有些活动,虽然没有报酬,但你觉得这些活动对社会有好处,就积极参加吗?	是 ? 否
8	你很注意你的仪容风度,这主要是为了让人产生良好的印象吗?	是 ? 否
E		E:
1	你觉得通过买卖赚钱,或通过存银行生利息很有意思吗?	是 ? 否
2	你常常能发现别人组织的活动的某些不足,并提出建议让他们改进吗?	是 ? 否
3	你相信如果让你去做一个个体户,一定会成为万元户吗?	是 ? 否
4	你在上学时曾经担任过某些职务(诸如班干部、课代表、卫生员等)并且自认为干得不错吗?	是 ? 否
5	你有信心去说服别人接受你的观点吗?	是 ? 否
6	你的心算能力较强,不对一大堆数字感到头痛吗?	是 ? 否
7	做一件事情时,你常常事先仔细考虑它的利弊得失吗?	是 ? 否
8	在别人跟你算账或讲一套理由时,你常能换个角度考虑,并发现其中的漏洞吗?	是 ? 否
C		C:
1	你能够用一两个小时坐下来抄写一份你不感兴趣的材料吗?	是 ? 否
2	你能按照领导或老师的要求尽自己的能力做好每一件事吗?	是 ? 否
3	无论填报什么表格,你都非常认真吗?	是 ? 否
4	在讨论会上,如果不少,发言的人讲的观点与你不同,你就不发表自己的观点了吗?	是? 否
5	你常常觉得在你周围有不少人比你更有才能吗?	是 ? 否
6	你喜欢重复别人已经做过的事而不喜欢做那些要自己动脑筋摸索着干的事吗?	是 ? 否
7	你喜欢做那些已经习惯了的工作,同时最好这种工作责任心小一些,工作时还能聊聊天,听听歌曲吗?	是 ? 否
8	你觉得将非常琐碎的事情整理好,或由于你的工作,使有些事情能日复一日地运转很有意思吗?	是 ? 否

该套测试题的计分方法是:每圈1个“是”计1分,每圈1个“?”计0分,每圈1个“否”计-1分。将上述得分按顺时针排序形成一个正六边形,再选出其中得分前三位并按顺序排列,即可得出适合你从事的职业类型。如果你在某一部分得分最高,说明你具有该种职业兴趣。

(一)现实型

现实型的人不重视社交,而重视物质、实际的利益;他们遵守规则,喜欢安定,愿意从事“看得见、摸得着”的工作;他们喜欢使用工具,特别喜欢操作大型机器;

他们尽管感情不丰富，缺乏洞察力，但做起事来手脚灵活、动作协调。

他们给人的印象是：不合群的、实利主义的、谦卑的（避免抛头露面的）、循规蹈矩的、自然的、倔强的（不可变通的）、直率的、精神健全的、节俭的、坦诚的、有毅力的、缺少见识的、固执的、注重实际。

在职业选择上，他们希望从事有明确要求、需要一定的技能技巧、能按一定程序进行操作的工作，对应职业类型主要是各类工程技术工作与农业工作。其中主要有：机械、汽车、飞机、土木、采矿等方面的工程师和技术员；机械操作、维修、安装、热处理工人，矿工、电工、木工、鞋匠等；公共汽车、出租汽车、工业卡车的司机；轮船、火车驾驶员；测绘员、描图员、消防队员等；农业机械师、牧民、渔民等。

（二）研究型

研究型的人乐于解决抽象问题，喜欢运用词、符号和观念进行工作；具有强烈的好奇心，急于了解周围的未知世界，重分析，好内省，比较慎重；他们宁愿思考问题而不愿动手去处理问题，喜欢独立的和富有创造性的工作，而不喜欢从事社会性和重复性的活动；他们通常不愿意受人督促，也不愿意督促别人；他们知识渊博，为自己的学识和才能感到自豪，而对自己的领导能力缺乏信心。

他们给人的印象是：分析型的、独立的、理性的、细心谨慎的、有智慧的、冷漠的（沉默寡言的）、不满的（善批评的）、内向的、孤独的、复杂的、悲观主义的、不摆架子的、好奇的、精确的和不合群的（不讨人喜欢的）。

在职业选择上，他们喜欢从事有观察、有科学分析的创造性活动和需要钻研精神的职业，对应职业类型主要是指科学研究和科学实验工作。其中主要有：物理、化学、数学、生物学、动物学、植物学、经济学、人类学等方面的专家和助手；化学、飞机、电子、冶金、无线电和电视等方面的工程师和技术员；飞机驾驶员、电子计算机操作人员等。

（三）艺术型

艺术型的人想象力丰富，有理想，易冲动，好独创。他们喜欢从事非系统、自由的、要求有一定艺术素养的职业，即作曲、绘画、音乐、美术、影视、文学、建筑等与美感直接或间接有关的职业。他们比较敏感，易动感情，喜欢独立工作，而不过多关心社会纠纷，一般对单调的或经营性的工作不感兴趣。

他们给人的印象是：复杂的、不切实际的、直观的、目无法纪的、不守常规的、感情冲动的、有独创性的、善于表达的、独立的，敏感的、理想主义的和开放的。

在职业选择上，他们乐于创造新颖的、与众不同的东西，渴望表现自己的个性，对应的职业类型主要是各类艺术创作工作。其中主要有：艺术、音乐、戏剧、外语、文学、舞蹈等方面的教师;歌唱家、舞蹈家、乐队指挥等;编辑、广播节目作者;艺术、家具、珠宝等行业的设计师;文学、艺术方面的评论员等。

(四)社会型

社会型的人喜欢从事为人服务和教育他人的工作,喜欢参与解决人们关心的社会问题;他们热情慷慨,善于交际,关心他人,易合作,重视友谊,人际关系很融洽;他们总是在寻求与群众接触的机会,渴望发挥自己的社会作用。他们责任感强,比较看重社会义务与社会道德,一般缺乏技术特长,不喜欢从事需要运用劳动工具的工作。

他们给人的印象是:向上的、乐于助人的、有责任心的、合作的、理想主义的、合群的、耐心的、八面玲珑的、友好的、仁慈的、善解人意的、慷慨的、有说服力的和温暖的。

他们希望从事那些直接地为他人服务,为他人谋福利或与他人建立和发展各种关系的职业,他们对应的职业类型主要是各种直接为他人服务的工作。其中主要有:社会科学、历史、体育等方面的教师、保育员,教育行政人员;社会科学、政治科学、社会学、历史学等方面的专家;政治工作人员、职业护士;社会服务指导,体育教练;食品、戏院、酒店、旅社的经理;房屋管理人员;发型师;牙科助手,福利人员等。

(五)企业型

企业型的人喜欢竞争,喜欢支配别人,有冒险精神,自信而精力旺盛,好发表自己的见解,善于交际、能说会道,具有领导才能。他们喜爱权力、地位与物质财富。他们一般不擅长科学研究,对系统而复杂的思维工作很不耐烦。

他们给人的印象是:精力旺盛的、好出风头的、乐观的、大胆的、兴奋的、自信的、讨人喜欢的、外向的、合群的、野心勃勃的、滔滔不绝的、盛气凌人的、风流的和贪得无厌的。

他们愿意从事那些为直接获得经济效益而活动的职业,他们对应的职业类型主要是那些组织与影响他人共同完成组织目标的工作。具体主要有:家具、杂货、艺术品、礼品、零售等行业的商人;农场、家庭用品店的经理;工程师;律师;市场和商业系统分析专家;银行工作人员;工作关系指导、管理助手;供销人员、供销人员、售货员;政府官员;电台和电视主持人等。

(六)常规型

常规型的人易顺从,想象力较差,喜欢稳定、有秩序的环境;喜欢按计划办事,乐于完成指令性的任务;总希望知道别人期望他干什么,自己从不谋求领导职务;

不喜欢冒风险，对复杂的人际关系问题不感兴趣；工作踏实，忠实可靠，遵守纪律。

给人的印象是：小心的、缺乏灵活性的、有恒心的、遵守常规的、自我约束的、实际的、认真的、有条理的、拘谨的、被动的、顺从的、节俭的、有效率的、守纪律的和缺乏想象力的。

在职业选择上，他们愿意从事那些需要按照既定要求工作的、比较简单而又比较刻板的职业。对应的职业类型主要是各类科室工作。具体主要有：会计、出纳、统计人员；打字人员；办公室人员；秘书与文书；商业教师；图书馆助理；旅游、外贸职员；邮递员；接线员；保管员；书刊销售员；财政专家；审计人员；人事职员等。

拓展阅读："兴趣"与"皮格玛利翁效应"漫谈

说到"兴趣"问题，教师们往往注重的是学生的"兴趣"，而常常忽视了教师的"兴趣"。如果说激发学生的兴趣并使其"乐学"是教学要达到的一个重要目标，那么唤起教师的兴趣并使其"乐教"则是达到这个目标的重要保证。

众所周知，心理学上的"皮格马利翁效应"（Pygmalion Effect），由美国著名心理学家罗森塔尔和雅各布森在美国加利福尼亚州的一所学校的小学教学上予以验证提出。亦称"罗森塔尔效应"（Robert Rosenthal Effect）或"期待效应"。

远古时候，塞浦路斯国王皮格马利翁喜爱雕塑。一天，他成功塑造了一个美女的形象，爱不释手，每天以深情的眼光观赏不止。看着看着，美女竟活了。1968年，两位美国心理学家来到一所小学，在学生中进行了一次煞有介事的"发展测验"。他们随意从每班抽3名学生共18人，写在一张表格上，交给校长，极为认真地说："这18名学生经过科学测定全都是智商型人才。"事过半年，罗氏又来到该校，发现这18名学生的确超群，而且性格更为开朗，求知欲望强，敢于发表意见，与教师关系也特别融洽。再后来这18人全都在不同的岗位上干出了非凡的成绩。

实际上，这是心理学家进行的一次期望心理实验。他们提供的名单纯粹是随便抽取的。他们通过"权威性的谎言"暗示教师，坚定教师对名单上学生的信心，虽然教师始终把这些名单藏在内心深处，但掩饰不住的热情仍然通过眼神、笑貌、音调滋润着这些学生的心田，实际上他们扮演了皮格马利翁的角色。学生潜移默化地受到影响，因此变得更加自信，奋发向上的激流在他们的血管中荡漾，于是他们在行动上就不知不觉地更加努力学习，结果就有了飞速的进步。这一著名实验，用一句话作总结为："学生的兴趣来自于教师的兴趣，教师的热情唤起学生的兴趣，学生的兴趣又作用于教师的热情"；用一句对联总结为："上联：说你行，你就行，不行也行；下联：说不行，就不行，行也不行；横批：不服（扶）不行。"

只有把教师的"乐教"与学生的"乐学"有效地融合在一起，"教"与"学"才能找到最佳结合点,从而取得最佳的教学效果。这一切的前提条件在于教师的"兴趣",并由此师生间互动产生了"皮格玛利翁效应":赞美、信任和期待(指教师兴趣)具有一种能量,它能改变学生的行为。这是因为当学生获得教师的信任、赞美时,他便感觉获得了社会支持,从而增强了自我价值,变得自信、自尊,获得一种积极向上的动力,并尽力达到教师的期待,以避免对方失望,从而维持这种社会支持的连续性。

通用电气的前任 CEO 杰克·韦尔奇就是"皮格马利翁效应"的实践者。他认为,团队管理的最佳途径并不是通过"肩膀上的杠杠"来实现的,而是致力于确保每个人都知道最紧要的东西是构想,并激励他们完成构想。韦尔奇在自传中用很多词汇描述那个理想的团队状态,如"无边界"理论、4E 素质(精力、激发活力、锐气、执行力)等,以此来暗示团队成员"如果你想,你就可以"。在这方面,韦尔奇还是一个递送手写便条表示感谢的高手,这虽然花不了多少时间,却几乎总是能立竿见影。因此,韦尔奇说:"给人以自信是到目前为止我所能做的最重要的事情。"

有"经营之神"美誉的松下幸之助也是一个善用"皮格马利翁效应"的高手。他首创了电话管理术,经常给下属,包括新招的员工打电话。每次他也没有什么特别的事,只是问一下员工的近况如何。当下属回答说还算顺利时,松下又会说:很好,希望你好好加油。这样使接到电话的下属每每感到总裁对自己的信任和看重,精神为之一振。许多人在皮格马利翁效应的作用下,勤奋工作,逐步成长为独当一面的高才,毕竟人有 70% 的潜能是沉睡的。

美国钢铁大王卡内基选拔的第一任总裁查尔斯·史考伯说:"我认为,我那能够使员工鼓舞起来的能力,是我所拥有的最大资产。而使一个人发挥最大能力的方法,是赞赏和鼓励。再也没有比上司的批评更能抹杀一个人的雄心……我赞成鼓励别人工作。因此我急于称赞,而讨厌挑错。如果我喜欢什么的话,就是我诚于嘉许,宽于称道。我在世界各地见到许多大人物,还没有发现任何人——不论他多么伟大,地位多么崇高——不是在被赞许的情况下,比在被批评的情况下工作成绩更佳、更卖力气的。"史考伯的信条同卡内基如出一辙。正是因为两人都善于激励和赞赏自己的员工,才稳固地建立起了他们的钢铁王国。

当下属出现失误时,激励就尤为重要了。美国石油大王洛克菲勒的助手贝特福特,有一次因经营失误使公司在南美的投资损失了 40%。贝特福特正准备挨骂,洛克菲勒却拍着他的肩说:全靠你处置有方,替我们保全了这么多的投资,能干得这么出色,已出乎我们意料了。这位因失败而受到赞扬的助手后来为公司屡创佳绩,成了公司的中坚人物。

人类本性中最深刻的渴求就是赞美。每个人只要能被热情期待和肯定,就能得到希望的效果。管理者应该而且必须赏识你的下属,要把赏识当成下属工作中的一种需要。赞美下属会使他们心情愉快,工作更加积极,用更好的工作成果来回报你,何乐而不为呢!

表5-12是关于职业性的标准测试题。

表5-12 职业性向(工作作风)标准测试

姓名:__________ 部门:__________ 岗位:__________

第一部分:对以下A或B中,符合你平常的感觉或你经常要做的,就圈上其中的一个(注:回答问题没有正误之分)。

1. 你是否更关心或更重视:

A. 人的感情

B. 人的权利

2. 当你必须会见一个陌生人时,你是否觉得:

A. 这是很费力的事

B. 这是愉快的,至少不费力

3. 常与A还是与B类人相处的好些?

A. 富于想象力的人

B. 讲究实际的人或现实的人

4. 和别人在一起时是否很自然地显得:

A. 文静、不多说话;

B. 善于交际

5. 以下两种人,你认为哪一种人更值得人尊重?

A. 感情真挚的人

B. 一贯负责的人

6. 你认为你自己:

A. 比一般人更加热情

B. 不像一些人那样激动或兴奋

7. 你和许多人一道工作时是否喜欢:

A. 按既定的方式办事

B. 自己想办法去做

8. 以下两点,你对哪一点更感到恼火?

A. 凭想象构成的理论

B. 不喜欢讲理论的人

续表

9. 称赞某个人时,哪一种说法更有分量?

A. 一个有眼力的人

B. 一个有常识的人

10. 你多半是 A 还是 B?

A. 让你的心管你的脑子

B. 让你的脑子管你的心

11. 你:

A. 几乎能对任何人不费力地谈,要谈多少,就谈多少

B. 只对某些人或只在某种特定的情况下才有很多话可说

12. 你认为 A 或 B 哪样做更糟?

A. 显得过分热情

B. 不表同情

13. 假如你是个教师,你要教 A 还是 B?

A. 理论性的课程

B. 讲实务的课程

14. 你遇到一个陌生人,你认为这个人能:

A. 立刻告诉你——你感兴趣的事情

B. 只在跟你熟悉以后才能告诉你

15. 在一大群人当中,你常常:

A. 介绍别人互相认识

B. 让别人介绍你和他人认识

第二部分:圈你喜欢的一个词

16. A. 同情	B. 先见之明
17. A. 公正	B. 怜悯
18. A. 生产	B. 设计
19. A. 文雅	B. 坚定
20. A. 不加批判	B. 批判的
21. A. 沉静	B. 活泼
22. A. 朴实的	B. 多文采的
23. A. 富有想象力的	B. 讲究实际的

每答案记 1 分

续表

外向	内向	知觉	直觉	思考	感情
2B ______ 4B ______ 6A ______ 11A ______ 14A ______ 15A ______ 21B ______	2A ______ 4A ______ 6B ______ 11B ______ 14B ______ 15B ______ 21A ______	3B ______ 7A ______ 6A ______ 9B ______ 13B ______ 18A ______ 22A ______ 23B ______	3A ______ 7B ______ 8B ______ 9A ______ 13A ______ 18B ______ 22B ______ 23A ______	1B ______ 5B ______ 10B ______ 12A ______ 16B ______ 17A ______ 19B ______	5A ______ 10A ______ 12B ______ 16A ______ 17B ______ 19A ______ 20A ______
总计______	总计______	总计______	总计______	总计______	总计______

CM——职业性向评估参考资料

［情绪定向］：

内向：喜欢宁静致远，集中思考问题，不受干扰，即使将问题与别人商谈，仍满足于自己解决处理。犹豫不决，退避三舍，明哲保身。用怀疑的眼光审视一切，感情不外露。

外向：喜欢工作多样性并有所行动，对缓慢事物会很不耐烦。性格开朗，坦率耿直，待人随和，易适应环境且有归属感，易于驱散疑虑，而不顾一切冒险前进。很会与人交往、善于待人接物。外向可能是成为管理者的主要条件之一，其理由是能看清问题并能与别人或通过别人解决问题。

［工作作风］：

知觉型：这种人不喜欢研究新问题，只习惯于使用标准的解决问题的方法，例如例行事务。对日常工作有耐心，而且做事准时无误，多半知足，绩效良好。在组织生活中专心执行任务，照章办事。许多底层工作都有经久不变的规定，甚至较为琐碎，知觉型的人适合做这种工作，他们只要运用最小的权限，就可以解决问题。知觉型的人不愿意处理无法捉摸的问题，对在情况模糊时做出决定而感到不安。但不是说职位低者都是知觉型的。

知觉型的特点：①喜欢有解决问题的规范做法；②喜欢运用自己已有的技能，不喜欢学习新技能；③通常是一直做完工作，不会留尾巴；④如果事情变得复杂化了，会觉得不耐烦；⑤不喜欢创新，也没有创新的抱负。

直觉型：这种人不喜欢例行事务，喜欢解决新问题，能不费力地一下子得出问题的结论，不愿意为了更准确地了解情况而多花时间，看外界事物时注意全局和整个环境。在稳定的环境中感到不自在，会寻求一些可能做到的事来做。直觉型在商界、政界、企业家、经纪人中等常见。该类管理者会轻视管理理论，需要通过管理知识的整合来弥补主观上和直觉上的不足。

直觉型的特点：①在解决问题时倾向于重新认识问题；②几乎能同时想到各种不同的方案；③了解了一个问题，找出解决问题的不同办法并评估每一个办法的结果，有时，也会立即回到老路上去，重新估计问题真正的问题所在；④很快考虑选择性方案，也很快放弃这些方案。

续表

感情型:这种人感情丰富,懂得如何对待人,照顾他人的情绪,喜欢融洽和谐的气氛。爱用赞扬语气,不愿将不愉快的事情告诉家人;对人表示同情,和多数人相处得很好,能附和或迎合别人,会做出别人(同事、下属和上司)赞同的决定。尽可能避免那些会造成矛盾的问题,如果无法避免或消除成见,就向能被人接受的那一面改变立场。其认为与人保持关系比取得成就更重要。这一类型的管理者很难解雇绩效不佳的下属,作决定总是强调人的情绪和人的因素。

感情型的特点:①解决问题,取悦于人;②对别人的问题,反应快,并表示同情;③在处理问题时,重视人的各个方面;④认为缺少效力或效率的原因多半在于人际关系及其他人为的困难。

思考型:重思考不重感情,喜欢分析问题,把事情按逻辑次序排列;有时会训斥下属,显出一副铁石心肠,只与其他思考型的人相处得好,这一类型的人的活动和决策往往受知识情况的支配,并按照外界情况和一定的准则做出决策。尽量使解决问题的办法标准化,其结果将不考虑任何人的因素,即使对作为决策者本身的利益有影响也会一意孤行。

思考型的特点:①做出计划并寻找解决问题的方法;②非常注意对待问题的方式方法;③谨慎地确定问题中有哪些制约因素;④反复分析研究问题;⑤有条不紊地寻找更多的信息。

思考型和感情型的不同之处在于前者依赖认识过程,即以概括性的正误判断或以正规的推理系统为依据,而后者会按照好与坏、愉快与不愉快、喜爱与不喜爱的个人看法来评价事物。一个人在一生中不固定地属于某一种类型,而是会随着时间、地点、场合的不同而有不同的显现。

[综合]:

知觉与感情型作风:具有这种作风的人感兴趣的是可用感官直接验证的事实和关于人的事情,对人显得友好、得体、同情,因而易受到人们的赞许。如果让这些人设计一个理想的组织机构,他们会描绘一个层次分明、规章周全的组织,使成员需求得到满足,很好地调动员工的积极性。具有知觉与感情型作风的人善于从事与人接触较多的工作,如销售工作,从事某种直接监督、商谈、讲解、双方合作的工作。对于这些人来说,组织的有效性在于员工的忠诚,人际关系的质量以及员工的高情绪、高出勤率和正确的态度。

直觉与感情型作风:具有这种作风的人注意任何变动的可能性,如变更项目或工作方法,注意任何可能发生的事情;按满足个人需要和社会需要来对待可能发生的事情;少讲具体问题,而注意广泛的课题,如与本单位的目的有关的课题——为客户服务,为社会服务。对这些人来说,理想的组织权力是分散的,各部门有灵活的权限,不必有强有力的领导人,也不需要严密的规章和准则;喜欢能适应环境的组织。按民主的方式进行经营。对这种作风的人来说,组织的有效性在于自己有社会责任感,消费者有满足感,领导者有发现新机会的能力等。

知觉与思考型作风:具有这种作风的人着重了解外界情况和分析某个具体问题及其细节。喜欢从原因到结果一步一步地推理,注意逻辑性。对迟迟未能解决问题感到焦虑不安,在应对人际冲突时,缺乏敏感性,认为惩罚手段最有效。强调等级制度和现有短期目标。如果让这种人设计理想的组织,会提出极端官僚的机构形式,例如规定每个职位该做什么,不该做什么。他们对处理组织中有关物质方面的事务感兴趣,具有这种作风的人认为组织有效性在于每个推销员的销售量,售出的每一块钱的库存费用,每一生产单位的废料损失,投入资本的回收率,短期利润。

续表

直觉与思考型作风：具有这种作风的人不强调人的因素，分析问题不带有主观色彩和个人感情。不主张把职位定得很死，具有概括思维。喜欢变革，喜欢发现新目标或找出解决问题的办法。在稳定的情况下，常感到不满足，希望不断提高自己和他人的工作标准。直觉思考型和知觉思考型形成对照，前者对事情总是喜欢问“为什么”，而后者更关心“什么”和“怎么样”。具有这种作风的人的理想组织是：组织目标与环境需要相一致，目标也与组织成员的需要相一致。他们认为组织的有效性在于新产品的开发比率，市场份额、资本成本、企业收益和长期利润的增长。 从解决问题作风的不同，可以看到人的差别，这种差别受到个人智慧、价值观等特征的影响。在经营管理上取得成就者多是具有综合决策作风的人

二、职业价值观测试

职业价值观是人们衡量社会上某种职业优劣和重要性的内心尺度，是个人对待职业的一种信念，并为其进行职业选择、努力实现工作目标提供充分的理由。职业价值观反映的是人的需要与社会职业属性之间的关系，是人对社会职业的评价。

研究者基于不同的理论对价值观的内容分类有过许多探索。例如：佩里（Perry，1926）将价值观区分为六类，即认知的、道德的、经济的、政治的、审美的和宗教的；奥尔伯特等（Allport，Vernon & Lindzey，1960）根据德国哲学家施普兰格尔（E. Spranger）《人的类型》（1928）一书对人的分类，将价值观分为经济的、理论的、审美的、社会性的、政治的和宗教的六类，并编制了由 27 道题组成的价值观量表，该量表中每一题项均有 6 个陈述，需要被测评者按照自己的真实想法对这些陈述进行排序，一般用“1”表示最倾向或最符合自身情况的陈述，“2”表示其次倾向或符合的陈述，以此类推，“6”表示最不希望或不符合的陈述（见表 5 - 13 和表 5 - 14）。此量表在 1960 年修订以后被广泛使用，成为 20 世纪六七十年代在西方非常流行的价值观量表。

罗克奇（Rokeach，1973）的分类突破了上述分类的框架，他将价值观分为“行为方式”与“终极状态”两大类，即终极性价值观（terminal values）和工具性价值观（instrumental values）。其中：“终极性价值观”就是一生中，人的终极目标是什么，要达到一种什么境界；“工具价值观”就是实现终极价值观的过程中，采用什么样的手段达到目的。罗克奇的这种划分体现了他对价值观具有层次性质和有顺序的认识，并且，也真正表达了价值观作为“深层建构”和“信仰体系”与“行为选择”之间相互体现与依存的性质和关系。他的“价值观调查”量表使得价值观可进一步操作化，人们亦可使用排序的方法表达他们认为哪一种价值观更值得和更为重要（参见表5－15）。

表5－13 奥尔伯特的职业价值观测试题

1	如果有能力并可自由选择，愿从事	5	喜欢的工作是
	A. 科学研究工作		A. 有利于个人修养的
	B. 经营方面的工作		B. 艺术评论与鉴赏方面的
	C. 社会服务性工作		C. 能够学到许多新知识的
	D. 党政领导工作		D. 有医疗及住房福利等保障的
	E. 造福后代工作		E. 能尽社会义务的
	F. 艺术工作		F. 容易提升个人职务的
2	假如工资待遇相同，愿选择	6	在工作中
	A. 振兴民族工业的工作		A. 常想把办公室布置得色彩协调、典雅
	B. 帮助残疾人的慈善工作		B. 常能体验到完成一件事的美感与快乐
	C. 人事管理方面的工作		C. 常回味自己的辛劳是否受到尊重
	D. 建设精神文明方面的工作		D. 常考虑是否对他人能有所帮助
	E. 筹办各种艺术展览的工作		E. 常能改善办公条件
	F. 具有研究性质的工作		F. 常对事物的原理进行认真分析
3	若完全依照兴趣，愿从事	7	赞成的观点是
	A. 能为大众谋福利的工作		A. 工作中的很多失败与机遇和命运有关
	B. 为单位出谋划策的工作		B. 处理被别人弄得一塌糊涂的工作最刺激
	C. 能奉献个人才能的工作		C. 上下级关系融洽、相互理解比高薪更重要
	D. 艺术气氛浓的工作		D. 美术学院的学生应选择广告、包装设计
	E. 需要不断努力才能胜任的工作		E. 需要动脑筋提出新构想的工作最吸引人
	F. 轻松省心的工作		F. 美术学院的学生应献身艺术
4	假如有能力并可自由选择，愿到	8	希望的工作岗位
	A. 能体现个人地位和权力的政府部门		A. 社会地位高
	B. 重视思想教育的单位		B. 对国家贡献大
	C. 重视艺术活动的单位		C. 经济效益好
	D. 有利于个人能力发展的单位		D. 学术气氛浓
	E. 工资高、工作又安定的单位		E. 环境优美
	F. 重视社会效益的单位		F. 人际关系和谐

续表

9	工作中应特别注意	14	喜欢的活动是
	A. 办事灵活、讲究实际		A. 一个人欣赏大自然的风光
	B. 坚持原则性		B. 与邻居或朋友聚会聊天
	C. 尽善尽美地完成上级交给的任务		C. 娱乐、休闲、健身
	D. 淡泊功名、不计个人得失		D. 研讨管理与领导艺术
	E. 常提出奋斗目标		E. 到名山古刹领略神秘莫测的气氛
	F. 帮助他人解决困难		F. 技术革新与发明创造
10	人生在世应能	15	现代社会的发展
	A. 享受荣华富贵		A. 有赖于提高人们的权力和福利
	B. 博得社会尊重		B. 更多的得益于科学发明与技术的应用
	C. 为追求崇高理想不怕吃苦		C. 需要多出现一些改造世界的政治家
	D. 刻苦学习、知识渊博		D. 需要先天下之忧而忧、后天下之乐而乐的仁人志士
	E. 把生活安排得多姿多彩		E. 更多的得益于对人类行为基本规律的了解
	F. 为人类和社会进步做出贡献		F. 有赖于艺术家对人类社会的描绘
11	人的一生应该	16	最吸引人的信息是
	A. 有雄心壮志、勇于竞争		A. 人类友谊与爱情方面的
	B. 淡泊名利、超凡脱俗		B. 有关艺术创作方面的
	C. 好学上进、富于探索精神		C. 有关当前科技进步方面的
	D. 办事认真负责、一丝不苟		D. 有关人生哲理方面的
	E. 助人为乐、友爱仁慈		E. 政治家施政方面的
	F. 讲究实际、会生活		F. 市场经济方面的
12	平时爱看的书是	17	对下述说法赞同的程度
	A. 修身养性方面的		A. 盛大典礼的五彩缤纷场面最吸引人
	B. 介绍最新科技成果的		B. 需要当机立断时，理智比直觉更重要
	C. 艺术创作方面的		C. 名庙古刹神秘莫测的气氛最吸引人
	D. 民族英雄事迹的		D. 盛大典礼中壮观的群众声势更吸引人
	E. 对生活和工作有实用价值的		E. 办事灵活、让领导称心满意很重要
	F. 描写著名政治家生平的		F. 帮助他人解决困难，内心会感到满足
13	值得羡慕的是	18	对下述各点赞同的程度
	A. 为求知、博学肯于吃苦		A. 总是把是非对错作为处理问题的原则
	B. 献身艺术不计名利		B. 人的命运是不可抗争的
	C. 重友谊、讲义气		C. 用说服解决不了的问题，就应靠强制处理
	D. 实际生活富裕、舒服		D. 只要能办成一件对大家有利的事，原则并不很重要
	E. 逆境中仍能保持精神振奋		E. 很少用尖锐的言语刺伤别人
	F. 视精神上的享受比物质享受更重要		F. 生活中常能保持自己与环境的和谐

续表

19	愿交的朋友是	24	同事或同学对自己的评价是
	A. 能努力奋斗并有地位的人		A. 与人相处特别有理性
	B. 生活讲究实际的人		B. 对同事、同学认真负责
	C. 待人诚恳、助人为乐的人		C. 对人实在
	D. 富于艺术性、生活浪漫的人		D. 特别珍惜大家能相聚这一缘分
	E. 有学问的人		E. 善于与他人打交道，讨人喜欢
	F. 淡泊名利、凡事随缘的人		F. 特别愿意成为别人关注的中心
20	喜欢的领导是	25	应该
	A. 懂业务、懂技术		A. 努力创造人人和谐相处的局面
	B. 心地善良、关心人		B. 遇见与己无关的不公平事也要管
	C. 办事一丝不苟		C. 经常参加一些慈善活动
	D. 讲原则、严于律己		D. 总想回报帮助做事的朋友
	E. 重理想、豁达大度		E. 成为公众中的中心人物
	F. 管理能力强、有权威		F. 朋友之间也要讲原则
21	一个好领导应具备	26	对下述观点赞同的程度
	A. 很高的涵养		A. 尊老爱幼
	B. 经济头脑		B. 对人应真诚宽容
	C. 较强的荣誉感		C. 与己无关的事可以不管
	D. 较渊博的学识和开放精神		D. 干事时应指挥别人去干
	E. 一定的艺术修养		E. 朋友之间相处也应讲道理
	F. 关心群众胜过自己		F. 为保持朋友之间的和谐应动脑筋
22	对下述观点赞同的程度	27	你认为自己是
	A. 对上级当面提出意见会对下级不利		A. 工作、学习都想超过别人
	B. 越有人竞争，应越有干劲		B. 与他人经济上的交往清楚明白
	C. 应时刻虚心地向有学问的人请教		C. 无意伤害了别人总有内疚感
	D. 保持人际和谐是一种美的享受		D. 一定会圆满地完成答应他人要做的事
	E. 不应拒绝别人的求助		E. 经常劝人要知足常乐
	F. 凡事应少与他人争执		F. 乐于向他人讲解道理
23	愿与之交往的是		
	A. 办事能力强、有影响力的人		
	B. 有知识的人		
	C. 艺术界人士		
	D. 正直、有奉献精神的人		
	E. 追求实现人生价值的人		
	F. 讲实效、办事周全的人		

表 5－14 奥尔伯特的职业价值观测试题答案

	1	2	3	4	5	6	7	8	9	10	11	12	13	14
理论型	a	f	e	d	c	f	e	d	b	d	c	b	a	f
实用型	b	a	f	e	d	c	d	c	a	a	f	e	d	c
社会型	c	b	a	f	e	d	c	b	f	f	e	d	c	b
政治型	d	c	b	a	f	c	b	a	e	b	a	f	e	d
宗教型	e	d	c	b	a	b	a	f	d	c	b	a	f	e
审美型	f	e	d	c	b	a	f	e	c	e	d	c	b	a
	15	16	17	18	19	20	21	22	23	24	25	26	27	
理论型	e	c	b	a	e	d	d	c	b	a	f	e	f	
实用型	b	f	e	d	b	a	b	a	f	e	d	c	b	
社会型	a	a	f	e	c	b	f	e	d	c	b	a	c	
政治型	c	e	d	c	a	f	c	b	a	f	e	d	a	
宗教型	d	d	c	b	f	e	a	f	e	d	c	b	e	
审美型	f	b	a	f	d	c	e	d	c	b	a	f	d	

表 5－15 罗克奇的职业价值观测试题

一、请判断下面每句话是否符合你自己的情况，在每句话前面的横线上写出 1～9 之间的数字中的某个数字来代表你的情形。在一些句子里有“集体”两个字，它指的是你的朋友圈子或者你参与的任何组织或者团队。

1	2	3	4	5	6	7	8	9
完全不符合我的情况	几乎完全不符合我的情况	有一点符合我的情况	符合我的情况略少于一半	一半符合我，一半不符合我	符合我的情况略多于一半	大部分符合我的情况	几乎完全符合我的情况	完全符合我的情况

1. ＿＿＿＿＿保持集体的和谐对我来说非常重要
2. ＿＿＿＿＿如果我的家人不同意，我会放弃做一些我自己本来很喜欢做的事情
3. ＿＿＿＿＿我认为应该教育孩子吃苦在前享乐在后
4. ＿＿＿＿＿我的幸福很大程度上取决于我身边人的快乐
5. ＿＿＿＿＿集体的利益对我来说很重要
6. ＿＿＿＿＿我喜欢和他人协作
7. ＿＿＿＿＿为了集体的利益我会牺牲个人利益
8. ＿＿＿＿＿在我做决定之前，我会向别人咨询
9. ＿＿＿＿＿如果父母获得荣誉，他们的孩子也应该感到荣耀
10. ＿＿＿＿＿如果我的亲戚在经济上碰到困难，我会竭尽全力帮助他们，甚至不惜自己过苦日子
11. ＿＿＿＿＿如果集体的其他成员获得表彰，我也会感到自豪

续表

12. __________和其他集体成员分享身边的小事会让我觉得快乐
13. __________我认为我们应该和上了年纪的父母居住在一起
14. __________对我来说，快乐来源于和别人在一起
15. __________我不喜欢和其他集体成员意见不一致
16. __________为了取悦我的家人我会做任何事情，甚至是一些我厌恶的事情
17. __________集体的利益比个人利益更重要
18. __________集体的成功比个人的成功更重要
19. __________被集体成员接受和认可是很重要的
20. __________为了被集体认可，我愿意放弃自己的个人意见
21. __________对集体有利的就是对我个人有利的
22. __________当我碰到同胞或者同乡，我知道我们会有共同的目标和利益
23. __________即使我对集体不满，我也会留在集体中满足集体的需要
24. __________独立工作比团体工作要强
25. __________如果集体拖我的后腿，最好离开集体自己独立工作

二、试想你要去参加一次商业谈判，在谈判中，你认为下列行为的“适当”程度如何。请在代表你同意程度的数字上打圈。

	非常不适当	比较不适当	有点不适当	有点适当	比较适当	非常适当
1. 通过折中或者各自退让一步来和对方达成协议	1	2	3	4	5	6
2. 如果对方退让一步，我也退让一步	1	2	3	4	5	6
3. 在允许范围内寻求中间平衡点达成协议	1	2	3	4	5	6
4. 为自己的谈判收益设置高的目标	1	2	3	4	5	6
5. 全力争取满足自身的利益	1	2	3	4	5	6
6. 用强有力的论据支撑自己的立场	1	2	3	4	5	6
7. 对于自己的立场保持坚定	1	2	3	4	5	6
8. 欺骗或者给出误导信息	1	2	3	4	5	6
9. 绝不向对方让步	1	2	3	4	5	6
10. 用退出谈判来威胁对手	1	2	3	4	5	6
11. 声称会撤销已给出的价格以威胁对方	1	2	3	4	5	6
12. 以其他公司的“优惠条件”来压制对方	1	2	3	4	5	6
13. 当对方的提议不能满足自己利益时，毫不犹豫地拒绝	1	2	3	4	5	6
14. 通过夸大自己的难处迫使对方让步	1	2	3	4	5	6
15. 仔细听对方解释他们的需要和利益	1	2	3	4	5	6
16. 同时考虑自己和对方的愿望和利益	1	2	3	4	5	6

续表

	非常不适当	比较不适当	有点不适当	有点适当	比较适当	非常适当
17. 根据对方的意见做出建设性提议	1	2	3	4	5	6
18. 在对方要求下作出让步	1	2	3	4	5	6
19. 全力满足对方的需要	1	2	3	4	5	6
20. 尽量避免分歧带来的对抗	1	2	3	4	5	6
21. 尽量避免彼此意见上的不和	1	2	3	4	5	6
22. 努力防止分歧扩大,求同存异	1	2	3	4	5	6
23. 尽量避免和对方发生冲撞	1	2	3	4	5	6
24. 注意在谈判中和对方保持良好的关系	1	2	3	4	5	6
25. 尽量和对方融洽相处	1	2	3	4	5	6
26. 注意给对方留下良好的印象	1	2	3	4	5	6
27. 在谈判前,和对方聊一些与谈判不相关的话题	1	2	3	4	5	6
28. 尽量寻求和对方的相似之处(爱好、经历等)	1	2	3	4	5	6
29. 顾及对方的面子	1	2	3	4	5	6
30. 要对方把接受我的要求看成是帮我个人一个忙	1	2	3	4	5	6
31. 试着从我所在集体利益的角度出发去说服对方	1	2	3	4	5	6
32. 试着从我方和对方长远关系的角度来说服对方	1	2	3	4	5	6

三、在这一部分中,问你自己:在我的生命中,什么样的价值对我而言是重要的,什么样的价值不太重要?以下有两份价值观念表。这些价值观念来自不同的文化,每一条价值观念后面的括号中是其解释,可以帮助你理解它的含义。

你的任务是标出每一种价值观作为你的人生准则有多么重要。标准如下:

数字越高(-1,0,1,2,3,4,5,6,7),该价值观作为你的人生指引就越重要。-1 表明与你的人生准则相反的任何观念。7 表明是你人生准则中极其重要的价值观念。通常,最多只能有两个这样的评价。请把分数(-1,0,1,2,3,4,5,6,7)填写在每个价值观前的空格内,以表明这个价值观对你个人的重要程度。请尽量利用所有的数字以区分各个价值观的差别。

在开始之前,阅读表(一)中的价值观,选择对你而言最重要的一条并标出其重要程度。然后,选择与你价值观念最相反一条,标上 -1。如果没有这样的价值观,选择一条不太重要的价值观,按它的重要性,标上 0 或 1。然后,请依次标出其他价值观的重要性。

价值观表(一)

1. ________平等(大家机会均等)
2. ________心情安详(内心平静)

续表

3. __________社会权力(控制及支配他人的权力)
4. __________快感(满足欲望)
5. __________自由(行动及思想的自由)
6. __________精神生活(生活中强调精神而非物质性的事物)
7. __________归属感(感受到别人对自己的关怀)
8. __________社会秩序(社会的安定)
9. __________令人激动的生活(一些令人激动的生活经验)
10. __________人生意义(人生目标)
11. __________礼貌(礼貌,良好的举止)
12. __________富有(拥有金钱和物质)
13. __________国家安全(保护国家免受敌人侵袭)
14. __________自尊(对自我价值的信念)
15. __________报答别人的恩惠(避免欠下别人的人情)
16. __________创造力(独创性,想象力)
17. __________世界和平(没有战争和冲突)
18. __________尊重传统文化(保留流传已久的习俗)
19. __________成熟的爱(精神上和感情上的亲密)
20. __________自律(自我约束,抗拒诱惑)
21. __________隐私权(拥有属于私人空间的权力)
22. __________家庭安全(保护所爱人的安全)
23. __________社会的认可(得到别人的尊重和承认)
24. __________和自然成为一体(适应大自然)
25. __________充满变化的人生(生活中充满了挑战,新奇与变化)
26. __________智慧(对人生成熟的理解)
27. __________权威(领导,命令的权力)
28. __________真正的友谊(亲密无间,能支持你的朋友)
29. __________美好的世界(大自然和艺术的美好)
30. __________社会的公正(消除不公正的现象,扶助弱小)

现在标出对你而言作为人生准则的下列价值观念的重要性。这些价值观念被诠释为对您是重要或不重要的行为方式。同样,尽量用所有数字来区别这些价值观。

在开始之前,阅读表(二)中的价值观,选择对你而言最重要的一条并标出其重要程度。然后,选择与你价值观念最相反一条,标上 -1。如果没有这样的价值观,选择一条不太重要的价值观,按它的重要性,标上 0 或 1。然后,请依次标出其他价值观的重要性,从(1,2,3,4,5,6,7)选出一个你认为恰当的数字。

-1	0	1	2	3	4	5	6	7
与我的价值观相反		不重要		重要		非常重要		极重要

续表

价值观表(二)
作为我的做人准则,这个价值观的重要程度是:
31. ________独立(依靠自我,自给自足)
32. ________性情温和(避免极端的感情行为)
33. ________忠诚(对朋友,集体忠诚)
34. ________有抱负(辛勤工作,有理想)
35. ________胸怀宽广(能包容不同的思想及信仰)
36. ________谦虚(谦虚,不锋芒毕露)
37. ________冒险精神(勇于冒险,承担风险)
38. ________环境保护(保护大自然)
39. ________影响力(对人和事物有影响力)
40. ________尊重父母和长辈(表达敬意)
41. ________选择自己的目标(选择个人志向)
42. ________健康(生理和心理上的健康)
43. ________能干(有才能,高效率)
44. ________接受命运的安排(顺从人生境遇,随遇而安)
45. ________诚实(真实,诚恳)
46. ________保持自我公众形象(顾全自己的面子)
47. ________遵纪守法(有责任感,履行义务)
48. ________聪明(善于思考,理性)
49. ________乐意助人(为他人的幸福而工作)
50. ________享受人生(享受食物,性,闲暇等)
51. ________虔诚(忠于宗教信仰和信念)
52. ________有责任感(值得信赖,值得依靠)
53. ________好奇心(对万物感兴趣,喜欢探索)
54. ________宽宏大量(懂得宽恕他人)
55. ________成功(达到目标)
56. ________清洁(干净,整齐)
57. ________自娱自乐(做自己喜欢的事情)

第八节 人岗匹配测评二:员工个性与职业能力测试

一、个性测试

所谓个性(人格)是一个人心理特征的统一,这些特征决定人的外显行为(如态度倾向、职业兴趣、同情心等）和内隐行为（如欲望的压抑、内心冲突、工作动机等），并使它们与别人的行为有稳定的差异。严格讲，个性与人格不是一个概念，不过在此可以通用。一般国外称人格测试，我国常称为个性测试。

由于个人的行为随时间而有所改变，所以个性测验所测量的行为比能力测验的稳定性差。因此，个性测验只能作为咨询或人事选拔参考工具加以使用。又由于个性测验工具的编制难度较大，所以目前国内很少有自己编制的个性测验工具，修订并用于国内的国外心理测评技术也不是很多。最为著名的人格测试工具有：卡特尔16种人格因素测验、九型人格测验、大五人格测验等。在国内招聘选拔过程中，还常用性格色彩测验（参见表5－16）与PDP（professional dynametric programs）动物性格测验（参见表5－17）。

表5－16　性格色彩测试：（做好记录：如1A，2C……）

1. 关于人生观，我的内心其实是：
A. 希望能有各种各样的人生体验，所以想法极其多样化
B. 在合理的基础上，谨慎确定目标，一旦确定会坚定不移地去做
C. 更加在乎取得一切有可能的成就
D. 毫不喜欢风险，喜欢享受稳定或现状
2. 如果爬山旅游，大多数状况下，在下山回来的路线我最可能：
A. 好玩有趣，所以宁愿新路线回巢
B. 安全稳妥，所以宁愿原路线返回
C. 挑战困难，所以宁愿新路线回巢
D. 方便省心，所以宁愿原路线返回
3. 说话时，我更看重：
A. 感觉效果。有时可能会略显得夸张
B. 描述精确。有时可能略过冗长
C. 达成结果。有时可能过于直接让别人不高兴
D. 人际感受。有时可能会不愿讲真话
4. 在大多数时候，我的内心更想要：
A. 刺激。经常冒出新点子，想做就做，喜欢与众不同
B. 安全。头脑冷静，不易冲动
C. 挑战。生命中竞赛随处可见，有强烈的"赢"的欲望
D. 稳定。满足自己所拥有的，很少羡慕别人
5. 我认为自己在情感上的基本特点是：
A. 情绪多变，经常波动
B. 外表自我抑制强，但内心感情起伏大，一旦挫伤难以平复
C. 感情不拖泥带水，只是一旦不稳定，容易发怒
D. 天性情绪四平八稳

续表

6. 我认为自己除了工作外,在控制欲上面,我:
A. 没有控制欲,只有感染带动他人的欲望,但自控能力不算强
B. 用规则来保持我对自己的控制和对他人的要求
C. 内心是有控制欲和希望别人服从我的
D. 没兴趣影响别人,也不愿别人来控制我
7. 当与情人交往时,我最希望对方:
A. 经常赞美我,让我享受开心、被关怀且有一定自由
B. 可随时默契到我内心所想,对我的需求极其敏感
C. 得到对方的认可,我是正确的并且我对其是有价值的
D. 尊重并且相处静谧的
8. 在人际交往时,我:
A. 本质上还是认为与人交往比长时间独处是有乐趣的
B. 非常审慎缓慢地进入,常会被人认为容易有距离感
C. 希望在人际关系中占据主导地位
D. 顺其自然,不温不火,相对被动
9. 我做事情,经常:
A. 缺少长性,不喜欢长期做相同无变化的事情
B. 缺少果断,期待最好的结果但总能先看到事情的不利面
C. 缺少耐性,有时行事过于草率
D. 缺少紧迫,行动迟缓,难下决心
10. 通常我完成任务的方式是:
A. 常赶在最后期限前完成,是临时抱佛脚的高手
B. 自己有严格规定的程序,精确地做,不要麻烦别人
C. 先做,快速做
D. 使用传统的方法按部就班,需要时从他人处得到帮忙
11. 如果有人深深惹恼我时,我:
A. 内心感到受伤,认为没有原谅的可能,可最终很多时候还是会原谅对方
B. 深深感到愤怒,如此之深怎可忘记? 我会牢记,同时未来完全避开那个家伙
C. 会火冒三丈,并且内心期望有机会狠狠地回应
D. 避免摊牌,因为还不到那个地步或者自己再去找新朋友
12. 在人际关系中,我最在意的是:
A. 得到他人的赞美和欢迎
B. 得到他人的理解和欣赏
C. 得到他人的感激和尊敬
D. 得到他人的尊重和接纳
13. 在工作上,我表现出来更多的是:
A. 充满热忱,有很多想法且很有灵性

续表

B. 心思细腻,完美精确,而且为人可靠
C. 坚强而直截了当,而且有推动力
D. 有耐心,适应性强而且善于协调
14. 我过往的老师最有可能对我的评价是:
A. 情绪起伏大,善于表达和抒发情感
B. 严格保护自己的私密,有时会显得孤独或是不合群
C. 动作敏捷又独立,并且喜欢自己做事情
D. 看起来安稳轻松,反应度偏低,比较温和
15. 朋友对我的评价最有可能的是:
A. 喜欢对朋友述说,也有感染别人的力量
B. 能够提出很多周全的问题,而且需要许多精细的解说
C. 愿意直言想法,有时会直率而犀利地谈论不喜欢的人、事、物
D. 通常与他人一起是倾听者
16. 在帮助他人的问题上,我内心的想法是:
A. 别人来找我,不太会拒绝,会尽力帮他
B. 值得帮助的人应该帮助
C. 很少承诺要帮,但我若承诺必兑现
D. 虽无英雄打虎胆,常有自告奋勇心
17. 面对他人对自己的赞美,我内心:
A. 没有也无所谓,特别欣喜那也不至于
B. 我不需无关痛痒的赞美,宁可对方欣赏我的能力
C. 思考对方的真实性或立即回避众人的关注
D. 赞美多多益善,总是令人愉悦的
18. 面对生活,我更像:
A. 随和派——外面的世界我无关,我觉得自己这样还不错
B. 行动派——我不进步,别人就会进步,所以我必须不停地前进
C. 分析派——在问题未发生之前,就该想好所有的可能
D. 无忧派——每天的生活开心快乐最重要
19. 对于规则,我内心的态度是:
A. 不愿违反规则,但可能因为松散而无法达到规则的要求
B. 打破规则,希望由自己来制定规则而不是遵守规则
C. 严格遵守规则,并且竭尽全力做到规则内的最好
D. 不喜被规则束缚,不按规则出牌会觉得新鲜有趣
20. 我认为自己在行为上的基本特点是:
A. 慢条斯理,办事按部就班,能与周围的人协调一致
B. 目标明确,集中精力为实现目标而努力,善于抓住核心要点
C. 慎重小心,为做好预防及善后,会不惜一切而尽心操劳

续表

D. 丰富跃动，不喜欢制度和约束，倾向于快速反应

21. 当我做错事时，我倾向于：

A. 害怕但表面不露声色

B. 不承认而且辩驳，但内心其实已经明白

C. 愧疚和痛苦，容易停留在自我压抑中

D. 难为情，希望逃避别人的批评

22. 当结束一段刻骨铭心的感情时，我会：

A. 很难受，可日子总要过，时间会冲淡一切的

B. 虽然觉得受伤，但一旦下定决心，就会努力把过去的影子摔掉

C. 深陷在悲伤的情绪中，在相当长的时期里难以自拔，也不愿再接受新的人

D. 痛不欲生，需要找朋友倾诉或者找到渠道发泄，寻求化解之道

23. 面对他人的倾诉，我回顾自己大多时候本能上倾向于：

A. 能够认同并理解对方当时的感受

B. 快速做出一些定论或判断

C. 给予一些分析或推理，帮助对方理顺思路

D. 可能会随着他的情绪起伏而起伏，也会发表一些评论或意见

24. 我在以下哪个群体中交流较感满足？

A. 舒服轻松的氛围中，心平气和地最终达成一致结论

B. 彼此展开充分激烈的辩论并有收获

C. 有意义地详细讨论事情的好坏和影响

D. 很开心并且随意无拘束地闲谈

25. 在内心的真实想法里，我觉得工作：

A. 不必有太大压力，可以让我做我熟悉的工作就很不错

B. 应该以最快的速度完成，且争取去完成更多的任务

C. 要么不做，要做就做到最好

D. 如果能将好玩融合其中那就太棒了，不过如果不喜欢的工作实在没劲

26. 如果我是领导，我内心更希望在部属心目中，我是：

A. 可以亲近的和善于为他们着想的

B. 有很强的能力和富有领导力的

C. 公平公正且足以信赖的

D. 被他们喜欢并且觉得富有感召力的

27. 我对认同的需求是：

A. 无论别人是否认同，生活都是要继续的

B. 精英群体的认同最重要

C. 只要我在乎的那些人认同我就足够了

D. 所见之人无论贵贱都对我认同那有多好

续表

28. 当我还是个孩子的时候,我:

A. 不太会积极尝试新事物,通常比较喜欢旧有的和熟悉的

B. 是孩子王,大家经常听我的决定

C. 害羞见生人,有意识地回避

D. 调皮可爱,乐观而又热心

29. 如果我是父母,我也许是:

A. 容易说服或者宽容的

B. 比较严厉、性急及说一不二的

C. 坚持自己的想法和比较挑剔的

D. 积极参与到子女中一起玩,被小朋友们热烈欢迎的

30. 以下有四组格言,哪组整体上最符合我的感觉?

A. 最深刻的真理是最简单和最平凡的。要在人世间取得成功必须大智若愚。好脾气是一个人在社交中所能穿着的最佳服饰。知足是人生在世最大的幸福

B. 走自己的路,让人家去说吧。虽然世界充满了苦难,但是苦难总是能战胜的。有所成就是人生唯一的真正的乐趣。对我而言解决一个问题和享受一个假期一样好

C. 一个不注意小事情的人,永远不会成功大事业。理性是灵魂中最高贵的因素。切忌浮夸铺张。与其说得过分,不如说得不全。谨慎比大胆要有力量得多

D. 幸福在于对生命的喜悦和激情。任何时候都要最真实地对待你自己,这比什么都重要。使生活变成幻想,再把幻想化为现实。幸福不在于拥有金钱,而在于获得成就时的喜悦以及产生创造力的激情

计算方法:

(1)计算 1 ~ 15 题分数总和:

A 的总数(　)　B 的总数(　)　C 的总数(　)　D 的总数(　)　共计 15 分

(2)计算 16 ~ 30 题分数总和:

A 的总数(　)　B 的总数(　)　C 的总数(　)　D 的总数(　)　共计 15 分

(3)把两部分的数目相加:

红色:前 A + 后 D 的总数(　)

蓝色:前 B + 后 C 的总数(　)

黄色:前 C + 后 B 的总数(　)

绿色:前 D + 后 A 的总数(　)

总计 30 分

(4)最终得出你的性格色彩结果,类似如下:

红 15 蓝 3 黄 8 绿 4

总分中数目最大的字母,是你的核心性格。其他字母代表你整个性格中的比例;

如果某种颜色大于 15,说明你是典型的此类性格;

如果有两种或三种数目非常接近,说明你是较复杂的组合性格

续表

基本性格有以下 12 种情况: 典型的红蓝黄绿,红 + 黄,红 + 绿,蓝 + 黄,蓝 + 绿,黄 + 红,黄 + 蓝,绿 + 红,绿 + 蓝 [说明:在性格组合当中,没有列出“红蓝配”(红 + 蓝、蓝 + 红)和“黄绿配”(黄 + 绿、绿 + 黄)的四种组合,是因为红与蓝、黄与绿是两对完全相反的性格。两种完全相反的性格共同组合在一人身上,必有另一个是受到强大的后天影响。这种人将在很多时候呈现极大的内心困惑。]

表 5 - 17 PDP 个性测验题与评分标准表

指导语:PDP 依据个性特质的不同,将人区分为五大族群,分别是老虎型、孔雀型、考拉型、猫头鹰型及综合各种特质的变色龙型。请回答以下 30 个问题:如果答案是非常同意,请给自己打 5 分;如果是比较同意,则打 4 分;如果是差不多,打 3 分;如果只是有一点同意,请打 2 分;如果答案是不同意,就打 1 分
1. 你做事是一个值得信赖的人吗? 2. 你个性温和吗? 3. 你有活力吗? 4. 你善解人意吗? 5. 你独立吗? 6. 你受人爱戴吗? 7. 做事认真且正直吗? 8. 你富有同情心吗? 9. 你有说服力吗? 10. 你大胆吗? 11. 你精确吗? 12. 你适应能力强吗? 13. 你组织能力好吗? 14. 你是否积极主动? 15. 你害羞吗? 16. 你强势吗? 17. 你镇定吗? 18. 你勇于学习吗? 19. 你反应快吗? 20. 你外向吗? 21. 你注意细节吗? 22. 你爱说话吗? 23. 你的协调能力好吗? 24. 你勤劳吗? 25. 你慷慨吗?

续表

26. 你小心翼翼吗? 27. 你令人愉快吗? 28. 你传统吗? 29 你亲切吗? 30. 你工作足够有效率吗?
评分标准: 把第5,10,14,18,24,30题的分加起来就是你的"老虎"分数 把第3,6,13,20,22,29题的分加起来就是你的"孔雀"分数 把第2,8,15,17,25,28题的分加起来就是你的"考拉"分数 把第1,7,11,16,21,26题的分加起来就是你的"猫头鹰"分数 把第4,9,12,19,23,27题的分加起来就是你的"变色龙"分数
分数解释: 假若你有某一项分远远高于其他四项,你就是典型的这种属性;假若你有某两项分大大超过其他三项,你是这两种动物的综合;假若你各项分数都比较接近,恭喜你,你是一个面面俱到近似完美性格的人。 1. 老虎型(支配型 Dominance) "老虎"一般企图心强烈,喜欢冒险,个性积极,竞争力强,凡事喜欢掌控全局发号施令,不喜欢维持现状,但行动力强,目标一经确立便会全力以赴。他的缺点是在决策上较易流于专断,不易妥协,故较容易与人发生争执摩擦。如果下属中有"老虎"要给予他更多的责任,他会觉得自己有价值,布置工作时注意结果导向,如果上司是"老虎"则要在他面前展示自信果断的一面,同时避免在公众场合与他唱反调。前美国GE公司总裁韦尔奇(Jack Welch)属于这一类型。 个性特点:有自信,够权威,决断力高,竞争性强,胸怀大志,喜欢评估,企图心强烈,喜欢冒险,个性积极,有对抗性。 优点:善于控制局面并能果断地做出决定;有这一类型工作方式的人成就非凡。 缺点:当感到压力时,这类人就会太重视迅速地完成工作,容易忽视细节,他们可能不顾自己和别人的情感。由于他们要求过高,加之好胜的天性,有时会成为工作狂。 老虎型工作风格的主要行为:交谈时进行直接的目光接触;有目的性且能迅速行动;说话快速且具有说服力;运用直截了当的实际性语言;办公室挂有日历、计划要点。 老虎型具备高支配型特质,竞争力强、好胜心盛、积极自信,是个有决断力的组织者。他胸怀大志、勇于冒险、分析敏锐,主动积极且具极为强烈的企图心,只要认定目标就勇往直前,不畏反抗与攻击,誓要达到目标。 老虎型领导人都倾向以权威作风来进行决策,当其部属者除要高度服从外,也要有冒险犯难的勇气,为其杀敌闯关。老虎型族人最适合开创性与改革性的工作,在开拓市场的时代或需要执行改革的环境中,最容易有出色的表现。 2. 孔雀型(表达型 Extroversion) "孔雀"热情洋溢,好交朋友,口才流畅,重视形象,擅长人际关系的建立,富有同情心,最适合人际导向的工作。缺点是容易过于乐观,往往无法估计细节,在执行力度上需要专业的技术精英来配合。对"孔雀"要以鼓励为主,给他表现机会,保持他的工作激情,但也要注意他的情绪化和防止细节失误

续表

个性特点:很热心,够乐观,口才流畅,好交朋友,风度翩翩,诚恳热心,个性乐观,表现欲强。

优点:此类型的人生性活泼,能够使人兴奋,他们高效地工作,善于建立同盟或搞好关系来实现目标。他们很适合需要当众表现、引人注目、态度公开的工作。

缺点:因其跳跃性的思考模式,常无法顾及细节。

孔雀型工作风格的主要行为:运用快速的手势;面部表情特别丰富;运用有说服力的语言;工作空间里充满了各种能鼓舞人心的东西。

孔雀型具有高度的表达能力,他的社交能力极强,有流畅无碍的口才和热情幽默的风度,在团体或社群中容易广结善缘、建立知名度。孔雀型领导人天生具备乐观与和善的性格,有真诚的同情心和感染他人的能力,在以团队合作为主的工作环境中,会有最好的表现。

孔雀型领导人在任何团体内,都是人缘最好的人和最受欢迎的人,是最能吹起领导号角的人物。当孔雀型领导人的部属,除要能乐于在团队中工作外,还要对其领导谦逊得体,不露锋、不出头,把一切成功光华都让与领导。孔雀型领导人,不宜有个老虎型领导人当二把手或部属。反之,若老虎型领导人有个孔雀型的人甘愿当其二把手,则会是最佳搭配。孔雀型的人天生具有鼓吹理想的特质,在推动新思维、执行某种新使命或推广某项宣传等任务的工作中,都会有极出色的表现。他们在开发市场或创建产业的工作环境中,最能发挥其所长。

3. 考拉型(耐心型 Pace/Patience)

"考拉"属于行事稳健,不会夸张,强调平实的人,性情平和,不喜欢制造麻烦,在别人眼中常让人误以为是懒散不积极,但只要决心投入,绝对是"路遥知马力"的最佳典型。对考拉要多给予关注和温柔,想方设法挖掘他们内在的潜力。

个性特点:很稳定,够敦厚,温和善良,不好冲突,行事稳健,强调平实,有过人的耐力。

优点:他们对其他人的感情很敏感,这使他们在集体环境中左右逢源。

缺点:很难坚持自己的观点和迅速做出决定。一般说来,他们不喜欢面对与同事意见不合的局面,他们不愿处理争执。

考拉型工作风格的主要行为:面部表情和蔼可亲;说话慢条斯理,声音轻柔;用赞同性、鼓励性的语言;办公室里摆有家人的照片。

考拉具有高度的耐心。他敦厚随和,行事冷静自持;生活讲求律规但也随缘从容,面对困境,都能泰然自若。

考拉型领导人,适宜当安定内部的管理工作,在需要专业精密技巧的领域,或在气氛和谐且不具急迫时间表等的职场环境中,他们最能发挥所长。当企业产品市场表现稳定时,考拉型的企业领导人是极佳的总舵手。但当企业还在开拓市场的时候,老虎型或孔雀型的人似乎较占优势。考拉型领导人强调无为而治,能与周围的人和睦相处而不树敌,是极佳的人事领导者,适宜在企业改革后,为公司和员工重建互信的工作。又由于他们具有高度的耐心性,有能力为企业赚取长远的利益,或为公司打好永续经营的基础。

4. 猫头鹰型(精确型 Precision)

"猫头鹰"传统而保守,分析力强,精确度高是最佳的品质保证者,喜欢把细节条例化,个性拘谨含蓄,谨守分寸忠于职责,但会让人觉得"吹毛求疵"。"猫头鹰"清晰分析道理说服别人很有一套,处事客观合理,只是有时会钻在牛角尖里拔不出来。

个性特点:很传统,注重细节,条理分明,责任感强,重视纪律,个性拘谨含蓄

续表

优点：天生就有爱找出事情真相的习性，因为他们有耐心仔细考察所有的细节并想出合乎逻辑的解决办法。 缺点：把事实和精确度置于感情之前，这会被认为是感情冷漠。在压力下，有时为了得出结论，他们会分析过度。 猫头鹰型工作风格的主要行为：很少有面部表情；动作缓慢；使用精确的语言、注意特殊细节；办公室里挂有图表、统计数据等。 猫头鹰具有高度精确的能力，其行事风格，重规则轻情感，事事以规则为准绳，并以之为主导思想。他们性格内敛，善于以数字或规条为表达工具而不大擅长以语言来沟通情感或向同事和部属等做指示。他们行事讲究条理分明、守纪律重承诺，是个完美主义者。 架构稳定和制度健全的组织最好聘用猫头鹰型的人来当各级领导人，因为猫头鹰型领导人喜欢在安全架构的环境中工作，且其表现也会最好。其行事讲究制度化，事事求依据和规律的习性，极为适合事务机构的行事方式。然而，当企业需要进行目标重整、结构重组、流程变革时，猫头鹰型领导人就会迷失方向，不知如何处事，也不知如何自处。对改革行动，上者会先保持观望的态度，再慢慢适应新的局面；中者也会先保持观望的态度，然后呈词求去；下者则会结集反对力量，公然表示反对或隐晦地从事反对等行为。 又由于猫头鹰型人的行事决策风格，是以数据和规则为其主导思想，其直觉能力和应变能力都偏低，随而创造和创新能力也相对地弱，因而不宜担任需要创建或创新能力的任务。组织完善和发展安定的企业，宜用猫头鹰型企管人当家。 他们尊重传统、重视架构、事事求据喜爱工作安定的性格，是企业安定力量的来源。然而，由于他行事讲究制度化，事事求依据和规律，故会将细节条例化，事事检查以求正确无误，甚至为了办事精确，不惜对人吹毛求疵或挑剔别人的错误，以显现自己一切照章办事的态度和求取完美的精神，不易维持团队内的团结精神和凝聚力。
5. 变色龙型（整合型 Conformity）
“变色龙”中庸而不极端，凡事不执着，韧性极强，擅长沟通，是天生的谈判家，他们能充分融入各种新环境新文化且适应性良好，在他人眼中会觉得他们“没有个性”，故“没有原则就是最高原则”，他们懂得凡事看情况看场合。 优点：善于在工作中调整自己的角色去适应环境，具有很好的沟通能力。 缺点：从别人眼中看变色龙族群，会觉得他们较无个性及原则。 变色龙型工作风格的主要行为：综合老虎、孔雀、考拉、猫头鹰的特质，看似没有突出个性，但擅长整合内外资源；没有强烈的个人意识形态，是他们处事的价值观。 变色龙具有高度的应变能力。他们性格善变，处事极具弹性，能为了适应环境的要求而调整其决定甚至信念。 变色龙型的领导人，是支配型、表达型、耐心型、精确型四种特质的综合体，没有突出的个性，擅长整合内外信息，兼容并蓄，不会与人为敌，以中庸之道处世。他们处事圆融，弹性极强，处事处处留有余地，行事绝对不会走偏锋极端，是一个办事让你放心的人物。然而，由于他们以善变为其专长，故做人不会有什么立场或原则。 变色龙型的领导人既没有突出的个性，对事也没有什么强烈的个人意识形态，事事求中立并倾向站在没有立场的位置，故在冲突的环境中，是个能游走折中的高手。由于他们能密切地融合于各种环境中，他们可以为企业进行对内对外的各种交涉，只要任务确实和目标清楚，他们都能恰如其分地完成其任务

二、职业能力测验

一个人要想在工作中取得一定的成就，还需具备一定的职业能力。我们将职业能力分为一般能力与特殊能力。一般能力通常是指在不同种类的活动中表现出来的共同能力，如观察能力、注意能力、记忆能力、思维能力、想象能力、操作能力等。所有这些能力，都是我们日常完成任何心理活动必不可少的，也是完成任何一种工作不可缺少的能力。我们常说的智力就属于一般能力的范畴。特殊能力是指在某些特殊专业活动中表现出来的能力。这些能力与特殊专业活动的内容相联系在一起。例如，音乐家需要具有乐感、把握旋律曲调的特殊能力；画家需要具有良好的空间知觉能力及色彩辨别力等。这些都是一些与特殊专业内容相联系的特殊能力。创造能力是指一个人在解决新问题时所表现出的新颖、独创能力。

对于职业能力，我们更多地将其看成是一种现有的水平；而职业能力倾向，是一种未来的发展潜能。一个人的职业能力倾向将影响一个人未来在这方面的发展。职业能力倾向对于职业选择和人员招聘具有非常重要的意义。在国内，著名的职业能力倾向测验有人力资源与社会保障部编制并运用于公务员录用考试中的《行政职业能力测验》。在国外，比较著名的职业能力倾向测验有美国大学生入学考试用的 SAT、研究生入学考试用的 GRE、美国就业服务中心编制的《一般能力倾向测验》（GATB）等。

表 5－18 是事业驱策力标准测试题及答案。

表 5－18　事业驱策力标准测试题及答案

姓名：__________　部门：__________岗位：__________
答案并没有对或错之分，全看个人的好恶，所以请尽量诚实客观。答题要快，请在 10 分钟内完成。各组（两则）题目的总分是 3 分，不能多、不能少；换句话说，两题叙述的给分情形如下例所示（以第 1 题为例）：
第一种情形：A 为[3]，B 即为[0]
第二种情形：A 为[2]，B 即为[1]
第三种情形：A 为[1]，B 即为[2]
第四种情形：A 为[0]，B 即为[3]
英文字母后面括号为记分用，每组（两则）题目合计为 3 分。
1. A(　)我只满足于奇高的生活水准
B(　)我盼望对他人具有相当影响力
2. C(　)只有当我的工作成果本身具备真正价值时，我才感到满足
D(　)我希望对我的事业十分专精
3. E(　)我希望在工作中运用创造能力
F(　)与我喜欢的人共事，对我特别重要

续表

4. G(　)若能自由选择工作，我会十分满足
H(　)我希望能十分确定我的经济安全
5. I(　)我乐于感觉人们仰仗我
A(　)坦白说，我希望很富有
6. B(　)我盼望担任一个具有充分领导权的角色
C(　)我喜欢做对我有意义的工作，即使这工作可能没有实质报偿
7. D(　)我希望觉得自己获得了一种难能可贵的专业技术
E(　)我希望制造人们唯独与我来往的情况
8. F(　)我在工作中寻求与人有深切的社交关系
G(　)自己决定如何去安排时间，我就会得到满足
9. A(　)除非拥有丰富的物质，否则我不会满足
D(　)我希望能证明我真的了解自己所学，这样我才满足
10. C(　)我的工作是我追寻生命意义的一部分
E(　)我需要一些以我的名字为名而制造的事物
11. A(　)我希望买得起我想要的任何东西
H(　)一个有长期性的工作，才真的吸引我
12. B(　)我企求一个能让我充分影响他人的角色
D(　)在我的行业内做个专家会使我很快乐
13. C(　)我的工作对广大社会有其正面贡献，此点对我非常重要
F(　)在工作中与人关系亲密，对我是重要的
14. E(　)我希望我的创造力能广为应用
G(　)我喜欢做我自己的主人
15. F(　)在工作中与人有亲密关系会让我特别满足
H(　)我希望能朝前瞻望我的生命，并且希望以前途的顺利具有信心
16. A(　)我盼望能够随便花钱
E(　)我希望我在工作中有真正的改革
17. B(　)老实说，我希望指点别人做什么
F(　)对我而言，与人亲密是真正重要的事
18. C(　)我重视我的事业，并把它当作是追寻更伟大生命意义的一部分
G(　)我想为我的决定负完全责任
19. D(　)我乐于享受身为一个“真正的专家”之名
H(　)我只有在一个安全的事业中，才会感到放松
20. A(　)我渴求财富的装饰
F(　)我希望通过工作结识新朋友
21. B(　)我喜欢扮演可以控制别人行动的角色
G(　)能够为自己选择所从事的工作，对我是很重要的

续表

22. C(　)如果我知道工作的结果有价值,我会专心去做
H(　)若我知道退休时的地位,我会很愉快
23. F(　)工作中与人关系亲密会使我难于更动事业
H(　)让人认为"有成就"对我是重要的
24. B(　)我喜欢负责管理他人或任何事物
E(　)我希望创造以前没有人做过的事物
25. C(　)我做自己认为重要的事,而不是那些会增进我事业的事
I(　)我寻求大众的认可
26. E(　)我希望做迥异于别人的事
H(　)我总是做安全的选择
27. B(　)我希望别人仰赖我的领导
I(　)社会地位对我是重要的动机
28. A(　)高水准的生活吸引我
G(　)我在工作中希望避免被老板紧紧控制
29. E(　)我希望我制造的东西,有我的名字在上面
I(　)我企求别人正式认同我的成就
30. B(　)我喜欢负责
H(　)如果我不能在事业上朝前看得很远,我会觉得忧虑
31. D(　)我乐于做一个拥有宝贵特殊知识的人
G(　)不必去应和别人,我会得到满足
32. G(　)我讨厌当一个大轮子里面的小螺丝钉
I(　)拥有高地位的职业会给我满足
33. A(　)我随时准备为物质报酬做事
C(　)我把工作看成是促进个人发展的途径
34. I(　)不管我在哪个组织工作,我都希望拥有高声望的职位
H(　)安全的未来往往吸引我
35. F(　)只要拥有真诚的社交关系,其他都不要紧
D(　)能够有一番事业贡献,一定可以给我特别的满足
36. I(　)我喜欢伴随高职位而来的地位象征
D(　)我渴望获得高水准的专家资格

把分属于A,B,C,D,E,F,G,H,I的分数加起来,检查一下总分是不是108分,即A+B+C+D+E+F+G+H+I=108分

把这些分数标在下面的"事业驱策力剖析图"中

把每个字母的分数,在下表中圈出来,接着把圈圈连起来,这就得到你个人事业驱策力的剖析图解

24	23	22	21	20	19	18	17	16	15	14	13	12	11	10	9	8	7	6	5	4	3	2	1	0	I 地位
24	23	22	21	20	19	18	17	16	15	14	13	12	11	10	9	8	7	6	5	4	3	2	1	0	H 安全

续表

24	23	22	21	20	19	18	17	16	15	14	13	12	11	10	9	8	7	6	5	4	3	2	1	0	G 自主
24	23	22	21	20	19	18	17	16	15	14	13	12	11	10	9	8	7	6	5	4	3	2	1	0	F 亲和
24	23	22	21	20	19	18	17	16	15	14	13	12	11	10	9	8	7	6	5	4	3	2	1	0	E 创意
24	23	22	21	20	19	18	17	16	15	14	13	12	11	10	9	8	7	6	5	4	3	2	1	0	D 专精
24	23	22	21	20	19	18	17	16	15	14	13	12	11	10	9	8	7	6	5	4	3	2	1	0	C 意义
24	23	22	21	20	19	18	17	16	15	14	13	12	11	10	9	8	7	6	5	4	3	2	1	0	B 权力影响
24	23	22	21	20	19	18	17	16	15	14	13	12	11	10	9	8	7	6	5	4	3	2	1	0	A 物质报酬

现在你已经答完题目、记完分，也画了图。你一定不明白做出来的结果，而迫切地想知道其中含义。从资料分析中，我们得出 9 个不同的事业驱策力，而每项驱策力都是希望和需要的综合。虽然有的驱策力之间，有少许统计上的重叠，但仍可视为各自独立。这 9 大驱策力是：

(1)物质报酬：寻求财富和高水准生活

(2)权力/影响：寻求控制人、事、物

(3)追寻意义：意图做本身具有价值的事

(4)专精：意图在某特殊领域有高水准的成就

(5)创意：寻求发明、寻求原则

(6)亲和：意图在工作中与人达成关系的培养

(7)自主：企求独立，并能自己做重大决定

(8)安全：寻求稳固、可预测的将来

(9)地位：寻求被社会以认可、钦佩、尊敬

根据这套"事业驱策力测试"的研究显示，大多数人具备两个或三个主要驱策力，但核心驱策力只有一个。而指导事业进步，并在不相关的选择中产生连贯作用的，就是这个关键驱策力。只要研究我们工作的状态，就可以明显地看出驱策力是能量和方向的来源

第九节 人岗匹配测评三：员工身体健康与心理健康测试

在目前的人事测评中，人才的心理健康状况逐渐被社会所关注。尤其是当代大学生心理健康状况已经渐渐被学校所关注，目前国内使用得比较多的主要是身心症状自评量表(SCL－90)。身心症状自评量表，是由我国心理学工作者在国外有关量表的基础上改编而成的。它适合于具有中等以上文化程度的心理健康受测者，尤其是大学生团体的心理健康普查工作。由于简便、实用而有价值，因此该量表被广泛地应用于心理健康测量和心理咨询中。

但要注意的是，这种量表适用于精神科或非精神科门诊的成年病人，即针对已患病的病人设计并使用的，是一种临床和心理咨询门诊常用的症状自评量表，它可

以较好地反映病人病情的严重程度及其变化,所以在给大学生做测试时要注意情况的说明。

一、项目定义和评分标准

SCL－0 共有 90 个询问题目,其内容涉及感觉、思维、情绪、意识、行为、生活习惯、人际关系、饮食睡眠等。在评分规则方面,SCL－90 采用 5 级评分制,现有两种记分法:一是“1～5”分制:1 分表示没有该情况,2 分表示在频度和强度上较轻,3 分表示中等,4 分表示较重,5 分为严重。二是“0～4”分制:0 分表示无,1 分表示较轻,依此类推。这里的“轻中重”主要靠自评者自己去体会,没有绝对的界限。SCL－90 评定的时间范围是“现在”或“最近一星期”。

二、因子定义及所含项目

SCL－90 中隐含着 10 个因子,即所有 90 个题目分为十大类。每一类反映人的某一方面的情况。这十个因子的定义及所包含题目如下所述。

第一,躯体化。包括(1)(4)(12)(27)(40)(42)(48)(49)(52)(53)(6)(8),共 12 题。该因子主要反映主观的身体不适感,包括心血管、胃肠道、呼吸等系统的主诉不适和头痛、背痛、肌肉酸痛,以及焦虑的其他躯体表现。

第二,强迫。包括(3)(9)(10)(28)(38)(45)(46)(51)(55)(65),共 10 题。它与临床上所谓强迫表现的症状定义基本相同,主要指那种明知没有必要,但又无法摆脱的无意义的思想、冲动、行为等表现。还有一些比较一般的感知障碍(如“脑子都变空了”“记忆力不行”等)也在这一因子中反映。

第三,人际关系敏感。包括(6)(21)(34)(36)(37)(41)(61)(69)(73),共 9 题。它主要指某些人的不自在感与自卑感,尤其是在与其他人相比较时更突出。自卑感、懊丧以及在人事关系方面明显处不好的人,往往是这一因子的高分对象,与人际交流有关的自我敏感及反向期望也是产生这方面症状的原因。

第四,抑郁。包括(5)(14)(15)(20)(22)(16)(29)(30)(31)(32)(54)(71)(79),共 13 题。它反映的是与临床上忧郁症状相联系的广泛的概念,忧郁苦闷的感情和心境是代表性症状;它还以对生活的兴趣减退、缺乏活动愿望、丧失活动力等为特征,并包括失望、悲观和与忧郁相联系的其他感知及躯体方面的问题。该因子中有几个项目包括了死亡、自杀等概念。

第五,焦虑。包括(2)(17)(23)(33)(39)(57)(72)(78)(80)(86),共 10 题。它包括一些通常和临床上明显与焦虑症状相联系的症状及体验,一般指那些无法静息、神经过敏、紧张以及由此产生的躯体征象(如震颤)。那种游离不定的焦虑及惊恐发作是本因子的主要内容,它还包括一个反映:“解体”的项目。

第六,敌意。包括(11)(24)(63)(67)(74)(81),共6题。这里主要从三个方面来反映人的敌对表现、思想、感情及行为。其项目包括从厌烦、争论、摔物直至争斗和不可抑制的冲动爆发等各个方面。

第七,恐惧。包括(13)(2)(47)(50)(70)(75)(82),共7题。它与传统的恐惧状态或广场恐惧症所反映的内容基本一致,恐惧的内容包括出门旅行、空旷场地、人群或公共场合及交通工具。此外,还有反映社交恐怖的项目。

第八,妄想。包括(8)(13)(43)(63)(76)(83),共6题。所谓妄想是一个十分复杂的概念,本因子只是包括了它的一些基本内容,主要是指想象、思维方面,如投射性思维、敌对、猜疑、虚构、被动体验和夸大等。

第九,精神病性。包括(7)(16)(35)(62)(77)(84)(35)(87)(88)(90),共10题。用于在门诊中迅速、扼要地了解病人的病情程度,以便做出进一步的治疗或住院等决定,故把一些明显的、纯属精神病性的项目汇集到了本因子中。有4个项目代表了一级症状:幻听、思维扩散、被控制感、思维被插入。此外,还有反映非一级症状的精神病表现,如精神分裂症状等项目。

第十,其他。包括反映睡眠的(44)(64)(66),共3题;反映饮食的(19)(60)两题;反映死亡观念的(59)题和反映自罪观念的(89)题。总共7项。此因子中的(59)(89)两题和第四因子的(15)题3项,综合起来可反映自杀倾向。

三、SCL-90量表的具体内容

表5-19是SCL-90量表的具体测试题。

表5-19　SCL-90测试题

指导语: 以下列出了一些人可能会有的问题,请仔细阅读每一条,然后根据最近一星期来自己实际感觉,选择最符合你的一种情况,并在每个项目后面所附的备选答案的相应编号上画“○”。其中选“没有”时在A上画“○”,选“较轻”时在B上画“○”,选“中等”时在C上画“○”,选“较重”时在D上画“○”,选“严重”时在E上画“○”
(1)头痛 (2)神经过敏,心中不踏实 (3)头脑中有不必要的想法或字句盘旋 (4)头昏或昏倒 (5)对异性的兴趣减退 (6)对旁人责备求全

续表

(7)感到别人能控制你的思想
(8)责怪别人制造麻烦
(9)健忘
(10)担心自己衣饰的整齐及仪态的端正
(11)容易烦恼和激动
(12)胸痛
(13)害怕空旷的场所或街道
(14)感到自己的精力下降，活动减慢
(15)想结束自己的生命
(16)听到旁人听不到的声音
(17)发抖
(18)感到大多数人都不可信任
(19)胃口不好
(20)容易哭泣
(21)同异性相处时感到害羞不自在
(22)感到受骗、中了圈套或有人想抓住
(23)无缘无故地突然感到害怕
(14)自己不能控制地大发脾气
(25)怕单独出门
(26)经常责怪自己
(27)腰痛
(28)感到难以完成任务
(29)感到孤独
(30)感到苦闷
(31)过分担忧
(32)对事物不感兴趣
(33)感到害怕
(34)你的感情容易受到伤害
(35)旁人能知道你的私下想法
(36)感到别人不理解你、不同情你
(37)感到人们对你不友好、不喜欢你
(38)做事必须做得很慢以保证做得正确
(39)心跳得很厉害
(40)恶心或胃部不舒服
(41)感到比不上他人
(42)肌肉酸痛
(43)感到有人在监视你、谈论你

续表

(44)难以入睡
(45)做事必须反复检查
(46)难以做出决定
(47)怕乘电车、公共汽车、地铁或火车
(48)呼吸有困难
(49)一阵阵发冷或发热
(50)因为感到害怕而避开某些东西、场合或活动
(51)脑子变空了
(52)身体发麻或刺痛
(53)喉咙有梗塞感
(54)感到没有前途、没有希望
(55)不能集中精神
(56)感到身体的某一部分软弱无力
(57)感到紧张或容易紧张
(58)感到手或脚发硬
(59)想到死亡的事
(60)吃得太多
(61)当别人看着你或谈论你时感到不自在
(62)有一些不属于你自己的想法
(63)有想打人或伤害他人的冲动
(64)醒得太早
(65)必须反复洗手、点数目或触摸某些东西
(66)睡得不稳不深
(67)有想摔坏或破坏东西的冲动
(68)有一些别人没有的想法或念头
(69)感到对别人神经过敏
(70)在商店或电影院等人多的地方感到不自在
(71)感到做任何事情都很困难
(72)一阵阵恐惧或惊恐
(73)感到在公共场合吃东西很不舒服
(74)经常与人争论
(75)单独一人时神经很紧张
(76)别人对你的成绩没有做出恰当的评价
(77)即使和别人在一起也感到孤单
(78)感到坐立不安、心神不定
(79)感到自己没有什么价值
(80)感到熟悉的东西变得陌生或不像是真的

续表

(81)大叫或摔东西
(82)害怕会在公共场合昏倒
(83)感到别人想占你的便宜
(84)为一些有关"性"的想法而很苦恼
(85)你认为应该因为自己的过错而受到惩罚
(86)感到要赶快把事情做完
(87)感到自己的身体有严重问题
(88)从未感到和其他人很亲近
(89)感到自己有罪
(90)感到自己的脑子有毛病

四、SCL－90评分规则及结果解释

(一)评分规则

若选A计1分，选B计2分，选C计3分，选D计4分，选E计5分。将因子F1(躯体化)、F2(强迫)、F3(人际关系敏感)、F4(抑郁)、F5(焦虑)、F6(敌意)、F7(恐怖)、F8(妄想)、F9(精神病性)、Fl0(其他)各自所包含的项目得分分别累计相加，即可得到各个因子的累计得分；将各个因子的累计得分除以其相应的项目数，即得到各个因子的因子分数——T分数。例如，若躯体化一项合计分为8，题目数为8，则因子分为1。如果将各个因子分数相加，即可得到总因子分数。此外，若将整个问卷的总项目数减去选A(代表"没有")的答案项数，还可得到反映症状广度的阳性项目数。

(二)结果解释

SCL－90测查结果的解释可以从许多角度进行。既可从整个量表(90个题目)中的阳性症状广度和总因子分数出发来宏观评定被试的心理障碍的大体情况，又可从统计原理出发，对被试的某一因子得分偏离常模团体均数的程度加以评价。

SCL－90在国内已有18～29岁的全国性常模，参见表5－20和表5－21。该常模给出了各种因子的平均数X和标准差SD。一般而言，如果某因子分数偏离常模团体平均数达到两个标准差(SD)时，即可认为是异常。在对大学生进行心理健康测评和心理咨询过程中，比较粗略、简便、直观的判断方法是看因子分数是否超过3分(1～5评分制)，若超过3分，即表明该因子的症状已达中等以上的严重程

度。在 0 ~4 评分制中,若超过 2 分,即表明该因子的症状达中等以上的严重程度。此时,应对受测大学生采取必要的心理治疗措施。

表 5 -20 正常人 SCL -90 的因子分布表

项　目	X + SD	项　目	X + SD
躯体化	1.34 +0.45	敌意	1.5 +0.57
强迫	1.69 +0.61	恐怖	1.33 +0.47
人际关系	1.76 +0.69	妄想症	1.52 +0.6
抑郁	1.57 +0.61	精神病	1.36 +0.47
焦虑	1.42 +0.43	阳性项目数	27.45 ±19.32

表 5 -21 SCL -90 测验答案得分换算表

因子	所属因子的项目编号	累计得分(S)	T 分数(S/项目数)
F1	1,4,12,27,40,42,48,49,52,53,56,58		
F2	3,9,10,28,38,45,46,51,55,65		
F3	6,21,34,36,37,41,61,69,73		
F4	5,14,15,20,22,26,29,30,31,32,54,71,79		
F5	2,17,23,33,39,57,72,78,80,86		
F6	11,24,63,67,74,81		
F7	13,25,47,50,70,75,82		
F8	8,18,43,68,76,? 6,83		
F9	7,16,35,62,77,84,85,87,88,90		
F10	9,44,59,60,64,66,89		
阳性项目总数 =90 - 选 A 的项目数	总累计得分		总因子分数

案例分析:心理测评在市场经理选拔中的作用

因为对江城公司的市场战略目标及营销人员薪酬体系的不满,现任市场部经理徐明辉一怒之下炒了老板的鱿鱼,并带走了几位关键的营销人才。这时,江城公司的新产品刚刚进入 B 城市场,与它的竞争对手正处于胶着状态。在这段时间里,公司最气恼的是老板,最紧张的却是人力资源部经理刘青。老板几乎天天都在问为什么还没有找到徐明辉的接替者。

前几天,财务部的张璇向刘青推荐了她的堂兄张凯。

“我的堂兄,毕业于北大,学信息科学的高才生。他是个奇才,有点洒脱不羁,但绝对能力超群。难得的是,他刚刚做过市场工作,现在正在失业,回头我把他的履历弄一份来。”从履历上看,这个张凯绝对是一个不安分的人。学的是计算机信息技术,毕业后却干了很多和信息技术联系不是很密切的事情,自己开过公司经营和开发软件,做过广告创作、电视台的技术总监,也推销保险和房地产,甚至作过酒店的大堂领班,毕业近10年来一直没有固定的工作。来此之前,他是南京的一家家电企业的销售经理,任职期间一年半,这也是他做的最长的一份工作。

按照江城公司一贯的“忠诚于企业”的用人原则,有着这样一份履历的人是不予考虑的,何况是市场部经理这样的一个重要职位。但刘青准备进一步考察这个张凯,原因有二:一是因为张璇的推荐。张璇是一个出色的财务专家,到公司不到四年,已经在好几个项目上以她的精打细算为公司节约了近1/4的成本,她出众的理财天赋和精确的核算得到了大家的认可。另外一个原因是张凯的出身。刘青注意到张凯出生于一个军人家庭,父亲是高级军官,母亲是军校的教授。一般情况下,这样出身的人有着严格的家教和良好的职业道德。他的频繁跳槽一定有着独特的原因。

“我应该请分管人事的赵总和张凯见上一面。”刘青对张璇说。

出乎刘青的意料,张凯是这样一个文质彬彬的人,儒雅的形象和履历表给人的“浪子”般的印象完全对不上号。在持续的交谈中,刘青感觉到他在不经意间流露出一般人少有的睿智和锋芒。整整一个下午的交谈,他们谈得非常融洽。张凯表示他对这个职位很感兴趣,认为自己有条件得到这个职位。而刘青与赵总也得出了一致的结论:张凯是那种有能力、有理性、有远大抱负、有开拓精神的人,这也正是江城公司所一贯提倡的。他的能力之高,胜任市场经理这份工作应该是驾轻就熟,问题是他能否安定下来,真正投入工作?从履历上看,他似乎有着跳槽的爱好,他会不会因为钱而接受这个职务呢?

张凯对这个问题表现出真诚的惊讶:“我从来不为钱工作,尽管有时我很穷。我过去从事的每一份工作都不是为了钱,每一份工作我都投入全部的身心,而且做得都很好,你们完全可以去调查。”“我是要做自己的事业的,我一直在寻找自己合适的位置。有很多时候,我在思考。”他这样解释自己丰富的经历。

刘青毫不否认自己对张凯的欣赏,但又确实拿不定主意是否该雇用他。这次的“徐明辉事件”已经让江城公司上上下下够不自在的了,这样的事件可不能在发生。“这样吧,我们需要从别的方面再考察一些情况然后再做决定。另外,按照江城公司选拔干部的程序,中层管理者签约以前,需要分别接受一系列的心理测验。我们正好等一下心理测验的结果。”所有的人都同意这个意见。

对张凯进行心理测验分两部分:能力方面和个性方面的测验。能力测验根据相关职位包括了智力、社会适应能力、思维能力、语言使用能力、数字能力几个方面;个性测验采用了卡特尔16种个性因素测验、职业兴趣测验和投射反应测验。大多数是纸笔测验。张凯认真做完了所有测验,然后据他说,最满意的是自己的绘画本领,他在那项画树测验中,将一棵树画得枝繁叶茂、盘根错节。

不久,心理测验结果出来了。能力方面的测验表示,张凯此人充满智慧,具有极强的社会适应能力和思维判断能力,语言能力也超出平均水平。适合从事需要特别的思维判断、人际和语言关系能力的人文系统职业,如社会科学研究、推销、管理与策划、公关等。个性测试方面的结果显示张凯在个性方面的突出特征是非常聪慧、好强、执着、敢作敢为、责任心强,但感情偏脆弱,在处事果断方面有所欠缺,具有鲜明的技术/职能能力型职业锚、社会与管理型双重职业兴趣和人格倾向。

那么,根据以上资料,你认为张凯是否能得到市场经理这个职位?而作为市场经理的候选人,张凯接受的心理测验项目是否适当?心理测验对最终招聘结果真能起着一锤定音的作用吗?

参考意见:心理测评只是"辅助"工具,也就是说心理测评在招聘过程中只是一个辅助筛选的工具,它并不起决定性作用。因此,对心理测评结果的使用应很慎重。经过面试的应聘人员,如果其在心理测评中发现与岗位要求不太相符,一定要安排一次面试,公司可以通过此次面试来验证测评的结果。这是因为,任何一种测量工具的信度和效度都不是百分之百的可靠,同理,所有心理测评在招聘选拔人才过程中,其结果也只应是一种辅助参考,而不是决定性的录用依据。

另外,一个好的心理测评工具还应根据企业特点量身定做,不能直接拿国外的测评工具来使用。这是因为,根据企业自身特点定做的心理测评工具,符合以下两点:

一是测量维度是企业所关注的,即测试结果是岗位所要求的。

二是对分数的解释是根据企业员工的常模定义出来的。因为常模的不同,导致测评结果也会有差异,这也失去了测评的目的。国外的测评工具经过简单中文化处理后,其信度与效度要打折扣,因此需要对国外测评工具的题目进行修订,解释分数的标准也要修订,不能拿美国人的分数标准来评价中国人。

资料来源:人力资源沙龙(bbs. hrsalon. org),"江城公司选择高层经理",2006-8-9。

第六章　胜任素质:按图索骥　成功标尺

引导案例:王经理繁忙的一天

王经理相信那句老话“早鸟得虫”。这一天是星期二,他比往常早一个小时就起床了。先做健身运动,随后吃早饭、快速地浏览晨报,当王经理开车上路时,他看了一眼手表,5:28!从家里开车到上班地点只需十五分钟。王经理是某食品公司济南工厂的经理。昨天,王经理在与上司的通话中得知,他的半年绩效奖金为20万元,而过去,他最多只拿到过8万元。

王经理1995年毕业于山东大学。毕业后他进入该食品公司,一直干到今天。开始是在烟台工厂作生产计划助理,逐级晋升高级生产计划员、生产领班、轮班工长,以及工厂的经理助理。2015年,他被提升担任了现在的职务。图6-1简化组织结构图中,表明了王经理在君悦公司的等级结构中所处的位置以及他的直接下属。

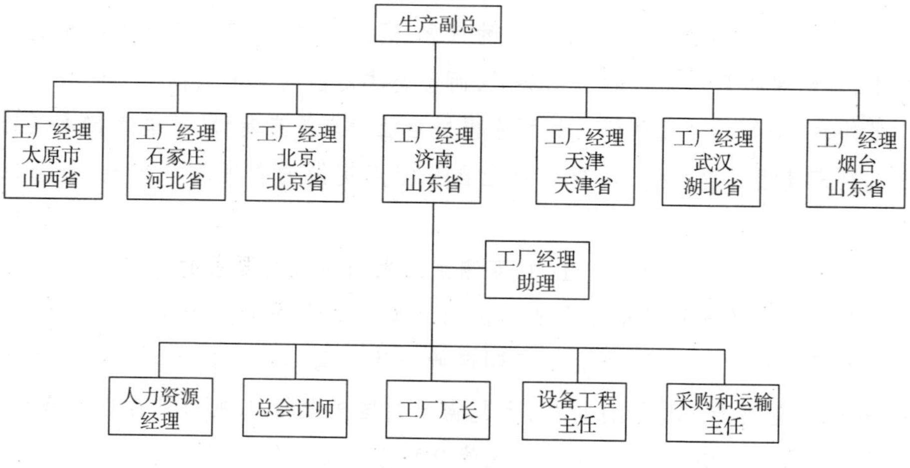

图6-1　组织结构图

王经理除了下午3:30有一个行政会议以外,一整天的其他时间都是空着的,因此,他可以解决许多重要的问题。他打算仔细审阅最近的审计报告并签署他的意见,并仔细检查一下工厂全面质量管理的进展情况。他还打算开始计划下一年度的资本设备预算,离申报截止日期还有不到两个星期了,他一直抽不出时间来做这件事。王经理还有许多重要的事项记在他的“待办”日程表上:他要与工厂厂长讨论几个员工的抱怨与投诉;写一份10钟的演讲稿,准备应邀在星期五的一个会议上致辞;审查他的助手草拟的关于员工职业安全的情况报告,工厂刚接受过安全检查。

王经理到达工厂时是5:45,他还没走到自己的办公室,就被会计总监拦住了。会计总监告诉他工资协调员昨天没有交上工资表,会计总监昨晚一直等到10点,今天早上4:30就来了,想在呈报的最后期限之前把工资表造出来。会计总监告诉王经理,实在没办法按时向总部上报这个月的工资表了。王经理做了个记录,打算与工厂的总会计师交换一下意见,并将情况报告他的上司——公司副总裁。王经理总是随时向上司报告任何问题,他从不想让自己的上司对发生的事情感到突然。

最后,在他的办公室里,王经理注意到他的计算机在闪烁,一定是有什么新到的信息。在检查了他的电子邮件后,发现只有一项需要立即处理。他的助手已经草拟出下一年度工厂全部管理者和专业人员的假期时间表,该时间表必须经王经理审阅和批准。处理这件事只需10分钟,但实际上占用了他20分钟的时间。

现在首先要办的事是资本设备预算,王经理在他计算机的Excel工作表程序上,开始计算工厂需要什么设备以及每项的成本是多少。这项工作刚进行了1/3,王经理便接到工厂厂长打来的电话。电话中说在夜班期间,三台主要的输送机有一台坏了,维修工修好它得花费5万元,这些钱没有列入支出预算,而要更换这个系统大约要花费15万元。王经理知道,他已经用完了本年度的资本预算,于是他在10:00安排了一个会议,与工厂厂长和工厂会计师研究这个问题。

王经理又回到他的Excel程序上,这时工厂运输主任突然闯入他的办公室,他在铁路货车调度计划方面遇到了困难,经过20分钟的讨论,两个人找到了解决办法。王经理把这件事记下来,要找公司的运输部长谈一次,好好向他反映一下工厂的铁路货运问题,其他工厂是否也存在类似的问题?什么时候公司的铁路合同到期重新招标?

看来打断王经理今天日程的事情还没有完,他又接到公司总部负责法律事务的职员打来的电话,他们需要数据来为公司的一桩诉讼辩护,济南工厂原来的一位员工向法院起诉公司歧视他。王经理把电话转接给他的人力资源部。王经理的秘书又送来一大沓信件要他签署。突然,王经理发现10:00到了,会计师和厂长已经在他办公室的外面等候。3个人一起审查了输送机的问题并草拟了几个选择方案,准备将它们提交到下午举行的行政会议上讨论。现在是11:05,王经理刚回到他的资本预算编制程序上,就又接到公司人力资源部部长打来的电话,对方花了半个小时向王经理说明公司对即将与员工举行谈判的策略,并征求他对济南工厂有关问题的意见。挂上电话后,王经理下楼去他的人力资源部长办公室,他们就这次谈判的策略交换了意见。

王经理的秘书提醒他与地区政府的领导约定共进午餐的时间已经过了,王经理赶紧开车前往约定地点,好在不过迟到了10分钟。

下午1:45,王经理返回他的办公室,工厂厂长已经在那里等他。两个人仔细检查了工厂布置的调整方案,以及通道面积是否符合专为残疾雇员制定的法律要求。会议的时间持续得较长,因为中间被三个电话打断。现在是3:35,王经理和工厂厂长穿过大厅来到会议室,行政会议通常只需要1个小时,不过,讨论谈判和输送系统问题的时间拖得很长。这次会议持续了2个多小时,当王经理回到他的办公室时,他觉得该回家了。

开车回家的时间对王经理来说仿佛用了1个小时而不是15分钟,他已经精疲力竭了。12个小时以前,他还焦急地盼望着一个富有成效的工作日,但一整天,他就像置身于琐事的洪流中,中间还被不断地打断。他自己也不明白:"我今天到底完成了哪件事?"甚至他对于自己是否胜任工厂经理这一岗位产生了怀疑。

请同学们思考:王经理岗位的胜任素质模型是什么?王经理最应培训何种能力?

参考答案:首先,考虑王经理的时间管理问题?其次,再思索王经理的领导力问题?最后,对照王经理的现实能力与岗位胜任力间的区别,得以找到王经理的培训需求。

1. 王经理的时间管理问题

所谓时间管理,是指用最短的时间或在预定的时间内,把事情做好。时间管理并不是要把所有事情做完,而是更有效的运用时间。最重要的功能是透过事先的规划,作为一种提醒与指引。

时间管理的目的除了要决定你该做些什么事情之外,另一个很重要的目的也是决定什么事情不应该做;时间管理不是完全的掌控,而是降低变动性。

19世纪意大利经济学家帕累托发现"二八原则",据此原则,我们应当对要做的事情分清轻重缓急,要把注意力放在20%的关键事情上。因此关注"要"字第一(参见图6-2)。

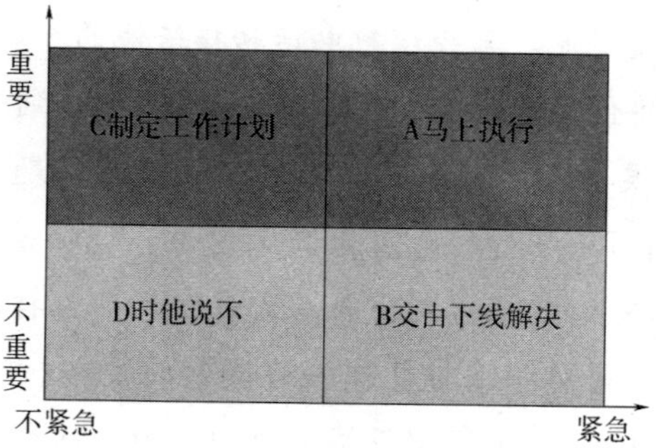

图6-2 "要"字第一

A 重要且紧急（比如救火、抢险等）——必须立刻做。

C 重要但不紧急（比如学习、做计划、与人谈心、体检等）——只要是没有前一类事的压力，应该当成紧急的事去做，而不是拖延。（马上制定工作计划）

B 紧急但不重要（比如有人因为打麻将“三缺一”而紧急约你、有人突然打电话请你吃饭等）。人们常犯的毛病是把“紧急”当成优先原则。其实，许多看似很紧急的事，拖一拖，甚至不办，也无关大局。

D 既不紧急也不重要（比如娱乐、消遣等事情）——有闲工夫再说。

2. 领导胜任力模型——苗建明、霍国庆等(2006)

维度一：领导感召力。

感召力是最本色的领导能力，领导学理论中最经典的特质论研究的核心主题就是感召力。感召力主要来自于以下五个方面：

(1)具有坚定的信念和崇高的理想。

(2)具有高尚的人格和高度的自信。

(3)具有代表一个群体、组织、民族、国家或全人类的伦理价值观和臻于完善的修养。

(4)具有超越常人的大智慧和丰富曲折的阅历。

(5)不满足于现状，乐于挑战，对所从事的事业充满激情。

维度二：领导前瞻力。

前瞻力从本质上讲是一种着眼未来、预测未来和把握未来的能力。具体分析，前瞻力的形成主要与下述因素有关：

(1)领导者和领导团队的领导理念。

(2)组织利益相关者的期望。

(3)组织的核心能力。

(4)组织所在行业的发展规律。

(5)组织所处的宏观环境的发展趋势。

维度三：领导影响力。

影响力是领导者积极主动地影响被领导者的能力，主要体现为：

(1)领导者对被领导者需求和动机的洞察与把握。

(2)领导者与被领导者之间建立的各种正式与非正式的关系。

(3)领导者平衡各种利益相关者特别是被领导者利益的行为与结果。

(4)领导者与被领导者进行沟通的方式、行为与效果。

(5)领导者拥有的各种能够有效影响被领导者的权力。

维度四：领导决断力

决断力是针对战略实施中的各种问题和突发事件而进行快速和有效决策的能力,主要体现为:

(1)掌握和善于利用各种决策理论、决策方法和决策工具。

(2)具备快速和准确评价决策收益的能力。

(3)具备预见、评估、防范和化解风险的意识与能力。

(4)具有实现目标所需要的必不可少的资源。

(5)具备把握和利用最佳决策及其实施时机的能力。

维度五:领导控制力

控制力是领导者有效控制组织的发展方向、战略实施过程和成效的能力,一般是通过下述方式来实现的:

(1)确立组织的价值观并使组织的所有成员接受这些价值观。

(2)制定规章制度等规范并通过法定力量保证组织成员遵守这些规范。

(3)任命和合理使用能够贯彻领导意图的干部来实现组织的分层控制。

(4)建立强大的信息力量以求了解和驾驭局势。

(5)控制和有效解决各种现实的和潜在的冲突以控制战略实施过程。

3. 王经理领导力的培养——麦克斯威尔领导力五层次自陈式量表

请仔细阅读以下五层次中的十条陈述,在第一眼阅读后,你本能反应认为符合并能准确描述你的,请进行打“√”,请勿跳过任何问题,也无须重看或更改你已经完成的选择。

如果在第一层次中有8条或以上符合您的描述,那么或许您已经在第一层次领导力方面已经成为一个领导者,与此同时可以向下一个层级进发。否则表明您现在还未完全达到第一层次的领导力。

Level 1

○我不需要提醒我的下属,我是他们的上司。

○我认为我每个下属都是一个独立的人,不仅仅根据他/她所负责的工作或所担当的职务来说。

○大多数时间我都希望去上班。

○我认识到现在所被授予的职务,给我提供了学习的机会,而不是要我保住这个位置。

○我的下属都会愿意去做他们职责以外的工作。

○我清楚处理人的问题能力是领导力的一部分,也承认这是工作的一部分。

○我拥有掌握学习关于领导力更多知识技能的愿望,和希望成为一个好领导。

○就我工作而言，在完成工作任务的同时，我很少会关注我的职业生涯发展及一路以来所追求的职务。

○在我现在工作中，一项最主要的工作目标是帮助我的下属。

○很多同事认为与我工作起来比较轻松，认为我是较平易近人。

Level 2

○在我本部门以外或相关责任的人都会尊重我的意见，并经常找我来咨询建议。

○我清楚意识到自己的优点和缺点，在我工作中很少会出现盲区。

○我真诚地喜欢很多同事，也乐意去帮助他们解决困难。

○在与我下属互动交流的过程中，我都能一贯地保持性情平和。

○当我对我的队员交流一些事情的时候，他们总觉得可以依靠我，因为在他们眼中我是值得信任的。

○我已经和我的下属打下了坚实的团队关系。

○我的下属或与我一起工作的人，喜欢我，觉得我接近100%的和蔼可亲和平易近人。

○在我坦诚地需要我的队员去修改一些错误或解决一些问题的对话中，我会跟进但不允许太多时间的浪费。

○我坚信员工的期望远远超过工作一天而获取一天的报酬；大多数对于他们期望的鼓励，我都能给予他们。

○对于和我一起工作的每一个人，我都能建立好关系。

Level 3

○在我工作方面，我经常能完成工作任务和达到预期目标。

○优秀的人员经常希望与我或我的团队一起工作。

○同事们觉得我在我工作领域上是个专家，会过来找我咨询建议和以我为学习榜样。

○我经常会为自己设定和争取达到一些更高的工作目标，尽管我的上级没有给我设定这些目标。

○我的工作表现经常带领我的团队上升到更高的一个层次。

○无论做什么，我都会全力以赴。

○在他人密切关注中和以我为学习榜样的情况下，我个人仍感觉舒适。

○我被公认为困难杀手，我经常会完成一些棘手的任务。

○我每天的工作都保持着一致性。

○我能系统地和有日程地去帮我能做出更高一个层次的表现。

Level 4

○我能布置和跟踪我团队中所有人员的培训和个人发展。

○当任务限期将至或某些紧急工作的出现,我们从来不会取消我们培训和个人发展项目。

○我会经常冒险让我团队队员承担更多责任和给予他们更多机会成长的授权。

○我每个月都会安排足够的时间为储备干部(领导)进行指导。

○对于我所带领的下属,我很清楚他们每个人的优点和缺点。

○我对于接受我培训,个人发展及指导的人员有一套独特的方法。

○我会在一些高能力,具备天赋和潜力的人员上面花上很多策略和足够的指导时间。

○我有让员工从不同岗位中调整,以至找到合适他/她工作的岗位的经验。

○我经常给予大伙反馈,不仅仅局限于正式交流中。

○我的下属或所在的部门在其他同事眼中总是被公认为在组织里受过最好培训的。

Level 5

○我可以提到几个具体人员的名字,他们会经常地坦诚地将真相告诉给我。

○我会用我的影响力将价值慢慢灌输给我的企业。

○我所在组织的流程都是由我或者我的团队设计,因为我们是整体的一部分。

○我已经发展了许多领导者(他们同时也是领导者的培育者)。

○我很享受在我领导力旅程上,与一同前进的一小部分领导者有一定的交流和结下友谊。

○我仍处于企业商业活动中最高的位置,有很正面的影响力。

○当我愿意离任我现岗位,我可以至少提出一人可以准备妥当随时接我班的人。

○我在企业外,对企业依然有影响力。

○其他行业/企业的人员会找我,咨询我的领导力建议。

○我用我的影响力和资源去产生比我个人及组织所产出还要巨大的价值。

当你闭上眼睛,回想你身边一个职业成功的人,并用三个词语来描述他的素质特征,我们发现出现频率最高的词语是:敬业、责任心强、细心、自信、勤奋、悟性高、认真、务实、主动、善于沟通、团队精神等词语。这些词语与一个人拥有的知识技能似乎没有多大的关系,而更多的是与他所具有的隐性人格特点有密切的关系。

个人的经验常识和组织的招聘实践证明,真正决定一个人是否与某个岗位匹配和是否能够取得较高的工作绩效,是个体内在的、深层次的特质,国外称之为 Competency,国内一般将其翻译为胜任素质、胜任特征或资质。麦克利兰(McClelland)认为,胜任素质应具备两大特点。

特点一:这些素质仅是绩效优秀的人才具有的,换言之,这些素质能够对一项工作的优秀绩效与其他的绩效加以有效地区分。

特点二:这些素质并不局限于某一组织或某种特殊的产品和服务中。

那么,胜任素质的本质到底是什么?想得到此问题的有效答案,还需从胜任素质测评的历史沿革中去寻找与挖掘。

第一节 胜任素质测评的历史沿革

一、概念的起源:以泰勒的"时间动作研究"为代表

胜任素质(competency/competencies)来自拉丁语 competere,意思为"适当的"。此概念最早可以追溯到古罗马时代,当时人们通过构建胜任剖面图(competency profiling)来说明"一名好的罗马战士"的属性(McCelland,1973;Spencer,1993)。

1911 年,"管理科学之父"泰勒(Frederick W. Taylor)认识到:①人的能力是有限的,也即一个人不可能胜任太多的工作;②不同人的能力以及不同岗位所要求的能力均是有差异的,也即一项工作不可能任何人都能胜任;③每个人都有自己最擅长的工作和最不擅长的工作;④准确定位,既是个人成功的关键,也是对组织有所贡献的前提;⑤优秀工人与一般工人完成工作的质量和效率存在着差异。

因此,他通过"时间—动作分析"(Time and Motion Study)的方法,界定哪些因素导致了优秀工人高质量高效率的工作过程和结果,同时采用系统的培训来提高工人这些方面的能力,进而提高组织绩效①。由于提出了"管理胜任力运动(Management Competencies Movement)"这一概念②,泰勒成为最早运用工作分析方法系统地研究人的胜任特征的学者。

卡尔·桑德鲁斯(Carr Saunders)和威尔森(Wilson)(1933)认为,胜任素质的内涵可以用当时各种职业主要的和显著的素质来描述与判断,比如,人们曾将行业特征描述为各种职业的胜任素质。弗纳拉根(Flanagan,1954)首次提出"关键事

① 泰勒:《科学管理原理》,胡祖隆等译,中国社会科学出版社 1984 年版。

② l. M. Spencer, S. M. Spencer. *Competence at Work*, John Wiley & Sones, 1993.

件”方法可以提炼出岗位胜任素质①。

在此阶段,学者们把胜任素质看成专业化的智慧,而不是实际的操作技能,这是胜任素质最初的含义。

二、理论的确立:以麦克利兰的"行为访谈事件技术"为代表

20世纪心理科学对智商测量工具的研究和应用为“聪明”崇拜提供了“科学”依据,由此,开始了“神童的发掘与发展”和“以智商为招聘依据”。但是后来的跟踪研究发现,很多智商高的学生在职场中的工作表现一般,而很多所谓的差学生在工作中却表现得很好。比如,20世纪50年代初,美国国务院通过“智商、学历、文凭、学习成绩及一般人文常识与相关的文化背景知识”来选拔“驻外联络官”。但是,许多智力上很优秀的人才,在实际外交工作中的表现却令人非常失望。

越来越多的经验教训令人们不得不接受智商神话破灭的现实,也即智商不能有效区分“好的工作者”与“差的工作者”,高智商≠出色业绩。

之后,学者们开始考虑性格对绩效的影响,比如内向好还是外向好,但效果仍不显著。在此阶段,有某些学者意识到人与人之间的差异性,主要表现在三方面:①生物差异,也即人们在“性别、年龄、身高、体重等”方面是有差异的;②社会差异,也即人们在“家庭出身、出生地、专业等”方面是有差异的;③心理差异,也即人们在“能力、个性、兴趣、素质等”方面是有差异的。

1971年,麦克利兰教授在美国波士顿创立麦克伯(McBer)管理咨询公司,他应邀承担美国新闻总署项目“如何选拔高效能的海外文化事务官员”。此项目意在帮助美国政府挑选驻外联络官FSIO(Foreign Service Information Officers)及为美国国务院设计一种能够有效地预测实际工作业绩的人员选拔方法。

在项目研究过程中,麦克利兰教授发明了“行为事件访谈技术”②,这是寻找胜任素质的关键性的理论和技术。

首先,明确驻外联络官的使命。FSIO使命是借助图书馆管理、外交文化活动及与当地人民的演讲对话等手段,来宣扬美国的对外政策,使得更多的人理解和喜欢美国。

其次,把自己当成一无所知的人,需要大量地通过与外交官的访谈来掌握第一

---

① J. C. Flanagan. “The Critical Incidents Technique”, *Psychological Bulletin*, 1954(51).

② 行为事件访谈法(Behavioral Event Interview),此方法由麦克利兰在1972年发表的文章“评估用于测量海外文化事务官员必备素质的新方法”中正式提出,主要用于收集能够识别两组样本在行为和思维方式上产生主要差异关键性的素质特征,这些素质特征被认为是工作中出色业绩的决定因素。

手资料。通过对驻外联络官们的访谈，把握外交官们真正的工作行为与表现资料。

最后，抛弃对人才条件的预设前提，通过差异比较找出绩优者与绩差者的真正区别。即将工作表现优秀的外交官与表现一般的外交官的具体行为，做深入的比较分析，寻找到能够真正区分外交官们工作业绩的素质条件，最终找到 FSIO 三大素质。

一是跨文化的人际敏感性，即深入了解不同的文化，准确理解不同文化背景下他人的言行，并明确自身文化背景可能带来的思维定式的能力。

二是人的积极期望，即尊重他人的尊严和价值，即使在压力下也能保持对他人的积极期望。

三是快速进入当地政治网络，即迅速了解当地人际关系网络和相关人员政治倾向的能力。

后来的事实充分证明，以胜任素质为依据来选择 FSIO 是明智的。虽然经过不断的修订和“升级”，但直至今天，美国政府仍将这三条胜任素质作为选拔 FSIO 的主要依据。

1973 年，麦克利兰在《美国心理学家》杂志上发表了名为《测量胜任特征而不是智力》(Testing for Competency Rather Than Intelligence)的文章。在文章中，他引用大量的研究发现，说明滥用智力测验来判断个人能力的不合理性；并进一步说明，人们主观上认为能够决定工作成绩的一些人格、智力、价值观等方面的因素，在现实中并没有表现出预期的效果。因此，他强调离开被实践证明无法成立的理论假设和主观判断，回归现实，从第一手材料入手，直接发掘那些能真正影响工作业绩的个人条件和行为特征，为提高组织效率和促进个人事业成功做出实质性的贡献。他把这样发现的，直接影响工作业绩的个人条件和行为特征称为 competency。

“行为访谈事件技术”标志着现代胜任素质运动的开端，也掀起了人力资源和组织行为学领域中许多学者对胜任素质研究的热潮。

三、体系的形成：以胜任素质进入“人—职位—组织”匹配分析框架为标志

20 世纪 90 年代，胜任素质概念被普莱荷莱(Prahalad)和荷默尔(Hamel)带入了新的层次，他们提出了组织分析的框架，把个体层次的胜任素质概念置于“人—职位—组织”匹配的框架中。

1994 年，麦克利兰与斯班舍合作出版《胜任素质评估方法》，在此书中提出岗位胜任素质体系：①成就素质：成就导向、品质和秩序意识、主动性；②服务素质：人际理解能力、客户服务导向；③影响力素质：组织意识、关系营造的能力、影响能力；

④管理素质:指导能力、团队合作意识、开发他人的能力、团队领导能力;⑤认识思考/问题解决类素质:专业技术、信息搜寻能力、分析思考能力、概括思考能力;⑥个人效能素质:自我控制/压力对抗能力、自信、组织责任感、适应性/灵活性。

英国的两位研究者伍德(Wood)和派恩(Larry Pine)探讨了如何将胜任素质体系应用于人力资源招聘与甄选,美国的研究者沃纳(Warner F.)将胜任素质体系引入绩效管理领域。

路斯(Losey,1999)通过研究提出了胜任素质方程式:胜任素质 = 智力 + 教育 + 经验 + 品质 +/ - 兴趣。郝弗南(Heffeman,2000)认为,如果优秀任职者的行为标准成为员工招募甄选、绩效管理、薪酬、培训、发展和晋升的基础,岗位胜任素质模型就具有整合人力资源管理系统的能力。因此,设计合理的岗位胜任素质模型可以为组织进行甄选、绩效考核提供有效的测评工具。

四、体系的成熟:以胜任素质辞典的编制为标志

透视发达国家企业人力资源管理发展的轨迹,其已经经历了一个由简到繁,而又由繁入简的过程。而其之所以能够实现管理制度与程序的精简,消除管理中的文牍与官僚现象,实现灵活性与规范化的统一,关键点就在于它们经过一个世纪的发展,规范化的管理制度塑造了一支高度职业化的经理人队伍。

2006 年,严正主编的《管理者胜任素质》一书出版,其中详细整理与开发了六大类,共一百条胜任素质词条,尤其是企业中高层管理者所通用的管理胜任素质词条,每一词条包含定义、描述、行为规范、高分者行为特征、低分者行为特征以及低分者行动建议等详细内容。目前,国内部分外资和合资企业如联合利华、西门子,以及中国石化、中国联通、上海大众等企业都引进了胜任素质模型测评工具。

第二节　胜任素质模型的理论基础

一、什么是胜任素质模型

关于胜任素质的定义,存在多种观点,其中运用最广泛的是麦克利兰与斯班舍在 1994 年提出的概念,即"能将某一工作中绩效卓越者与绩效一般者区别开来的深层特征,如知识、可识别的行为技能、动机、自我概念、态度、价值观和其他个人特质"。简言之,胜任素质指高效完成岗位职责所需具备的能力集合!它是人们自我能力开发和学习的指示器。

关于胜任素质,麦克利兰总结了以下五个特点。

第一,了解绩效的最好途径是观察人们实际上做了什么而取得成功(即胜任力),而不是依靠基于智力之类的潜在特质和特性的假定。

第二,测量和预测绩效最好的办法是让人们表现出你想要测量的胜任力的关键方面,而不是实施一个测验来评估潜在的特质和特性。

第三,胜任力是可以学习和发展的,与此相反,特质和特性是通过遗传获得的,并且很难改变。

第四,胜任力是可见的、可理解的,人们可以理解并发展出达到绩效所必需的胜任力水平。

第五,胜任力和有意义的生活结果联系在一起,这些有意义的生活结果描述了人们在现实世界里一定会表现的方式,而绝非是只有心理学家才能理解的深奥的心理特质或构造。

按照此定义,个人的能力、岗位的工作要求与组织的现实环境的交集部分是员工最有效的工作行为或潜能发挥的最佳领域。其中:①个人的能力,指个人能做什么;②岗位的工作要求,指个人在工作中被期望做什么;③组织的现实环境,指个人在组织管理中可以做什么。

当个人的胜任能力大于或等于这三个部分的交集时,员工才有可能胜任该岗位的工作。胜任素质模型是指出色地完成特定工作所需要的素质总和,完整的胜任素质模型包含有四部分:胜任素质指标体系、胜任素质指标定义、分层次的典型行为描述、胜任素质指标的权重结构。

库尔兹和巴特拉姆(Kurz & Bartram)于2002年提出了八大胜任素质指标体系(参见表6-1),我国学者潘晨(2007)已对该胜任素质模型在中国的适用性进行了研究。

表6-1 八大胜任素质指标体系

胜任素质	一级指标	二级指标
领导决策	决策和主动行动	制定决策;承担责任;自信地行动;自主地行动;采取行动;承担可预测的风险
	领导和监督	提供指示和协调行动;监督和控制行为;辅导;委任;授权;激励他人;开发职员;识别和招募人才
支持合作	与他人共事	理解他人;适应团队;树立团队精神;识别和奖励贡献;倾听;征求他人意见;主动沟通;展现容忍和体贴;展现同情心;支持他人;关怀他人;开发和交流自我知识和见解
	坚持原则和价值观	维护道德和价值观;正直的行为;利用多样化;展现社会和环境责任感

续表

胜任素质	一级指标	二级指标
互动表达	关系网络	构建和谐的关系网；联结各层关系；管理冲突；运用幽默
	说服与影响	制造影响；设计对话；情绪吸引力；鼓励观点谈判；获得认同；处理政治问题
	陈述和沟通信息	流利的表达；解释概念和观点；清楚地表达一个论据的关键点；陈述和公共演讲；传达可靠性；应答听众
分析说明	写作和报告	正确地写作；清晰流利地写作；富于表现力和吸引力风格地写作；以沟通为目标
	应用专业知识和技术	应用技术专业知识；构建技术专业知识；分享专业知识；使用技术资源；示范身体和手工技能；展示跨职能意识；展示空间意识
	分析	分析和评估信息；测验假设和调查；产生解决方案；作出判断；展示系统化思维
创造构思	学习和研究	快速的学习；收集信息；快速地思考；鼓励和支持组织学习；管理知识
	创造和创新	创新；追求和引入变化
	制定战略和设想	宏观思考；战略性地看待工作；制定和发展战略；制定愿景
组织执行	计划和组织	设定目标；计划；管理实践；管理资源；监控进程
	提供结果和满足顾客期望	关注顾客需求和满意度；制定高质量标准；监控和维持质量；系统化的工作；维护质量过程；维持生产率水平；将方案推向结果
	遵循指导和程序	遵循指导；遵循成俗；守时；展示承诺；展示对安全问题的关注；遵守法律职责
适应应对	对变化的适应和反应	适应；接受新观点；适应人际关系风格；展示跨文化意识；处理不确定性
	应对压力和挫折	应对压力；展示情绪自控力；平衡工作和个人生活；保持积极的心态；处理批评
进取与表现	达到个人工作目的和目标	达成目标；有活力、有热情地工作；寻求个人发展；展现雄心
	企业家精神和商业化思维	监控市场和竞争者；识别商业机会；展现财务意识；控制成本；关注组织问题

构建胜任特征模型的理论基础主要是冰山模型（iceberg competency model）和洋葱模型（onion competency model）。

二、冰山模型

如果把各种胜任素质描述为在水中飘浮的一座冰山,那么水上部分代表可以被直接看到的表层胜任素质,如知识、技能等;而水下部分代表不能被直观看出的深层的胜任素质,如社会角色、自我概念、特质和动机,而这些是决定人们的行为及表现的关键因素。

冰山露出海面的部分是知识、技能等要素,是显性的,通过培训较容易实现。知识是一个人在特定领域拥有的陈述性知识和程序化知识,如经济学知识、工艺操作流程等,知识只能说明一个人能够做些什么,但不能预测他真的会那么做。知识只有运用到实际工作中才有判断业绩的意义,这就是工作技能:结构化地运用知识完成某项工作。技能不是技巧,技巧是灵活的工作方法,是使工作更加轻松有效的途径。所以一个人光有技能是不够的,缺少科学的技巧往往事倍功半。

冰山在海面以下的部分是隐性要素,是对胜任力真正起作用的方面,包括价值观、处世态度、自我意识、个人品质、社会动机、内驱力等,这些长期形成的习惯性意识形态因素决定着一个人的胜任力。不同层次的胜任特征之间存在着相互关系,个性中无意识的动机和特质决定社会角色和自我概念,社会角色和自我概念又决定行为表现。因此,冰山越往下部分在更深层次对胜任力起着作用。冰山模型参见图6-3。

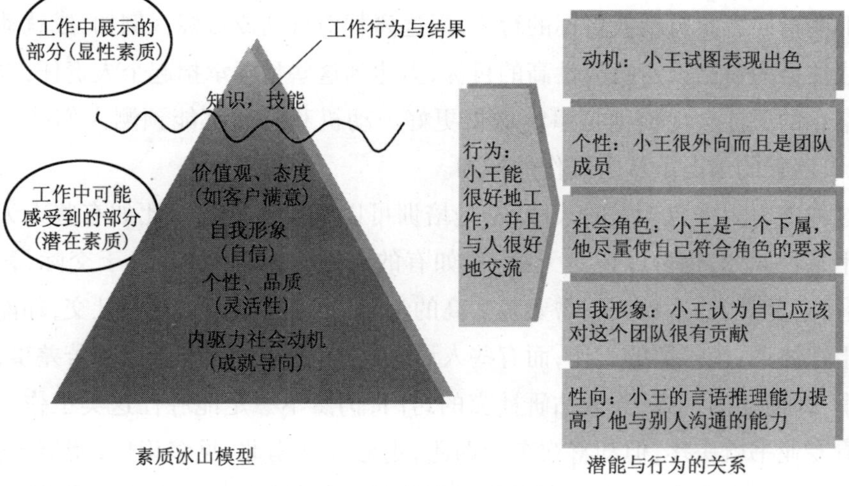

图6-3 冰山模型及示例图

(一)价值观

价值观就是指对事物的判别标准,对不同的事物,每个人心中都有一个属于自己的直角坐标系，即参照系，这是人们对事物意义的评价标准和评判尺度。

（二）自我意识

自我意识是指对自己身份的知觉和评价，每个人都对自身存在不同的体验，也都有不同的自我定位。比如：一个人的自我概念为“领导”，就会无意识地展示自己影响别人的领导行为，有些人虽然不是领导却喜欢打“官腔”就是这种自我意识在作怪；而自我概念为“被管理者”，一般会行事趋向于低调，没有影响别人的动机。自我概念是一个有机的认知结构，由态度、情感、信仰和价值观等组成。如自信心就是一个人的自我概念之一，指的是一个人相信自己几乎在任何情景中都能有效地去应对和承受的信念。

（三）个性特质

个性特质，就是某人所具有的特征或其典型的行为方式或习惯行为（如喜欢冒险），它使个体在面对类似情景或信息时都会有一致的反应。例如情绪自控性和主动性都是成功管理者的胜任力特征，在压力情景中，这种胜任力显得更加重要；情绪自控能力强的人，在各种情景中以及较长的周期内都能保持稳定和镇静。调查显示，排球运动员性格较偏内向，而足球运动员则偏外向。

（四）动机

动机——冰山最深层的内驱力，是决定外显行为的内在的、稳定的想法或念头，能够推动个人目标达成（如想获得权利、喜欢追求名誉）。动机驱动会指导和选择那些指向特定行动或目标的行为，而远离其他行动或目标。例如，成就动机强的人往往会为自己设定挑战性高的目标，为达到这些目标承担起个人责任，以及对反馈信息的关注会促使他把事情做得更好。动机和特质都能预测人们在长期性的、无人监督的情况下从事工作的行为。

这种内驱力来源于人的天性，不是培训可以轻易实现的。比如有些人天生就适合干某种职业，也可以说是天赋，比如有的人性格外向爽朗，善于交际，喜欢应酬，懂得察言观色，这种人不需要多么高的学问，不需要专门去培训社交，却能胜任一些组织协调、销售类的工作；而有些人讨厌这些，把应酬当作无奈的苦差事，不懂得圆滑，即使学问再高，天天钻研社交的窍门，仍然不一定能胜任这类工作。有些人一看专业书就头疼，但却喜欢东奔西跑，走遍大江南北，见多识广，阅历丰富，最终成为优秀的企业家；而有些人将看书当作最大的爱好，对喜欢的书籍爱不释手，博览群书，知识渊博，最终成为专业研究人员。这些都是由天性所主宰。

冰山模型的显性和隐性要素，都是通过直接或间接行为表现出来的。因此，一个人的行为，即执行力至关重要。冰山模型的反方向思维可以帮助我们进行自我塑造:"优秀是一种习惯。"高效执行力的形成首先要有良好的心智模式,优秀的品格、价值观,积极、乐观、健康的心态决定着一个人的思想观念,观念指导行为规范;良好的行为逐渐形成习惯,高效的执行力来自这种习惯。

三、洋葱模型

美国学者博亚特兹(Richard Boyatzis)对麦克利兰的素质理论进行了深入和广泛的研究,提出了"洋葱模型"。所谓洋葱模型(参见图6-4),是把胜任素质由内到外概括为层层包裹的结构,最核心的是动机,然后向外依次展开为个性、自我形象与价值观、社会角色、态度、知识、技能。越向外层,越易于培养和评价;越向内层,越难以评价和习得。

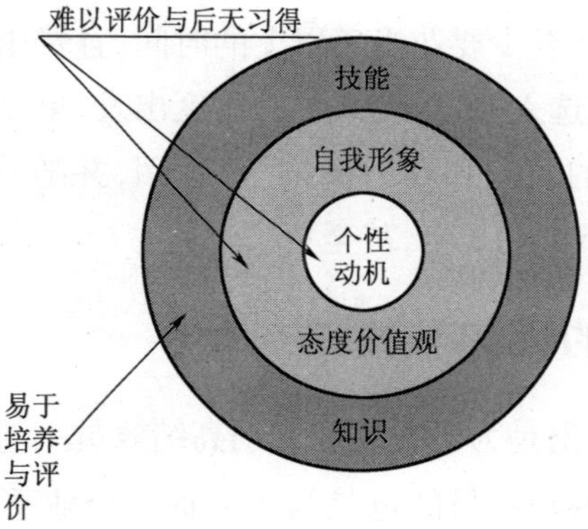

图6-4 洋葱模型

大体上,"洋葱"最外层的知识和技能,相当于"冰山"的水上部分;"洋葱"最里层的动机和个性,相当于"冰山"水下最深的部分;"洋葱"中间的自我形象与角色等,则相当于"冰山"水下浅层部分。洋葱模型同冰山模型相比,本质是一样的,都强调核心素质或基本素质。对核心素质的测评,可以预测一个人的长期绩效。相比而言,洋葱模型更突出潜在素质与显现素质的层次关系,比冰山模型更能说明素质之间的关系。

第三节 胜任素质模型的构建技术

一、模型构建的关键准备

胜任特征模型的建立其实就是一个制作标尺的过程。因此,建立胜任特征模型须掌握以下关键点。

(1)要清楚了解公司的战略。离开公司战略做胜任特征模型，就变成了"为模型而模型"，失去了方向。

(2)一定要强调结果导向。这是因为"以为正确的"事情往往并不正确，"时髦的"东西往往缺乏应用价值，只有经过结果检验，才能保证所做事情的方法与程序的正确性和有效性。也就是说，胜任特征模型要能够给企业带来价值，推动公司绩效提升。

(3)强调行为导向的指导思想。这是因为胜任素质是对优秀行为的明确定义和描述。事情是靠人做出来的，人必须通过行为来完成任务，而且只有好的行为，才会有好的结果。

(4)胜任特征模型的构建是一个费时、费力、费钱、专业化程度要求极高的项目。比如，仅做访谈可能至少要花半年以上的时间，且费用也动辄几百万元。如果真正从为公司的未来挑选人才、培养人才的角度出发，单靠建立胜任特征模型是不够的，还需要花费大量的时间和精力去推行、运用，并随着环境的变化不断完善。这样一来，可能要花上 5 年、10 年，甚至更长时间。

二、模型构建的程序与方法

胜任素质理论的提出是为了发现和鉴别高绩效员工与低绩效员工的素质与行为差异，素质模型建立的根本目的也是为了要促进企业整体绩效的提升。其作用机理如图 6－5 所示。

图 6－5　素质与绩效结果

在人力资源管理体系的建设中，胜任素质的测评是工作量最大、风险最高的人力资源管理行为。一方面素质测评影响员工的职业定位、职业生涯规划；另一方面，胜任素质体系的建立又直接影响和决定着企业的任职资格标准和继任规划、员工晋升等。

(一)建立胜任素质模型的程序

一个企业运用胜任素质模型进行人力资源管理时，必须遵照以下基本程序：①确定绩效标准(销售量、利润、管理风格、客户满意度)；②建立标准样本(一般经理、优秀经理）；③收集数据信息（BEI、问卷调查、评价中心、专家评议组）；④分析数据信息（访谈结果编码、调查问卷分析）；⑤建立胜任素质模型（确定 competency 项目、确定等级、描述等级）；⑥验证胜任素质模型（BEI 问卷调查、评价中心、专家评议组）。

（二）建立胜任素质模型的方法

目前，企业建立胜任素质模型的主要方法是：①工作能力评鉴法（JCA），行为事件访谈（BEI）；②修正的工作能力评鉴法；③概括性模型覆盖法；④量身定制的概括性模型覆盖法；⑤弹性能力模型法。

这里的行为事件访谈法是通过对候选人过去工作中发生的事件进行详细访谈，了解候选人在一个典型事件中的态度和行为，从而判断候选人具备哪些行为素质。使用行为事件访谈法的两大前提和一个必备条件：第一前提是应该先建立一个胜任力编码词典，词典中应该包括胜任特征名称、每个胜任特征的定义、胜任特征的强度等级以及对每一等级的行为描述；第二前提是在访谈前要建立绩效标准，先挑选出绩优者和普通者，这样能够区分出高绩效者的胜任特征与普通绩效的胜任特征的差别，从而使建立的胜任力模型对高绩效有预测作用；必备的条件是访谈者和编码者要受到非常专业的访谈、编码和数据统计分析训练，并有一定的实际操作经验。

不同的企业具有不同的战略愿景和目标追求，也具有不同的企业文化和价值理念，因此在胜任力方面也具有完全不同的特征和要求。

以上方法可以概括为三种方法：一是参照别人的素质词典做“限定选项法”的选择与修正；二是归纳法，即通过关键事件访谈等方式归纳企业内部具有卓越绩效的员工的行为特征和素质特征；三是演绎法，即根据企业的核心价值观演绎出企业员工的素质与能力要求。上述三种方法中，第一种方法时间短，但效果差，针对性和有效性不强，基本不具有操作性。后两种方法常用，虽然耗费时间，但效果更好，归纳法通常用于心理、行为胜任素质的提炼和总结，而演绎法是一种综合性的素质提炼和推演方法。

三、常用胜任素质模型构建技术

（一）归纳法：“少、慢、差、费”，效果好

胜任素质模型最早的做法就是“听目标人群讲故事”，在学术界也称为行为事件访谈法（Behavior Event Interview，BEI）。

首先，要确定绩效优异者和一般者的标准。以管理人员为例，好领导和差领导

的差别并不仅体现在财务这类硬指标上,还体现在其他方面。比如,在比较某家公司北京和上海两个分公司招聘主管的绩效时,在同样需要招聘 80 个销售人员的情况下,上海招了 50 个人,北京招了 70 个人,如果只看这个数据,那显然上海主管的能力不如北京的。但如果考虑到上海主管的工作时间为 3 年,而北京的主管已经做了 7 年,情况就不一样了。再综合其他因素考察,比如员工流失率的差异,如果上海是 5%,而北京是 15%,这些数据就比刚才单纯的财务指标更有说服力,更能反映真实的绩效,这样综合考虑软硬两个指标就能找出样本。

其次,要撇开"人"的因素。根据已经确立的绩效标准找出满足条件的两组样本,之后再请样本讲故事。比如,最成功和最不成功的故事各两个,从这些故事中把两组样本各自的行为特征提取出来,找出绩优者具有而绩效一般者没有或者较弱的行为特征,这些行为特征就是 competency,它们的集合就是胜任特征模型。最后再找另外一组人进行验证,考察这个模型的交叉效度,这就是归纳法。另外,在访谈时一定要假设自己对被访者的情况一无所知,就像白纸一样,这样才能抛开具体的个体,抽象出真正的胜任特征模型。

这样得出的结论是站得住脚的,因为"实践是检验真理的唯一标准",这是一种非常有效的构建方法。但它具有"少、慢、差、费"的缺点,即样本量小,需要花好几个月的时间和几百万块钱,做的过程很辛苦。这样做出的素质模型可以说是奢侈品,须在企业具备了足够的实力和相应的基础后才能做。

(二)演绎法:胜在牵引

归纳法虽有缺陷,但效果有保证,华为公司当时就是这么做的。但这样做带来两个问题:一是企业必须有积累,有经得起考验的"成功经验";二是公司赖以成功的条件在最近的将来没有大的变化,成功经验可以移植。在中国某些国有大中型企业中,其管理水平和员工素质相对较低,从企业内部选绩效优异者在一定程度上有点像"矮子里面挑高个儿",本身就可能不足为据;同时,中国的市场变化非常快,今年建立的模型明年就可能跟不上企业的需要了,原来高绩效者的行为在新环境下就不一定能保证成功。因此,仍然按照这个标准去推行肯定不适用,需要一种新的方法。

于是找到一种简易方法——演绎法,就是从公司的使命、愿景出发,再到战略,最后落到员工行为上面,逐步推导出来。首先,审视如果想要实现企业的战略目标,组织需要什么样的能力;其次,看相应的部门需要什么业绩;最后,看员工要完成什么样的任务,需要具备什么样的能力与素质。这样,胜任特征模型就自然定义出来了。现在,国内做胜任特征模型的企业大部分都采用这种方法。

显然,相较归纳法而言,演绎法确定性差一些,但牵引性强一些,能更多地反映企业的意愿,方向感强。

(三)外部标杆法:兼顾前瞻与互补

所谓标杆就是指学习的榜样,向标杆企业看齐能够给胜任素质模型带来前瞻性和互补性。具体而言,外部标杆法就是从外部找标杆,借鉴国外知名企业的成熟经验,看看他们的优秀员工身上具有哪些独特的素质,把这些素质和本企业的实际情况结合起来,让胜任素质模型具有一定的超前性。比如,中国移动以法国移动为标杆,看他们那些优秀的人身上有哪些素质,然后结合进来考虑。

又如,联合利华在做胜任素质模型时,不仅考察内部员工,还在外部选择了一些高绩效的个体,同时做访谈。这些外部个体既有同行的,也有行业外的。筛选的条件很严格,比如相似的市场环境、同样的战略、同样的产出,组织形态还要有一定程度的契合。另外,外部标杆公司的增长要有持续性,如果只有一两年增长,或许马上就停止了,这就没有借鉴意义。

在选择外部标杆时,还要考虑标杆企业素质模型与本企业的互补性。比如,当初华为公司在选择外部标杆时曾经考虑过 IBM 和思科,最后选中了 IBM,其主要考虑到华为的员工本身就是一群“狼”,不乏冲劲、闯劲,缺的却是稳定、规范的元素和稳健的作风,而 IBM 正好符合了这个特征,对华为而言形成了互补;相对来说,思科和华为类似,标杆作用就不明显。

(四)排除法:简单易行效果差

有一种相对比较省事的方法——排除法,即先列举出所有的素质,然后大家权衡和排除。比如,40 个素质,首先拿掉 10 个最不重要的,再拿掉 10 个不太重要的,然后对剩下的 20 个进行权衡和排除,最后剩下的就是企业的胜任素质模型。

在排除的过程中,参与者会有激烈的讨论,但是,讨论多是即兴的,之后形成的看似都认可的东西与自己也没有多大关系。加上公司在制度层面也没有保障,看起来轰轰烈烈,但不经一驳,一看就知道是每个人五分钟做出来的东西,效果也就不了了之。本身对这个问题没认识,内心深处不重视,谁做得便宜就找谁。所以,这种方法建立的模型必定不太理想。

第四节 行为事件访谈法在岗位招聘中的应用

行为事件访谈法是以获取有关被访者行为事件为主要目的的访谈方法,是由麦克里兰结合关键事件法和主题统觉测验而提出来的。虽然行为事件访谈法是在进行胜任素质模型研究过程中提出来的,但是对于人才的招聘选拔有着非常重要的借鉴意义。

一、行为事件访谈法的核心步骤与技巧

行为事件访谈共包括五个步骤,但大部分的焦点集中在步骤三,也就是行为事件本身,具体如下。

第一步:自我介绍和解释。这主要起到缓和气氛的作用,建立访谈者与受访者(应聘者)双方的信赖与意愿,可以使应聘者在轻松自在、开放和准备齐全的情况下与访谈者交流。一般应控制在5分钟之内。

第二步:了解应聘者的工作学习经验。在这一步骤可以让应聘者描述工作任务和职责,在加强双方了解的同时,可以进一步了解应聘者的核心职责、工作流程、上下级关系、该应聘者在原有企业的岗位特性等。另外,访谈者还可以根据应聘者在描述职责时,自然地导入"关键事件的追问",也就很顺理成章地由第二步转入第三步。比如:应聘者说道,"策划与推广市场方案……"我们可以追问,"能否明确地举个例子进行说明,你可以就你认为最成功的一次推广和最失败的一次推广……"

第三步:深入挖掘被应聘者的行为事件(一般采用STAR法)。所谓STAR法则,即Situation or Task—Action—Result的缩写形式,具体可以理解为:①Situation or Task,明确你的任务是什么类型、怎样产生的、当时的情况是怎样的;②Discribe Your Action,针对这种情况的分析,决定行动方式;③Specify the Result,告诉考官结果怎么样,在这样的情况下你学到了什么,如果让你再重复,你会在哪方面加强。该步骤是面试的核心步骤,这一部分占了大部分的访谈时间,访谈者会要求应聘者详细描述几个重要事件,并提供具体的细节,相关访谈将在本节第三大点另行叙述。

第四步:工作所需要的特质访谈。描述从事目前工作所必需的能力及个性特点,此时访谈者请应聘者归纳胜任该岗位所需要的知识、技能、个性等特征,有时也会要求进一步描述再举例说明,这样的主要作用在于尝试获得额外重要事件的相关内容,以补充先前有所忽略的部分,同时也对被访谈者发表的意见给予肯定。在这个步骤访谈者可以尝试提问"你认为做这个工作所需要的条件是什么?""如果你要雇用一位现职的人员,你期待他具备什么条件?"在这一步骤,如果出现应聘者提供语意不详、空泛及无关的特质时,请其提供一个实例来加以说明,即他实际运用上述特质的状况,以及工作上有无差异的情形。若应聘者想不出工作上所需要的知识或技巧的特质时,可以用鼓励地问:"就你所知,你有什么潜质、技能,可以使工作如此完美的达成?"

第五步:访谈归纳与总结。这一步是非常重要的,访谈刚刚结束后,访谈者对访谈的印象是最深刻的,因此,及时地归纳与总结就显得尤为重要。如果有充裕的时间,应趁记忆犹新的时候,把整个过程完整地写出来,这些内容可能包括受访者特质的简述。

二、行为事件访谈法面试实战剖析

应聘职位:人力资源主管(主要负责培训和招聘)

求职者:某外资电子信息系统公司,曾从事人力资源专员工作三年

面试实录:

面:你好,我是这家公司的人力资源总监,非常欢迎你来我们公司面试。首先介绍一下你的个人情况吧。

求:我三年前毕业于××大学的电子工程专业,毕业后加入了××电子信息系统公司担任人力资源助理,主要工作是协助人力资源经理进行一些人力资源管理方面的统筹管理,包括每个月薪酬的管理、常规的正式人员和临时人员的招聘、每年两次的绩效评估的管理、培训工作的安排和协调等。去年我被提升为人力资源专员,相比同期加入公司的应届毕业生,我是晋升最快的一个。现在为了更好的职业发展前景,前来应聘贵公司的人力资源主管职位。

面:你现在所在的公司是一个什么样规模,什么样性质的公司呢?

求:是一家德国在中国的独资公司,目前有230余人,总部设在上海,在北京和广州各有一个办事处。

面:既然你现在所在的公司非常认可你,也给了你晋升的机会,为什么你仍然希望换一份工作呢?

求:关键在于我个人职业发展的瓶颈。首先,目前的工作对于我的个人学习和专业能力的提高有瓶颈。正如刚才所提及的那样,我们公司在华的规模属于比较中等的那种,这就决定了更多的人力资源管理工作会停留在比较基础的内容上,可能不及大型企业那样可以给予人力资源管理者更多的学习和发展空间,许多战略性的人力资源管理工作,诸如组织结构的调整、企业文化的建设都只有在大规模的企业才能够发挥得淋漓尽致。其次是我的职业晋升遇到了瓶颈。虽然我在现在的公司与同期的毕业生相比第一个获得了机会,但是再向上发展的机会非常渺茫,因为公司人力资源部门的结构比较扁平,目前我直接向人力资源经理汇报,而公司对于人力资源经理的要求是有10年以上工作经验,并且有世界500强企业的管理经验。而贵公司的职位对我而言,无论从专业能力的提高还是个人职业发展的提高都是有必要的,因此我非常希望能够获得这个职位。

面:你的日常工作覆盖了人力资源管理的方方面面,你本人对什么方面比较感兴趣?

求:相对而言,我更加喜欢招聘管理工作。

面:为什么呢?说说你的理由?

求:招聘工作是一项非常有意思的工作。首先,作为人力资源部门的成员,去帮助职能部门招聘,必须了解相关职能部门的工作内容、业务流程,了解职能工作所需要的关键技能和最可能产生工作压力的地方,这就是一项挑战。其次,我认为设计好的招聘流程也是非常重要的,针对职场新人,有经验人士和企业高级管理层的招聘方式和渠道都是大不相同的。最后,面试是了解一个人非常有意思的方式,要挖出一个人内心深处的想法有时是很不容易的,所以我常常针对求职者的问题穷追猛打,打破砂锅问到底,确保自己所了解的事实是经得起推敲的。

面:目前你们针对不同工作经验的员工招聘的渠道是怎样的?

求:总体而言,可以分为校园招聘、社会招聘和机构招聘三个渠道。每年我们会定期去三个定点的高校招聘应届毕业生,这项招聘计划是由我们自己管理的,并没有用到任何外部机构。每年我们都会对选拔方式进行一定的调整,原则上会结合笔试、面试和小组讨论的方式等,而高级别人才我们一般是通过专业机构来进行招聘的。

面:刚才你提及小组讨论,能否谈谈你认为小组讨论在实际中运用的效果如何?哪些职位适合小组讨论?在小组讨论时要注意哪些事项?(可以这种方式进行追问,进一步了解求职者对人才测评方法的掌握)

求:(略)

面:是否可以分享一个你在制订招聘计划中遇到的困难?你是如何来解决的?

求:(略)

面:你刚才提及自己相比于同期加入公司的应届毕业生是晋升最快的一个,你觉得是什么让你与众不同。

求:我认为首先是我的态度吧。我的上司经常和我说:态度决定一切,如果没有积极的态度,什么样的能力都是空谈。其次,是我以目标为导向的意识。事实上,人力资源管理是一个比较难以衡量短期效果的工作,因此任何工作都以目标为导向是人力资源管理者必须具备的重要技能。有了明确的目标,才能使自己的工作有效地服务于企业的战略。

面:时间也差不多了,我没有什么其他问题了,如果你有任何问题,可以等一下提出。我们会在大约一周内给你通知。

求:好的。

三、行为事件访谈法结果示例

表6-2是华为公司研发类岗位胜任素质—学习能力的示例。

表6-2 华为公司研发类岗位胜任素质—学习能力示例

<table>
<tr><th>定　义</th><th>分级行为描述</th><th>关键性行为事件描述</th></tr>
<tr><td rowspan="2">就是在工作过程中积极地获取与工作有关的信息和知识,并对获取的信息进行加工和理解,从而不断地更新自己的知识结构、提高自己的工作技能</td><td>一级:在专业上停滞不前,不愿意更新自己的知识结构;在工作中不注意向其他人学习。在产品开发过程中,忽视同行业的发展状况,从而使得产品开发出来后落后于同行</td><td>[案例1]“但是也没有什么好讲的,当时就是懵懵懂懂做东西。当时想的就是怎么把产品做好,不知道还应该以市场为导向,觉得做出来还是和市场吻合的,当时做之前别人怎么做我们也怎么做,跟别人学的。但是没想到市场发展得那么快,1996年,GSM很受欢迎,1997年疯狂发展,用户的需求胃口就变了,后来我们发展之后一交流,当时国内还没有,比国外的爱立信、Motorola落后,我们是相当于他们1995年、1996年的水平。他们1997年推出的新的都不知道。”</td></tr>
<tr><td>二级:在工作中,愿意并善于向其他同事学习。具有强烈的好奇心,希望了解工作当中的细节和技术;积极与他人交流和向他人求助;观察他人的工作,从而学习和了解必要的知识或技术</td><td>[案例1]“当时一个说是好奇,好学也好,就是想了解,很多东西因为看程序,我们读最早模块就觉得很神秘。我们当时做得是旁边的维护模块,是比较偏的模块,对电话怎么打通的非常感兴趣,特别是它们做中继自环怎么通的,中继电话怎么打,会不会振铃,加起来就非常感兴趣,所以就把所有的环节跟踪了一下。另外一个做话务台跟这个呼叫,实际上跟一个普通话机打电话是一样的。我很想了解这个过程,所以把这个过程跟了一下,这样,对整个呼叫基本上都熟了,以及所有模块CVB模块、中继模块、模拟中继模块、用户模块。”
[案例2]“(你进来以后,当时你看到自己在知识上的不足,你怎么想的呢?)一方面,我看一些关于电信方面的资料,另外,因为有很多有经验的人,我就向他们请教。比如说工具我就首先不会使用,因为它那个工具是在学校完全接触不到的一种工具;在具体电路实现的时候,也有很多的技巧,那么这些技巧,有一些东西是自己想出来的,有些东西就向项目经理或者更高层的经理请教的。”</td></tr>
</table>

续表

定义	分级行为描述	关键性行为事件描述
就是在工作过程中积极地获取与工作有关的信息和知识，并对获取的信息进行加工和理解，从而不断地更新自己的知识结构、提高自己的工作技能	三级：从事自己不太熟悉的任务时，能够钻研资料，获得必备的工作知识或技能，从而尽快适应新的工作要求。在产品开发中，善于吸收和利用前人已经取得的工作成果，或了解同行业的产品信息并吸收他人产品的长处。习惯性地搜集业界最新的信息，追踪同行业技术发展的动态，积极了解对产业可能产生影响的新工具、新方法、新技术	[案例1]“自己原来是做开发，测试是全新的领域。我当时搜集了国外的一些管理测试专业书籍，都是那个大部头，啃起来也比较费劲，开始一篇一篇地看，一本一本地看，后来对测试就有了比较全面的了解。” [案例2]“我经常在网上搜集一些资料。我私人申请了一个 Email 账户，我的网一进去就是 RF - Global - Net 射频全球网，在这上面可以发现很多东西，经常就发现哪个公司做些什么事情，然后我就与他们联系，联系了以后我就知道在美国有三家公司做这个做得比较好，英国一家公司也做得比较好。”
	四级：在深入了解当前新的知识和技术的基础上，意识到它们在产业界的应用。能够将最新的知识和技术与客户的需要联系起来，及时应用这些新知识和技术从事产品开发或制定产品发展战略	[案例1]“我感觉方向上把握的还可以的，交换持续这么长时间了，下面肯定要和数据通信结合，我觉得这是一个方向。交换机这个东西本身并没有多少先进的东西，他就是一个电话交换，人家十几、二十年前已实现这个功能了，现在数据通信发展越来越快了，已经向话音交换这个领域渗透了，反过来，话音交换也向数据通信反融合，我们这个服务器可以在普通交换机上提供 Internet 接入，我们作为一个电信厂家，我们向数据通信领域渗透。这样我可以霸住网上的地位，将来三网合一，电信网有他的优势。它在网上一直处于垄断的地位。如我普通交换机也提供数据通信，华为公司的产品才能保持相当长一段时间里的领先地位。”

续表

定义	分级行为描述	关键性行为事件描述
就是在工作过程中积极地获取与工作有关的信息和知识，并对获取的信息进行加工和理解，从而不断地更新自己的知识结构、提高自己的工作技能	四级：在深入了解当前新的知识和技术的基础上，意识到它们在产业界的应用。能够将最新的知识和技术与客户的需要联系起来，及时应用这些新知识和技术从事产品开发或制定产品发展战略	[案例2]“在讨论过程中我发现现在决定DECT生死存亡的就是成本啦，然后我就提出了一个方案，这个方案也是在讨论过程慢慢产生想法的，成本比较高，我当时就想到我见到的kangdem公司的MEST产品，它们是用CDMA做的，它呢做的不像我们做FSU那样，加一个大电源外面带电话机然后这样上去，他们整个看起来就是一个电话机，实际上里面已包括了无线部分，当时我就问他们成本高的原因主要在什么地方，首先电源要几百块钱，然后再加上用户电路，这些部分全部加起来，价格还是比较高的，最后我就提出一个，这也许当时只有我才能提出来，因为我在射频里面做射频，我说，把这个分成两部分，把有一部分电路，就是高频前端部分设到室外去，然后做成话机形式，整个FSU不放在电话机上，放在家里面，外面室外加一个有源天线孔，这样我们可以用干电池供电，把电池甩掉，把话机电路甩掉，把话机也甩掉，这样下来可以差不多当时我们算了一下，可以省掉1 000块钱左右，后来他们给这个系统起了个名字叫DECTPHONE，就是我们现在大量生产的DECTphone，这样成本差不多当时认为是降低了1 000元钱，使得DECT这个产品是最获利的产品，现在没有像这样200多美金一线的产品。”

第五节 胜任素质模型在企业实践中的应用

一、企业运用胜任素质模型的障碍

（一）胜任素质模型工具有待进一步完善

任何管理工具的成熟，除了具备理论与研究基础之外，还需要有广泛的实践基础与操作经验的积累，这一点胜任素质模型方法还比较欠缺。胜任素质模型被引入中国的时间还比较短，工具本身还有待于理论体系的进一步完善和实践的检验。

（二）胜任素质模型的文化适应性

中国是一个具有高度不确定性规避倾向的高情景依赖特征的国度，一个推崇群体主义的国度，人们对职业风险有着强烈的厌恶情绪。当胜任素质模型所要求的追究稳定、讲究人和、避免保守的职业价值观冲突时，其实施成本和效果就会大打折扣。另外，中国组织文化的高权利距离特征又妨碍的团队建立和胜任素质的评估，使得员工的胜任能力在岗位工作中得不到发挥和提高。

（三）实施成本与效益对比

由于胜任素质模型要取得良好效果，必须诸多条件的协同配合，组织要整合参照效标、企业文化、薪酬体系、激励机制、培训系统等，要对访谈人员、编码人员、数据分析人员进行专业训练，要对组织成员进行相关培训，这些都需要大量费用，因此组织在建立胜任素质模型前，必须综合考虑实施成本和所带来的效益。

（四）参与人员的知识与技能问题

目前大多数人力资源管理从业人员和管理者还没能掌握胜任素质模型运用所要求的知识和技能，短时间的培训也难以达到要求。这便成了胜任素质模型在我国企业无法普遍建立的直接原因。

胜任素质模型在理论上具有相当的优越性，在西方国家企业的实践中也取得了良好的效果。但由于文化适应性、人员素质以及基础管理的限制，注定现阶段它还无法在我国大多数企业真正运行，而只能作为一种观念的引入，影响传统人力资源管理体系。

二、企业运用胜任素质模型的关键——评价中心的建立

目前对评价中心的定义有很多不同版本，比较典型的定义版本有以下几种。

版本一：评价中心法是绩效模拟测试的一种更为复杂的方法，它特别适用于评价应聘者的管理潜能。它是由管理人员、监督人员及受过培训的心理学家组成一个测评小组，让应聘者经受2～4天的测试练习，从而评价其管理能力。

版本二：评价中心法是把受评人置于一系列模拟的工作情境中，由企业内部的高级管理人员和外部的心理学家组成评价小组，采用多种评价手段，观察和评价受评人在这些模拟工作活动中的心理与行为，以考察受评人的各项能力或预测其潜能，了解受评者是否胜任某项拟委任的工作以及取得工作成就的前景。同时，还可以了解其欠缺之处，以确定重点培训的内容和方式。

版本三：评价中心是在情境模拟测评技术的基础上逐步发展起来的，以测量评价被试的管理素质为核心的一组标准化、程序化的评价活动。它融合了多种测评技术，由多位评估人员从多个角度对参评人进行全面考察，从而得出较为客观、准确的判断。它是近几十年来西方企业中流行的一种选拔和评价高级人才，尤其是中高层管理人员的综合性人才测评技术，是现代人事测评理论及其应用高度发展

的产物。

无论哪种版本的定义，都体现了评价中心是多方法、多技术的综合体，它强调的是评价的方法和过程，而不是字面上我们所理解的中心、场所或地点。

(一)评价中心四要素

在1989年举行的第17届评价中心国际学术大会上通过的《关于评价中心的实施标准和道德准则》(第三版)中规定①，规范的评价中心操作必须要有四个要素，它们是工作分析与分类的行为观察、以模拟为主的多种方法、多个评价者、数据的系统收集处理和报告。同时，提出在实施评价中心测评时要考虑以下内容。

1. 维度(Dimensions)

对相关岗位进行工作分析，确定岗位的素质要求，确定评价中心的测评维度(即通常说的测评指标、测评要素)，明确评价中心所要评价的内容；并把观察到的行为进行分类，这些行为类别要与工作相关，与特定的维度相关。

2. 技术(Techniques)

评价中心技术(也可以称为练习)必须能提供工作分析中确定的维度或者特质的相关信息。不能使用单一的技术，要用多种技术，这些技术可以是测验、面试、问题量表、测量工具或工作情景模拟等，如文件筐、小组讨论、角色扮演、事实搜寻等，这些都是评价中心本身所具有的特点，多种技术的综合运用为评委提供了观察被试行为的良好机会，通过观察分析可以确定这些行为是否与我们将要测评的维度相符合(参见表6－3)。

表6－3　评价中心不同目的的技术工具的选择比较

	晋升或选拔	培训需求诊断	技能发展
测评对象	具有高潜质的员工	所有有兴趣的员工	所有有兴趣的员工
分析职位	目前或新产生的职位	最近或今后产生的新职位	最近或今后产生的新职位
指标特性	潜力，特征	发展，概念区分	培训技能
指标数目	5～7个	8～10个	5～7个
情境演练特征	练习数量3～6个，仿真程度中等，复杂程度中等	练习数量7～10个，仿真程度高，复杂程度高	练习数量7～10个，仿真程度高，复杂程度取决于测评对象的当前技能

① *Guidelines and Ethical Considerations for Assessment Center Operations*, *Task Force on Assessment Center Guidelines*, Endorsed by the Seventeenth International Congress on the Assessment Center, May 17, 1989, Pittsburgh, Pennsylvania. See, Public Personnel Management Journal, Volume 18, Number 4, Winter 1989.

续表

	晋升或选拔	培训需求诊断	技能发展
结果汇总	所有的评价等级	指标等级	行为建议
报告类型	短，具有描述性	长，具有诊断性	口头报告及反馈
反馈对象	测评对象及其上两级的管理者	测评对象及其直接的管理者	测评对象，如可能的话，也可包括其直接的管理者
反馈者	人力资源管理部门	人力资源管理部门或测评师	人力资源管理部门或测评师或助手

资料来自：乔治·C. 桑顿三世：《评鉴中心在人力资源管理中的应用》，上海人才有限公司评鉴中心研发专家组译，复旦大学出版社 2004 年版。

3. 评价者（Assessors）

进行观察和评估的评价者必须要有多个，评价者必须经过训练并具有相关能力。

4. 数据的收集和报告（Gathering and reporting data）

评价者必须使用系统的程序记录所观察到的具体行为，每个练习都要有一个报告或者记录，评价者得出的数据和其他方法得来的数据必须通过评价者会议或者有效的统计程序综合在一起。

（二）评价中心的优势

1. 就技术运用而言，评价中心具有综合性

评价中心综合运用多种测评方法与技术，由多位评价人员进行评价，能从多个角度、多层次地对被评价者在不同条件下的复杂而广泛的心理和行为表现，做出观察和评价，因而比较客观公正。

2. 就评价过程而言，评价中心具有动态性

评价中心多采用一些动态的测评手段，将被测评者置于动态的模拟情景中对其动态的实际行为进行评价。这种对实际行动的观察往往比被测评者的自陈报告更为准确有效。而且，在动态的测评中，被测评者之间可以进行相互作用，这样被测评者的某些特征会得到更清晰的暴露，更有利于对其进行评价。

3. 就评价功能而言，评价中心具有预测性

评价中心所采取的测评手段很多是对真实情境的模拟，而且很多情境是与拟任工作相关的情境。在这种情况下，被测评者的表现比较接近真实情况，并且在复杂的任务之下，被测评者也不易伪装，因而在情境性测验中被测评者的表现在实际工作中有较大的迁移性，对其未来的发展潜力能够进行很好的预测。

4. 就测评内容而言，评价中心具有全面性和针对性

由于评价中心综合运用多种人事测评技术，使它不仅能够很好地测评被评价者的实际工作能力，而且还可以测评其他多种能力和性格品质等素质特征。例如，可以测评其口头表达能力、沟通能力、组织协调能力、逻辑思维能力、决策能力、团队合作能力、授权能力、时间管理能力、角色适应能力、应变能力等。另一方面，由于评价中心的测评指标体系的设计是从对岗位的工作分析出发来进行的，根据不同层次不同类别人员的岗位要求和必备素质，设计不同方面的模拟情境，适应不同岗位的需要，使得它所测评的素质往往是分析和处理具体工作的实际能力和一些工作中必需的心理素质，测评的针对性很强。因此，评价中心在某种程度上是作为实际工作挑战的演练，参与本身就是对能力的锻炼。

5. 就测评结果而言，评价中心具有高可靠性和高有效性

由于评价中心往往选用多种方式和技术对被试进行多次测评，并由多个不同评估小组分别给予评价，这样可以减少因被测评者水平发挥不正常或少数评估者评价偏差而导致评价结果失真的可能性，使一次测评定命运的不公平现象有所减少。

6. 就反馈效果而言，评价中心具有培训性

由于评价中心能够及时提供实际、具体的行为观察和评估反馈，因而能及时发现能力发展中的问题，加快人才培养的速度。对被评价者而言，整个评价过程就是一个很好的培训过程。通过评估报告和具体行为表现的反馈，被评价者便知道了自己的素质状况在人群中的位置，知道自己的优势领域和有待发展的素质，以及今后工作中如何扬长避短，并且有意识地弥补自己的劣势，成为更为优秀的人才；同时对于被评价者们所存在的共同不足，组织可以开设专题性培训课程。所以说，评价中心技术除了是一种最有效的人才选拔工具，是人才的试金石，同时对人才的培训、职业生涯规划等均有很强的应用价值。

（三）评价中心的劣势

1. 测评费用较高

虽说一个合格的人才将来创造出的价值和收益会远远大于这笔测评费用，但就近期而言，评价中心对人力、物力、财力和时间的占用还是较多的。许多有效的测评活动需要持续5天之久，在美国，应用评价中心评价一名人员的费用从50～2 000美元不等。

2. 操作难度大

评价中心对评价者的要求很高，评价者必须有相当的管理经验并受过专业训练。同时，准备测试需要的案例、工作情境设计等也需要花费相当的时间和精力。

3. 仍存在误差

由于所采用的模拟练习与训练并非是实际工作本身，测评中的能力表现与实际工作能力并非没有差距,特别是在模拟工作的内容与实际工作有误差时,这一差距更明显。所以仍需要对被评价者作进一步的训练与观察。

4. 测评内容有限

评价中心所测评到的主要内容是管理技能和某些方面的心理素质,它难以全面真实反映被测评者的思想品德等隐性素质特征。这方面的不足是与其他测评技术手段相同的,也需要做进一步的改进。

(四)评价中心的操作流程

第一步,建立胜任素质模型。

第二步,根据胜任素质模型设计胜任素质评价矩阵。胜任素质评价矩阵包括测试工具和能力素质维度两部分。针对每一项指标选择和设计测评工具,要确保其与测评的能力素质维度直接相关,具有合理的信度和效度。通常使用最频繁的情景模拟包括:公文筐处理、角色扮演、案例分析与演讲等。

第三步,对负责观察和评价参试者行为的评估人员进行培训。培训的内容一般包括:熟悉能力素质模型,以便清晰了解每一个能力素质维度的定义及其与工作绩效的关系;掌握如何在测评过程中对参试者的行为进行观察、如何做分类和记录等技术;掌握评分标准,明确如何进行评分;掌握如何整合各评估来源的信息,学会撰写评估报告的方法。

第四步,实施评估。每一个评估人员要仔细观察并及时记录参试者的行为,做出精确而详细的行为记录。在观察行为的同时,评估人员要将参试者的各种行为进行归类。测试结束后评估人员要马上整理观察到的行为,与其他评估人员进行交流并整合各方信息后,对每一个参试者的表现进行分析,并根据评分标准打分后撰写评估报告。

第五步,进行反馈。在评价中心实施之后,应根据具体情况给予参试者或需要知情的管理者以适当程度的评估结果反馈。

(五)基于胜任力模型评价中心体系的构建练习

指导教师:×××

参与学生:×××××××××

参与时间:26 周

工作内容与进度安排:

1. 进行战略工作分析,建立胜任力模型

工作分析可从静态和动态进行分析。对相对目前的稳定工作而言,可用静态分析方法,采用传统的工作分析识别提取测评指标;对于那些经常变化的工作岗位或新出现的工作岗位,仅用传统工作分析已经无法获取那些面向未来所需具备的能力以及相关的指标和行为。因此,需要进行动态分析,采用战略工作分析和建立胜任力模型。通过分析组织的愿景、价值观、战略或主要目标来进行识别提取胜任面向未来岗位的测评指标。

战略性工作分析的过程包括:思考组织未来的目标以及这些变化将如何影响特定工作岗位的绩效。这是一个通过更深远的组织目标来推测工作要求的推论的过程,例如,组织的新目标是创办企业,对于中层管理者来说,承担风险和变革创新成为测评的目标指标,而如果仅仅分析现有的岗位对中层管理者的要求,这些指标就很有可能被忽略。

开发胜任力模型过程包括:先对岗位进行分层分类、确定绩效标准、选取分析效标样本、获取素质模型数据、资料整理、统计分析和编制胜任力模型,得到每类岗位的胜任能力指标定义和评价等级。

时间:8 周,80 个岗位。

2. 测评指标的确定

①选择测评指标。工作分析和胜任力模型为评价中心提供了多方面的测评指标,但指标应根据评价中心的应用目的而定。如果评价中心只用于选拔或晋升目的,则工作内容和胜任特征的确定可以相对简单一些,一般选取是为关键的几项能够预测未来效绩的指标;而用于发展计划的评价中心中,测评指标必须是便于观察的,并且测评师们必须可以针对该指标提供及时的反馈;对于诊断项目,测评指标则必须是可以提高和发展的。

②确定测评指标数量。确定指标数量要考虑两个因素:一是评价中心的目的。评价中心的目的不同,所选择指标的数量也应不同(见表 6 – 3);二是评分者对指标的有效区分能力。国内吴志明(2001)研究了评分指标的数目对于评分的影响,研究表明,评分指标为 3 个和 6 个时,评分者的评分一致性都很高,而评分指标为 9 个时,评分者的评分一致性会有很大的下降。甘格莱尔等人(Gangler etl,1990)在对 200 余家公司进行调查后,发现评价中心指标的数量平均是 11 个。乔治 · C. 桑顿三世建议,一般指标数量不应超过 7 个。

时间:4 周。

3. 确定测评指标的评分标准

对情景演练中所要测定的每个指标,都要有确定的评分标准。对每个测评指标的定义和评分等级都可从胜任力模型中获取。具体操作中,按照设计好的情景演练,根据胜任力模型等级评价来制定评分表,以便及时给测评对象评分,也就是说,测评对象完成一个情景演练就给其表现出来的行为指标及所处等级进行评分。

时间:2 周。

4. 设计演练工具

在开发胜任力模型过程中运用行为事件访谈(BEI)收集到的大量的关键行为事件可以为提炼情景设计和管理行为特征奠定基础数据。在设计情景时可以根据原先从关键行为事件到胜任力的思路找到原来的关键行为事件,并以这些关键行为事件为基础进行筛选、组合、修订,提炼出一套情景。评价中心目的不同,所设计的情境也不同(参见表 6-3)。比如,选拔项目中,大部分测评对象相对而言没有什么经验,因此演练与工作复本的仿真程度不能太高,也不能太复杂。

时间:6 周。

5. 测评师的选择与培训

测评师的选择主要从心理学者、上级主管和人力资源管理者中选取。当组成评价中心组时,要对其进行培训。《指南》中强调对测评师进行培训,无论使用何种培训方式,使得测评师能够测评对象的行为,以特定的格式记录观察内容,根据评价指标对行为进行分类,根据测评对象的行为表现做出判断,并向其他测评师解释自己的观察记录,从不同的材料和演练行为中整合行为观察记录,其目的是获得可信并且准确的测评师评价。

由于组织内的管理人员越来越多地也越发频繁地要担当评委,而他们又不是行为判断方面的专家,因此有必要对他们进行培训以达到专业水准。主要有如下五方面。

(1)理解测评维度。

应使评委对测评维度的含义有一致的认识,有必要组织评委讨论,对维度的含义加以细化,例如把对一线经理的压力承受能力定义如下:面对压力或/与反对时取得绩效的稳定程度。一线经理发现他(她)处于压力情景下是由于三个因素:①有多项工作需要在大致相同的截止时间完成;②需要扮演两难角色,即既要代表上层领导管好普通员工,又要做好普通员工的代表为他们向上层领导争取利益;③因为工作环境的原因要直接面对愤怒的或充满敌意的员工。

(2)学会观察并能记录被考核人的行为。

大多数初次担当评委的经理在对被试在测评情景中的表现都倾向于做出迅速地评价,然而这样的评断是不符合评价中心的目的的。应当培训评委使他们学会不是做出迅速的判断,而是要记录被试的行为。首先要使评委明晰记录行为与做出判断之间的区别,下列的例子说明了两者的区别:其次,要使评委能把被试的行为记录下来,常用的培训工具是观看录像,其优点是可重放与暂停。

(3)把被试行为归类。

评委应学会把记录的被试行为归类到适当的维度下,要按照维度的含义,把与维度含义的例子相一致的行为进行汇总,这对确保评分的有效性与可靠性是至关重要的。这一阶段培训的重点在于对每一评价维度的代表性行为进行描述与讨论并分析这类行为的种种表现。

(4)判断被试行为的质量。

用6分制来区分被试行为质量。这一阶段培训的关键在于使评委能对评分的标准有统一的认识,因此应提供各维度评分值的相应例子,可利用书面描述或录像,如果在评委之间发生评分偏差,就应进行讨论以统一认识。

(5)统一在多测评情景下各维度的评分并进行总评。

由于评价中心包含多测评情景,因此有必要向评委提供多测评情景下汇总相同维度的行为进行评分的例子,然后由评委对录像或书面内容进行实际评分,接着讨论出现的分歧,以取得一致的看法。下一步就是根据职务分析的结果确定各维度评分在最后总评中所占的权重。

时间:2周。

6. 预备试验

在正式进行测评前,应对编写好的测评情景组织评委对模拟被试进行预备评估,主要目的在于是否能从模拟被试身上发现足够的待测评行为,评委对行为维度的认识是否一致,可能会出现什么问题,预先提出解决的办法。

时间:2周。

7. 正式测评

一个完整的测评过程通常持续2~3天,包含文件筐作业、无领导小组讨论、案例分析、心理测验等内容。评委在测评前应把测评的过程、使用方法、目的向被试说明,以缓解被试的紧张心理。在测评时应坚持计算机随机选题或由被试自己抽取试题。在测评过程中评委应仔细记录被试的行为,并按维度进行评估,最后进行总评。

时间:2周。

8. 测评数据汇总

每一个测评师对测评对象的每个指标上评分后,要将所有测评师的评分整合到一起,形成一个整体测评评分。整合测评得分数据的方法主要有主观判断法和统计法。评价中心得到的数据结果为分:最终指标评分和整体测评得分。最终指标评分对以诊断为目的的评价中心尤为重要,整体测评得分对于以选拔和晋升为目的的评价中心特别关键(参见表6-3)。

时间:2周。

9. 测评结果的反馈与保密

测评反馈的主要是对应该保密的信息和应该公开的信息做出相应的处理,以实现评价中心的既定初始目标。反馈的一般原则是按照测评的目的有针对性地实施反馈,也就是测评目的不同,反馈的对象和内容也应有所区分(参见表6-3)。比如在招聘或晋升项目中,反馈的对象就是那些对招聘或晋升有决策权的管理者和候选人,就对那些可能对候选人晋升做与否做出独立评价的人员则要保密;在培训诊断项目中,反馈的对象就包括测评对象和其直接上级,以便他们可以共同制定培训计划;以管理培训或团队建设的项目中,每项练习一结束应立刻反馈给每位参与者可以及时学习和发展新的知识技能,并在后续工作中学以致用。

时间:2周。

案例分析:基于胜任素质的医院人才招聘模型构建

一、现有医疗行业招聘现状及问题

加强人才引进、培训、使用等环节的管理,保证人才使用效率的最大化,促进医院人才建设,已成为促进医院建设与发展面临的重要问题。医院人力资源管理以招聘和选拔为起点,招聘和选拔工作质量如何,直接影响着医院专科建设、医疗水平提高、文明风气优化、医院精神提升。然而,现有的医院招聘现状是,从总体上来看,缺乏完整的招聘体系,直接影响了人才招聘与选拔的质量,进而影响医院人力资源的开发与管理,致使医院发展后劲大打折扣。

医院是一个知识密集型的组织,对招聘对象的综合素质要求较高。而现在大多数医院的招聘程序、手段等与一般的企业没有太大的区别,没能建立一套针对高素质人才的测评体系。现行的招聘用传统的量化方法,凭经验、学历,以理论考核、简单的面试专家打分进行筛选,并未发现对本医院真正适合的、有深厚潜力可挖的人才。传统的人力资源招聘与选拔只囊括了显性知识,如医学专业知识、医学专业技能、外语水平、电脑应用能力、沟通能力等方面,而隐性知识如事业心、责任感、开拓精神、竞争意识等未列入招聘考核内容。

同时,组织招聘和具体参加招聘的人员没有进行过系统的培训,没有专业的招聘技巧与方法。另外,有些招聘人员的综合素质也不能胜任招聘要求,招聘者不能把医院的经营战略、医院文化、服务理念传递给应聘者,难以展示医院特殊之处和对应聘者的特别吸引之力;同时也难以摸清应聘者的价值取向、竞争意识、求知欲望等潜在的隐性的个性特征。

因此,如何建立适应医院发展的科学合理的人才招聘与选拔模型是摆在医院人力资源管理者面前的一个全新课题。

二、医院人才的胜任力

1. 胜任力及其模型的内涵

胜任力可定义为"能将某一工作中表现优异者与表现平庸者区分开来的个人潜在的、深层次的特征"。它可以是动机、特质、自我形象、态度或价值观、某领域的知识、认知或行为技能,任何可以被可靠测量或计数的,并且能显著区分优秀绩效和一般绩效的个体特征。

胜任素质模型则是指担任某一特定的任务角色所需具备的胜作任力的总和,胜任素质模型可以区分并找出导致业绩差异的关键因素,依据这些关键因素建立统一标准,以此标准评估、选拔应聘者,并由此发现、开发、安排与医院岗位相适应的评估和面试方式,那么基于胜任素质模型的招聘及选拔就能够最大限度地发现人员潜在特质,提高人岗匹配度,从而提高招聘与选拔的有效性和效率。

在人力资源管理领域,胜任力已发展为一个核心概念,基于胜任力的人力资源管理理论认为,专业知识与技能只是员工能胜任工作的基本素质,在工作情境中真正能区分绩效优异者与低劣者的因素,则是一个人的"自我概念""个性""动机""价值观"等深层次特质。因此,在知识经济的今天,针对知识密集型的医院来说,充分实现新聘人员的内在素质(价值观、个性需要、动机、态度等)与岗位的匹配显得非常必要。

2. 医院人才胜任力

医院既是一个知识密集型的单位,又是一个特殊的服务行业,工作人员综合素质相对较高,其胜任力与一般企业有较大的差距。因此,医院构建胜任特征模型必然要充分认识到医院胜任力的特殊性。概括来讲,医院人才胜任力是指医院专业人才出色完成医疗岗位所需要的知识、技能、能力和动机的组合,具体到每个医院来讲其胜任力的内涵又有不同,必须结合医院战略经营目标、文化价值观、服务理念等方面综合考虑,找出最适合自己医院的胜任力特征。总的来说,医院人才胜任力包括五大类:①成就特征:事业心、主动性、竞争意识;②服务特征:人际洞察力、服务意识、自我牺牲精神、奉献精神;③影响特征:个人影响力、人际交往能力;④认识特征:技术专长、综合分析能力、判断推理能力、信息技术;⑤个人特征:自信、自我控制、灵活性。

三、基于胜任力的医院人才招聘及选拔模型的建立步骤(参见图6-6)

1. 组建建模小组

为确保顺利开发胜任特征模型,必须组建医院专家建模小组,小组成员应包括医院领导、科室领导、外部胜任素质模型专家顾问以及医院人力资源部门人员。医院领导主要是领导、指挥、协调建模项目组与医院其他部门的工作,保证项目组的

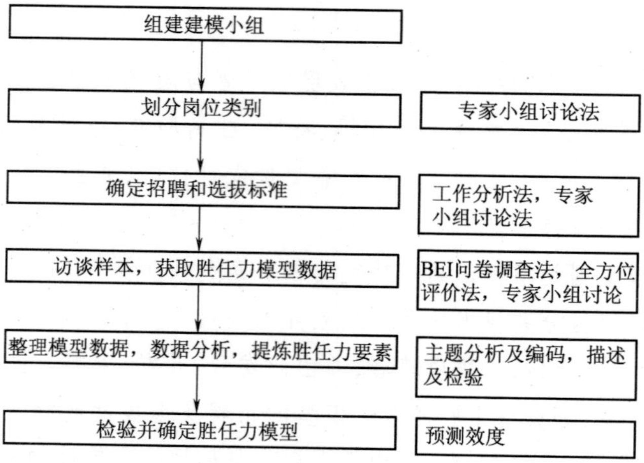

图6－6　人才招聘及选拔模型的建立步骤

各项工作顺利展开；科室领导是胜任模型的直接使用者和管理维护者，可保证建模的针对性和专业性全面接合；外部胜任力专家顾问的参与，主要在方法、技术和工具上给予支持，保证开发的胜任素质模型更具备权威性、科学性和可操作性；医院人力资源部门人员具体协调、保障建模项目组的各项工作，同时应加大建模工作的宣传，减少建模后推行胜任力管理的阻力。

2. 划分岗位类别

根据医院的人力资源规划，通过专家建模小组讨论，对组织需求岗位类别进行科学的划分，大体上分为管理岗位、医疗岗位、护理岗位、检验等辅诊科岗位。由于开发胜任素质模型的成本很高，一般应以医疗、护理岗位为优先考虑对象，但不能一刀切，还必须从医院的实际出发，充分考虑医院发展规模、发展优（劣）势、组织架构、文化理念、政策制度，以优化人才结构、提高人才质量，提升发展后劲，增加医院效益为基点，最终确定模型开发的目标层级。

3. 确定招聘和选拔标准

招聘和选拔标准简单地说，就是能够鉴别出优秀员工的标准与规定，或鉴别出符合医院特定岗位要求的标准与规定。确定招聘与选拔标准，一般采取工作分析法和专家小组讨论法。工作分析是指根据工作的内容，分析其执行时所需要的知识技能、经验及其所负责任的程度，进而确定工作所需要的资格条件的系统过程。它为应聘者提供了真实可靠的需求岗位的工作职责、工作内容、工作要求和人员的资格要求；为选拔应聘者提供了客观的选择依据，提高了选拔的信度和效度，降低了选拔成本。专家小组讨论法，则是由优秀的领导者、人力资源管理者和研究人员组成小组,专家通过对能出色完成工作的各种素质与能力进行讨论,最终确定医院招聘选拔标准。小组成员需要掌握基本素质和能力要素的定义以及行为特征,以免得出的素质与能力不全面或不准确,甚至把重要的基本素质与能力要素遗漏。

4.访谈样本

根据制订的招聘和选拔标准获取胜任特征模型数据,在全院范围内针对不同岗位,抽选相同数目的优秀绩效样本员工和普通绩效样本员工,采取行为事件访谈法(BEI)、问卷调查法、全方位评价法和专家小组讨论法进行访谈和调查,通过分析和比较得出各个岗位胜任力要素的初步描述。

5.胜任力要素的提炼

通过胜任素质模型进行数据整理、统计分析,以提炼胜任力要素。具体的步骤是:首先,将行为事件面谈的资料整理成行为事件访谈报告,然后对访谈报告内容进行分析,并对访谈主题进行编码,记录各种胜任力要素在报告中出现的频次;编码后将得到的数据进行汇总,对优秀组和普通组在胜任力出现的频次和等级差别,运用SPSS或统计软件进行描述性统计和T检验,找出两组的共性与差异性特征;最后将差异显著的胜任力因子提取出来,并对提取出的胜任力因子进行命名。在进行胜任力因子等级评价确定时,首先对行为事件进行分层,将处于同一层级的行为事件进行归纳总结,描述成等级评价,然后将相应的行为事件附在等级评价下面作为行为描述,形成一个完整的胜任力因子。用同样的方法编制其他胜任力因子,以构成一类胜任素质模型,以此类推构建完整的胜任素质模型。

6.检验并确定胜任素质模型

在构建胜任素质模型的过程中,非常重要的一步就是为保证模型的准确性,必须对其进行检验。胜任素质模型一般有以下三种检验方法:一是重新选取优秀绩效员工与普通绩效员工两组样本作为第二准则再进行行为事件访谈,分析模型中所包含的胜任力要素能否区分优秀组和普通组;二是编制量表,选取较大规模的样本进行测试,对量表进行因素分析,考察量表的结构是否与原有模型吻合;三是采用评价中心方法,对作为第二准则样本的优秀绩效组和普通绩效组进行评价,考察两组是否在这些胜任力要素上有明显差别。在这三种方法当中,由于编制量表的信度和效度较高,大部分专家组都采用编制量表的检验方法。

四、基于胜任素质模型的人才招聘和选拔

首先,由人力资源招聘专家按医院岗位任职资格和必要条件进行初步的删选,确定具体有面试资格的人员名单。继而,面试小组人员事先在此模型的基础上设计相应的面试,对应聘人员进行面试取得模型分析所需的相关数据。面试完毕后,面试人员将面试所获得的数据输入根据该模型建立的应用统计数据库中进行分析,便可得到所有应聘人员胜任力大小的表格。最后,根据医院招聘和选拔人员需求按一定的差额复试比率录取排序靠前的应聘人员。此模型的建立需要结合医院人力资源管理规划和统计学知识,通过定性和定量的分析方法,为医院提供较为科学的分析工具,最终为医院选用优秀人才提供有效的解决方案。

五、小结

胜任力是在一定的工作情景中表现出来的,一个人在不同的职位、行业、文化环境中的胜任力是不同的,这就要求我们将胜任素质模型应用于医院人力资源管理中的时候,一定要与医院实际结合,在"人—岗位—医院"匹配的框架中去构建和运用。同时,建立了一个正确的模型并不代表可以一劳永逸了,还需要不断地检验它,确认它。只有根据医院的发展不断地对胜任素质模型进行调整、修正和完善,并有效地加以利用,才能真正实现其管理价值。由于医院人才培养的周期长、投入大,医院管理者更需要那些能够自我激励、对组织忠诚的人,这就需要我们基于胜任力招聘和选拔模型来选人用人,使医院中的员工不仅是岗位上适合于组织,而且在知识、技能、能力、性格、态度、价值观、兴趣等各个方面都适合于组织。

资料来源:代绪波等,"基于胜任力的医院人才招聘与选拔模型构建",《科技管理研究》,2009 年第 12 期。

第七章　招聘评估:查漏补缺　与时俱进

引导案例:丰田贯穿始终的招聘评估

丰田公司著名的“看板生产系统”和“全面质量管理”体系名扬天下,但是其行之有效的“全面招聘体系”却鲜为人知。正如许多日本公司一样,丰田公司花费大量的人力物力寻求企业需要的人才,用精挑细选来形容一点也不过分。

丰田公司全面招聘体系的目的就是招聘最优秀的有责任感的员工,为此公司做出了极大的努力。丰田公司全面招聘体系下的招聘过程大体上可以分成六大阶段,前五个阶段大约要持续5~6天。从丰田的整个招聘过程不难发现,贯穿始终的一个核心是——考察、评估、衡量每一个应聘者的素质与能力是否符合公司的标准与要求。

第一阶段,丰田公司通常会委托专业的职业招聘机构,进行初步的甄选。应聘人员一般会观看关于丰田公司的工作环境和工作内容的录像资料,同时了解丰田公司的全面招聘体系,随后填写工作申请表。1个小时的录像可以使应聘人员对丰田公司的具体工作情况有个概括了解,初步感受工作岗位的要求,同时也是应聘人员自我评估和选择的过程,许多应聘人员知难而退。专业招聘机构也会根据应聘人员的工作申请表和具体的能力、经验做初步筛选。

第二阶段,评估员工的技术知识和工作潜能。通常会要求员工进行基本能力和职业态度心理测试,评估员工解决问题的能力、学习能力和潜能以及职业兴趣爱好。如果是技术岗位工作的应聘人员,更加需要进行6个小时的现场实际机器和工具操作测试。通过第1~2阶段的应聘者的有关资料转入丰田公司。

第三阶段,丰田公司接手有关的招聘工作。本阶段主要是评价员工的人际关系能力和决策能力。应聘人员在公司的评估中心参加一个4小时的小组讨论,讨论的过程由丰田公司的招聘专家即时观察评估,比较典型的小组讨论可能是应聘人员组成一个小组,讨论未来几年汽车的主要特征是什么。实地问题的解决可以考察应聘者的洞察力、灵活性和创造力。同样在第三阶段应聘者需要参加5个小时的实际汽车生产线的模拟操作。在模拟过程中,应聘人员需要组成项目小组,负担起计划和管理的职能,比如如何生产一种零配件,考虑人员分工、材料采购、资金运用、计划管理、生产过程等一系列生产因素的有效运用。

第四阶段，应聘人员需要参加一个1小时的集体面试，分别向丰田的招聘专家谈论自己取得过的成就，这样可以使丰田的招聘专家更加全面地了解应聘人员的兴趣和爱好，他们以什么为荣，什么样的事业才能使应聘员工兴奋，以此可以更好地对其做出工作岗位安排和职业生涯计划。在此阶段也可以进一步了解员工的小组互动能力。

通过了以上四个阶段的应聘人员基本上被丰田公司录用，但是他还需要参加第五阶段——25小时的全面身体检查，以了解他的身体一般状况和特别的情况，如酗酒、药物滥用的问题。

最后在第六阶段，新员工需要接受6个月的工作表现和发展潜能评估，新员工会接受监控、观察、督导等严密的关注和培训。

丰田的全面招聘体系使我们理解了如何把招聘工作与未来员工的工作表现紧密结合起来。从"全面招聘体系"中我们可以看出：首先，丰田公司招聘的是具有良好人际关系的员工，因为公司非常注重团队精神；其次，丰田公司生产体系的中心点就是品质，因此需要员工对于高品质的工作进行承诺；再次，公司强调工作的持续改善，这也是为什么丰田公司需要招收聪明和有过良好教育的员工，基本能力和职业态度心理测试以及解决问题能力模拟测试都有助于优秀的员工队伍形成，正如丰田公司的高层经理所说：受过良好教育的员工，必然在模拟考核中取得优异成绩。

从丰田的"全面招聘体系"中我们不难发现，知识、素质、胜任力是其整个体系的基础和核心——通过心理测试、现场操作、（无领导）小组讨论、模拟操作、集体面试等多种手段的运用以及不同类型招聘机构、招聘专家的参与，全方位考察、评估和衡量每一个应聘者的技术知识、工作潜能，人际协调、决策能力等心理、行为能力以及兴趣和爱好等，以便更好地做出应聘者未来的工作岗位安排和职业生涯计划。

资料来源：中人网（www.chinahrd.net），"丰田公司全面招聘体系"，2001－12－26。

"锄禾日当午，不如招聘苦；对着编制图，一哭一下午；哭了一下午，编制还在补；编制刚补完，项目又重组；重组继续补，难堪心头苦；招的累死人，不见一个主。"这句顺口溜生动形象地表达了企业招聘人员的痛苦和烦恼。如何才能避免上述的无奈，招聘工作的最后一环——招聘效果评估，将对企业整个招聘流程进行全面审视，起到优化企业招聘活动，合理配置招聘工作过程中的各种资源要素，提高招聘的管理效率和水平，并最大限度地实现招聘目标的作用。

第一节 人员的选拔录用

人才甄选结果出来之后,企业在选择“最优秀的人才”和选择“最合适的人才”中摇摆,其中,“最优秀的人才”指的是那些在各评价指标上得分最高的候选人;“最合适的人才”指的是那些在每一个评价指标上的得分有明确的要求,并与这一要求最接近的候选人。这个摇摆的过程就是人员录用过程。

人员录用过程是招聘过程的一个总结,是给招聘工作画上的一个阶段性句号,是企业人力资源形成和配置过程的一个重要部分,它主要涉及人员选拔之后的有关录用事宜。人员录用阶段具体包括新人上岗引导、新员工培训和访查等工作内容,目的是帮助新员工适应工作岗位,尽快熟悉和驾驭工作内容。这项工作看起来似乎琐碎和无关紧要,实际上是它唤起新员工作热情,使其顺利融入企业文化的关键。有不少组织由于不重视录用阶段的工作,甚至新员工在录用后对组织和本职工作尚缺乏认识和适应就直接上岗,导致新员工无法较快胜任本岗位,难以表现出令组织满意的工作绩效。

一、人员录用的原则

为实现用人所长、学用一致、有效利用人力资源的目的,人员录用必须遵守以下原则。

(一)因事择人原则

因事择人,就是以事业的需要、岗位的空缺为出发点,根据岗位对任职者的要求来选择人员。它要求组织招聘员工应是根据工作的需要来进行,应严格按照人力资源规划的供需计划来吸纳每一位员工,真正实现事得其人、人适其事,使人与事科学地结合起来。

(二)任人唯贤原则

任人唯贤,强调用人要出于“公心”,以事业为重,而不是以自己的“小圈子”为重,以“宗派”为重。能否做到任人唯贤,是衡量管理人员是否称职的标准之一。在人员的安排使用过程中,要克服错误心态,避免用人上的失误。要求管理者掌握基本的人才测试、鉴别、选拔的方法,对所任用的员工了如指掌,并能及时发现人才,同时使用得当,使每个人都能充分施展自己的才能。

(三)用人不疑原则

用人不疑原则要求管理者对员工要给予充分的信任与尊重。事实上,试用人员与正式员工在使用上并无本质的差异，关键是管理者能不能给他们以充分的信任与权利，大胆放手让他们在岗位上发挥自己的才能。

（四）严爱相济原则

员工在试用期间，管理者必须为其制定工作标准与绩效目标，对其进行必要的考核。同时，对试用的员工在生活上应当给予更多的关怀。还要从法律上保证员工享受应有的权利。这些对员工愿意积极努力地、长期稳定地为组织工作是非常有利的。

二、录用决策的确定

做出录用决策时要注意以下几点。

（一）使用全面衡量的方法

我们要录用的人员必然是符合单位需要的全面人才，因此必须根据单位和岗位的需要对不同的才能给予不同的权重，然后录用那些得分较高的应聘者。

（二）尽量减少决策人员

在决定录用人选时，必须坚持少而精的原则，选择那些直接负责考察应聘者工作表现的人，以及那些会与应聘者共事的人进行决策。如果参与的人过多，会增加录用决策的困难。

（三）不能求全责备

人无完人，在做出录用决策时不要吹毛求疵，总也不满意。我们必须分辨出问题的主要方面，分辨哪些能力对于完成这项工作是不可缺少的，这样才能录用到合适的人选。

三、最终录用前的背景调查

背景调查的目的是获得求职者更全面的信息以及打假，进行背景调查有几个关键环节要把握住：一是何时进行调查；二是调查内容的设计；三是调查如何操作。

（一）为何进行背景调查

由于人才在市场上处于供大于求的状况，而用人单位招聘门槛也越来越高，对求职者的学历、工作经验、个人特长等的要求水涨船高，使求职者面临极大压力，被迫在求职时对自己进行包装，求职书越做越精美，工作经历越来越丰富，其实水分很大。那些文凭低、工作经验不足的求职者为迎合用人单位的需要，纷纷弄虚作假，致使假文凭、假职称证书泛滥。求职者在工作经验方面往往夸大其实，甚至杜撰简历，把做过一周化妆品直销的经历放大为具有丰富的市场销售经验，把出纳经历发挥为熟悉财务部运作,以满足应聘职位的要求。

据美国一项资料显示,有3 000万人曾经因为伪造简历被录用,作为伪劣假冒产品重灾区的我国,这一数字到底有多少无从知晓。防假于未然,背景调查是拒假于门外的有力武器,放弃背景调查意味着公司失去了基本的免疫力。

(二)背景调查的时机

背景调查最好安排在面试结束后与上岗前的间隙,此时,大部分不合格人选已经被淘汰,对淘汰人员自然没有进行调查的意义。剩下的佼佼者数量已经很少,进行背景调查的工作量相对少一些,并且根据几次面试的结果,对他们介绍的资料已经熟悉掌握,此时进行调查,在调查项目设计时更有针对性。根据调查结果决定是否安排上岗,以免在上岗后再调查出问题,令公司和人力资源部进退两难。

(三)背景调查的内容设计

背景调查的内容设计应以简明、实用为原则,内容简明是为了控制背景调查的工作量,降低调查成本,缩短调查时间,以免延误上岗时间而使用人部门人力吃紧,影响业务开展,再者优秀人才往往被几家公司互相争夺,长时间的调查是给竞争对手制造机会。内容实用指调查的项目必须与工作岗位需求高度相关,避免查非所用,用者未查。调查的内容可以分为两类:一是通用项目如毕业学位的真实性、任职资格证书的有效性;二是与职位说明书要求相关的工作经验、技能和业绩的真实性,不必面面俱到。

(四)背景调查如何进行

背景调查可以委托中介机构进行,选择一家具有良好声誉的咨询公司,提出需要调查的项目和时限要求即可。

如果工作量较小,也可以由人力资源部操作,建议根据调查内容把目标部门分为三类,分头进行调查。第一类是学校学籍管理部门。在该部门查阅应聘者的教育情况,能够得到最真实可靠的信息,真假李逵即可分辨,持假文凭者此时就现原形。第二类是历任雇佣公司。从雇主那里原则上可以了解到应聘者的工作业绩、表现和能力,但雇主的评价是否客观需要加以识别,有的雇主为防止优秀员工被挖走,而故意低调评价手下干将,以打消竞争对手的挖人意图。第三类是档案管理部门。一般而言,从原始档案里可以得到比较系统、原始的资料。目前,档案的保管部门是国有单位的人事部门和人才交流中心,按照规定,他们对档案的传递有一套严格保密手续,因此,档案的真实性比较可靠,而员工手中自带的档案参考价值就大打折扣。

四、人员录用与报到流程

经公司管理部确认的录用人员,由管理部或聘用单位统一通知其报到时间及需携带的材料。新员工还应先至管理部报到,按照"员工入职手续清单"(参见表7-1)的规定办理有关手续;特殊情况下也可由公司管理部授权聘用单位代为办理录用报到事宜。报到的同时,人力资源部门应按照规定,对新进人员进行入职教育,使其了解并承诺遵守《聘用须知》等规章制度,试用人员还应填写试用同意书,这是因为试用过程是公司招聘人员的必要环节。这一流程自高层管理人员到一般工作人员无一免之,并坚持双向选择、优胜劣汰的原则。试用期的长短要依据当地劳动部门的规定来设定。以北京为例,合同期在1年以上2年(含)以下的,试用期不得超过60日;劳动合同期限为2年以上的,试用期不可超过6个月。不过,具体的试用时间要由聘用单位来确定。

表7-1 员工入职手续清单

姓名: 入职岗位: 入职时间:

财务部门意见: 签名: 日期:	个人资料准备情况: □员工信息登记表 □担保协议书 □身份证复印件 □离职证明 □学历证书复印件 □个人简历 □文凭验证证明 □彩色照片5张 审批手续完成情况: □部门经理 □主管副总 □总经理
任职部门意见: 签名: 日期:	入职手续办理情况: □ 办公位置安排 □ 岗位安排 □ 办公用品领取
开发部门意见: 签名: 日期:	入职手续办理情况: □ PC配备 □ IP地址________ □ 工作账号及密码________ □ QQ________
行政人事部门意见: 签名: 日期:	入职手续办理情况: □电话机 □分机号码 □门卡 □工牌 □座位牌 □入职公告 □通讯录更新 □资料存档

试用期满时，有关部门进行新进人员试用评核（参见表7－2），下达试用期满通知，决定是否正式任用。通过上述考核和试用，新进人员才能正式成为本公司的一员。

表7－2 员工转正评估审批表

<table>
<tr><td colspan="6">员工基本信息</td></tr>
<tr><td>姓名</td><td></td><td>部门</td><td></td><td>聘用日期</td><td></td></tr>
<tr><td>学历</td><td></td><td>毕业院校及时间</td><td></td><td>专业</td><td></td></tr>
<tr><td>岗位及职责</td><td colspan="5"></td></tr>
<tr><td colspan="6">试用期工作小结（本人填写）</td></tr>
<tr><td colspan="6"></td></tr>
<tr><td colspan="6">签字：　　　　日期：</td></tr>
<tr><td colspan="6">审批情况</td></tr>
<tr><td rowspan="3">部门
意见</td><td colspan="5">试用期工作完成情况（班组领导填写）

签字：　　　　日期：</td></tr>
<tr><td colspan="5">试用期考核情况（部门经理填写）</td></tr>
<tr><td colspan="5">结论：□予以转正　□予以辞退
转正日期：＿＿＿＿年＿＿月＿＿日

签字：　　　　日期：</td></tr>
</table>

续表

主管 副总经理 意见	签字： 日期：
总经理 意见	签字： 日期：
财务人事部	聘用日期：________年____月____日 转正日期：________年____月____日 签字： 年 月 日

第二节 招聘评估指标体系的内容

一、招聘人员的评估

一般认为，通过招聘行为，使得组织的职位缺口越少，空缺职位得到填补越及时，新招聘的员工与组织的职位、文化、制度越匹配，招聘工作就越有效。具体来说，可以通过考察如下指标来评价招聘的有效性。

（一）招聘完成比

招聘完成比 = 录用人数/计划招聘人数 × 100%。如果招聘完成比等于或大于100%，则说明在数量上全面或超额完成了招聘计划。

（二）招聘完成时间

招聘完成时间是指职位空缺到填补空缺所用的时间。一般来说，时间越短，招聘效果越好。

(三)应聘比

应聘比 = 应聘人数/计划招聘人数 ×100% 。应聘比越大,说明发布招聘信息的效果越好,同时说明录用人员的素质可能较高。

(四)录用比、录用合格比与基础比

录用比 = 录用人数/应聘人数 ×100% 。录用比越小,相对来说,录用者的素质越高;反之,则可能录用者的素质较低。

录用合格比 = 录用人员胜任工作人数/实际录用人数。录用合格比是反映当前招聘有效性的绝对指标,其大小反映出正确录用程度。

基础比 = 原有人员胜任工作人数/原有总人数,是反映以前招聘有效性的绝对指标。录用合格比和基础比的差反映当前招聘的有效性是否高于以前招聘有效性的平均水平,即招聘有效性是否逐步提高。

除此外,还可以通过用人单位的满意度、招聘分析的有效性、反馈及时性、提供人选的适岗度来考察此次招聘过程中招聘人员的绩效情况。可以用表 7 – 3 的形式记录招聘情况。

表 7 – 3　某季度(年度)招聘总结表

计划招聘人数	实际招聘到岗人数	招聘到岗率	试用期适岗率	平均招聘周期

注:招聘周期指从招聘需求确定到与应聘者到岗之间的时间;招聘到岗率 = 实际到岗人数/计划招聘人数;试用期适岗率 = 转正人数/实际到岗新员工人数。

二、招聘成本效益评估

根据美国人力资源管理协会 1997 年调查显示,目前组织对招聘工作的关切点按重要程度排序为:录用质量、顾客满意、时间投入、成本。

招聘成本效益评估是指对招聘中的费用进行调查、核实,并对照预算进行评估的过程。

(一)招聘预算

做招聘成本评估之前,应该制定招聘预算。每年的招聘预算应该是全年人力

资源规划总预算的一部分。

招聘预算的主要内容应该包括：招聘广告预算、招聘测试预算、体格检查预算及其他预算。其中招聘广告预算占相当大的比例，较为合理的预算分配比例是4:3:2:1。当然，每个组织可以根据自己的实际情况来决定招聘预算。

（二）招聘核算

招聘核算是指对招聘的经费使用情况进行度量、审计、计算、记录等的总称。通过核算可以了解招聘中经费的精确使用情况是否符合预算，以及主要差异出现在哪个环节上（参见表7－4）。

招募成本＝直接劳务费＋直接业务费＋间接管理费＋预付费用

面试时间费用＝Σ（每人面试前准备时间＋每人面试时间）×面试官工资率×候选人数

测试费用＝（平均每人的材料费＋平均每人的评分成本）×参加笔试人数×笔试次数

录用成本＝录取手续费＋调动补偿费＋搬迁费＋旅途补助费＋安置新员工的安置费等

表7－4 招聘成本核算表

招聘成本	核算方法
招聘广告费	招聘广告费＝所有广告媒体的发布费用
面试成本	面试成本＝面试人员工资＋面试资料费用
入职培训费用	入职培训费用＝培训教材费＋培训讲师费用＋场地费用＋培训器材费用＋培训管理人员工资
安置成本	安置成本＝工作所需设备、材料的配置成本＋管理（指导）人员工资
离职成本	离职成本＝离职面谈费用＋离职产生的管理费用 离职的面谈费用＝时间费用＋离职者的时间费用 离职产生的费用＝办理离职手续花费时间＊人力资源部管理人员工资标准（元/小时）
重置成本	重置成本＝新员工招聘费用＋培训费用＋岗位空缺带来的损失＋企业支付给离职员工的报酬

（三）招聘成本效用评估

它是对招聘成本所产生的效果进行的分析。它主要包括：招聘总成本效用分析、招募成本效用分析、人员选拔成本效用分析、人员录用成本效用分析等。

总成本效用＝录用人数/招聘总成本

招募成本效用＝应聘人数/招募期间的费用

选拔成本效用＝被选中人数/选拔期间的费用

人员录用成本效用＝正式录用的人数/录用期间的费用

招聘收益成本比 = 所有新员工为组织创造的总价值/招聘总成本

对于成本效用评估,还可以通过单位招聘成本核算指标来考察,如该职位的平均流动率(招聘重复率估算)、该职位的招聘工作量(数量、难度考察)、该职位的平均接受率(招聘有效性考察)、该职位的平均填补时间(招聘效率/及时性考察)、该职位的安置成本(复杂性考察)等。其中,安置成本是由异地招聘或员工派遣异地工作而发生的补偿费用,如搬家费、置家费、探亲费、交通补贴等。

在实际工作中,猎头公司的报价就综合了上述参数,像平均年薪、流动率、接受率等指标因工作、级别、地理位置不同而不同,使这些差别有了量化的表现形式,成为人力资源的重要指标参数。表 7 - 5 是各种招聘渠道成本的一个假设算例。

表 7 - 5 假设算例

应聘者来源 招聘效果评价	地区大学毕业生	名牌大学毕业生	员工推荐	报刊广告	猎头公司
1. 吸引求职简历的数量	200	400	50	500	20
2. 接到面试的求职者人数	175	100	45	400	20
产出率	87.5%	25.0%	90.0%	80.0%	100.0%
3. 合格的求职者人数	100	95	40	35	19
产出比	57.1%	95.0%	88.9%	8.8%	95.0%
4. 接受工作的求职者人数	90	10	35	25	15
录用成功比	90.0%	10.5%	87.5%	71.4%	78.9%
最终录用比	45.0%	2.5%	70.0%	5.0%	75.0%
计划招聘人数	120	20	40	40	10
总成本(元)	30 000	50 000	15 000	20 000	90 000
合格人员招聘单价(元)	333	5 000	429	800	6 000

三、招聘渠道有效性评估

(一)招聘媒介有效性分析

通过不同招聘信息发布渠道的招聘结果和计算招聘成本来进行比较分析,得出不同招聘渠道的招聘效果。不同的信息发布渠道,信息的覆盖面、吸引的应聘者的人数和结构等都不相同。例如,某公司对机械操作工的招聘媒介进行分析发现,通过网络招聘很难招到合适的电工、木工、机床维修等蓝领工人,而通过当地报纸和户外媒体则效果较好。

(二)招聘方式有效性分析

通过考察不同招聘方式下的招聘结果和招聘成本,从而得出不同招聘方式的招聘效果。在企业招聘的实际过程中,由于企业所在的行业、招聘岗位、招聘地区和招聘对象的不同,因此在评价不同招聘渠道的区别时,应分开考虑这些变量。如某一房地产公司因项目发展迅速,长期招聘项目负责人,他们发现,通过猎头和熟人推荐方式招到的人才较为令人满意,而网络招聘则存在较多的信息不对称现象。

(三)招聘过程的有效性分析

1. 招聘工作的有效性

这是指企业招聘信息的发布、招聘活动的组织、面试结果的公布、招聘活动的善后处理是否及时和合理。经验表明,许多求职者常常要在一周的时间内决定是否接受新的职位。总是推迟面试,实际上是在传递两个信息:一个是使面试人觉得自己并不是那么重要,另一个是使本公司的招聘人员觉得自己的工作没有受到重视。在今天,时间是得到优秀人才的关键。

2. 选拔程序的合理性

这是指各考核、测验项目的组合和前后施测顺序是否科学,有无重复;选拔过程是否公正;能否尊重求职者;招聘联络人、用人部门主管和选拔考官的能力和素质是否合格等。

对于招聘渠道的评估,可以采用表 7 - 6 的形式。

表 7 - 6 招聘渠道评估表

部门:					招聘职位:		
招聘渠道	实付费用	收到的申请信	每封申请信的成本	不合适的申请人	每一名不合适申请人的成本	合适的申请人	每一名合适申请人的成本
填表人					签名		
职务					日期		

第三节 招聘评估总结报告的编制

招聘工作的总结报告不同于招聘计划书,其职能主要在于控制与调整,但其与招聘计划书相互对应。招聘工作的总结报告,不是对一些数据的简单堆砌(如应招多少人,实招多少人等),而是与招聘人员、被招聘人员、相关业务部门共同沟通、总结、分析的结果,所以又称招聘分析报告。而此分析报告一般在被招聘人员已经工作一段时间后才能进行。招聘分析报告与招聘计划相对应,但同时对招聘计划本身提出改进,而不是简单的对比。比如,要求招 10 个人,结果招了 8 个,不能简单认为差两人完成任务,还要分析招 10 个人是不是合理的,招聘计划制定有没有问题。但有一点要注意,即使分析表明 8 人是合理的,由于招聘计划没有完成,考核中也要有所体现。

一、招聘总结报告的作业流程

笼统而言,招聘总结报告作业流程如下(建议分析人员同招聘人员应独立)。

第一步,进行招聘工作结果汇总。主要针对招聘人员组成、招聘工作程序、招聘到岗情况、人员要素水平、工时耗用、招聘费用、特殊情况等的说明。

第二步,同招聘人员进行沟通。主要了解具体工作成果和问题,要求招聘人员对工作汇总中的结果做出评价、就结果汇总中和计划要求的差异做出说明,同时提出意见和建议。

第三步,同应聘部门人员进行沟通。主要就招聘人员组成、招聘程序、到岗人员表现、数量等做出评价,同时提出意见和建议。

第四步,同应聘人员进行沟通。主要就招聘人员素质、招聘程序、个人工作表现和应聘动因分析,同时提出意见和建议。

第五步,综合上述内容,编写招聘分析报告。

第六步,报批,归档,分发相关部门,作为日后工作参考。

二、招聘总结报告的格式

(一)招聘工作结果汇总

招聘工作结果汇总的内容主要包括:招聘小组的人员组成及分工情况;招聘工作开展的流程及相应的工作质量汇总;应聘人员的到岗情况(计划数、应聘数、实际到岗数);应聘人员同招聘标准的吻合情况(年龄、性别、学历、经验、薪金要求等);招聘工作耗用工时;招聘工作费用;招聘工作中的特殊问题。

(二)招聘工作结果评价

招聘工作结果评价的内容主要包括:对招聘人员评价做出相应解释;对招聘工作流程的评价做出相应解释;对应聘到岗情况评价做出相应解释;对招聘吻合度评价做出相应解释;对招聘工作耗用工时做出相应解释;对招聘工作费用做出相应解释;对招聘工作中的特殊问题做出相应解释;对应聘人员工作表现做出评价(人数、标准、绩效);应聘人员动因分析(薪金、发展、福利……)(意愿动因分析和实际动因分析相结合)。

(三)招聘工作改进意见

招聘工作改进意见的此部分内容主要包括:对招聘人员组成及分工的改进意见;对招聘工作开展的流程的改进意见;对应聘人员计划数的调整意见;对应聘人员同招聘标准(年龄、性别、学历、经验、薪金要求等)的调整意见;结招聘工作耗用工时调整意见;对招聘工作费用调整意见;招聘工作中的特殊问题的解决和预防手段;应聘人员的处理意见;根据动因分析结果调整招聘标准。

(四)报告总述

报告总述主要是总结招聘计划的改进要点和经验。

总之,基本报告格式是:陈述事实、分析误差、提出改进。

案例分析:××家装企业招聘标准文稿示例

“北京××有限公司”是一家大型的品牌家装企业,公司本着“创新+速度”的口号,秉承“以人为本”的管理理念,致力于家装行业第一品牌的打造。如果您积极进取,勤奋敬业,善于合作,勤于学习,成都分公司期待您的加盟,如下职位虚位以待:(具体职位信息及职位要求)

公司将为员工提供充足的学习机会,广阔的发展空间和良好的福利待遇,努力实现公司和员工的双赢战略。

公司地址:

联系电话:

一、招聘的初试、复试工作

初试、复试时应让应聘者放松,招聘者应全神贯注地聆听,招聘者讲话20%,应聘者讲话80%,从而核实应聘者的信息,以便作出判断。

1. 初试:(由人力资源部组织)

应关注以下六点:

(1)观察应聘者人员的穿着、气质、修养、性格。

(2)语言表达能力,普通话熟练程度。

(3)教育背景,工作经验,工作态度(初步)。

(4)从应聘者关心的问题入手,分析他们各项水平,对薪金福利的要求。

(5)是否适合所申请的职务,有哪些不足。

(6)是否适合企业内其他职务。

将所有应聘者分为:“拒绝”“尚可面试”“通知面试”三类,安排复试时间,在复试之前应对简历评估,背景调查,核实确定复试笔试题,确定复试地点,约定相关部门经理参加复试。每位应聘者复试时间应为30~60分钟。

2. 复试:(由人力资源部与相关部门经理参加)

应关注以下十点:

(1)初试中模糊不清的问题要进一步核对。

(2)相关试题的答案及评价。

(3)仪表风度,表达能力。

(4)学历、经历的再次核实。

(5)对薪金和个人发展的态度。

(6)工作能力,工作态度。

(7)组织能力,分析能力,决策能力,交往能力(中层以上管理人员)。

(8)相关工作知识水平评价。

(9)是否胜任所空缺岗位。

(10)有哪些优点和不足。

认真细致填写复试记录表,复试结束后,复试小组成员共同评议应聘者,复试后结束分为:“可以录用”“可以储备”“放弃”三类。个别特殊岗位需总经理二次复试。

将复试结果汇总报总经理批准后,发放录用通知,确定职前教育时间。

二、招聘者应向应聘者做相关介绍

如实介绍企业的经营状况和发展计划,这包括企业规模、经营模式、经营理念,企业人才结构,人员数量,企业近期、中期、长期的发展战策,人力资源情况等。

详细解释招聘职位及人才的职能和发展前途,告之求职者,不仅是为了实现就业的目的,而且还为了使自己得到更好的发展。还应详细向求职者解释其应聘职位的职能范围及所处地位,公司给予的培训及提供的上升空间,从而让求职者看到就职后的希望和发展前途。介绍企业完善的制度,公正对待每位员工。

应主动讲明有关劳动福利制度,这也是求职者最为关心的问题。告之企业为员工办理国家规定的各种险种,包括:养老,失业,医疗,工伤,生育五个险种。讲明月薪标准,奖励制度等。

招聘者代表公司形象,需要想方设法吸引高素质应聘者,在应聘者面前要表现出真诚。即使应聘者不符合空缺岗位要求,也要委婉拒绝。

三、面试中应注意的问题

(1)面试进程控制:面试时间不宜过长,预先应有一个时间表。

(2)多问开放式问题:即"为什么""怎么样",目的是让应聘者多讲多表现。

(3)提问简明概要:所提问题要直截了当,语言简练,有疑问可马上提出,并及时做好记录。

(4)面试人不要暴露观点:面试中不要让对方知道您的观点,从而避免应聘者为迎合您以掩盖他的真实想法。

四、招聘评估报总经理

1.招聘成本评估

(1)招聘单价。

(2)招聘预算。

(3)招聘核算。

2.录用人员评估

(1)录用比。

(2)招聘完成比例。

(3)应聘比。

(4)各种数据评价。

(5)录用人员质量的评估。

最后,作招聘登记表,复试时还需要笔试应聘者个性,帮助进一步判断。

第八章　案例游戏:模拟操作　掌控节点

引导案例:联合利华商业夏令营的经典游戏

罗小姐是某会计师事务所职员,下面是她在联合利华商业夏令营的经历。

玩过“扔鸡蛋”的游戏吗? 这是联合利华商业夏令营的经典游戏,每年都会玩一遍。想进联合利华,只有考进它的商业夏令营,才有机会被他们选中。

那次,我们每组拿到1张A4白纸、1个小小的透明塑料袋、1小团棉花、十几根棉签和1卷胶纸。我们得在20分钟内利用这些工具,让鸡蛋从1米高处掉下来而不碎。手里有3只鸡蛋,也就是说,有3次机会——我们心知肚明,这个游戏其实就算是一次成功闯关也未必会被公司当宝贝,完不成任务大概就只能和联合利华说“bye bye”了。

刚过4分钟,我们组就预备扔第1只鸡蛋了。我们把纸折成折扇状,铺在地上当缓冲垫,又把棉签、棉花和塑料袋用胶纸缠紧,把鸡蛋裹得严严实实。“一、二、三,放!”为了显示“Team Work”精神,大家还特意一起说这句“台词”。可惜“Team Work”的花架子没帮上忙,只听“啪”一声脆响,第1只鸡蛋就报销了。

当时并不怎么紧张,还有两次机会嘛。鸡蛋落地要不碎,只有让它不接触地面,所以……有了,我们先用纸把鸡蛋包起来,又把棉签横七竖八地粘到纸外——鸡蛋被我们包成个“刺猬”,落地时,是外面的“刺”先着地。这回粘棉签成了难题,粘得不好,“刺”就竖不起来,弄得我们手忙脚乱。考官在“适时”提醒:“现在是第13分钟……”第15分钟,“刺猬”终于成形了。鸡蛋落地时一声轻响,我们几个不由一阵欢呼……我心情轻松地打开层层包装——“哎呀”,鸡蛋黄流了我一手。

只剩5分钟了,怎么办?! 我们一下子紧张起来。要命的是,我这人有个毛病,一紧张就想上厕所,刚好又喝了不少饮料……“要镇静,再忍几分钟就行了”。我一边念叨一边蹲下来,装作收拾散在地上的棉签,企图缓解一下“迫切”的情绪。谁想这种事情是越想越“迫切”,正蹲着发窘,同组一个女生指指我背后,抿嘴不语。顺着她的视线一看,我吓得“腾”地一下站了起来:刚才蹲下来没注意,裙子腰上露了一圈“底”。更夸张的事情还在后面,光顾着后腰,我站起来时正好撞上一个男生的下巴,他痛得“嗷”一声,手一松——最后一个鸡蛋,就这么提前“壮烈牺牲”了。他呆瞪着脚下一摊黄黄白白,清清楚楚“迸”出来一句脏话……

提示：这种游戏最有趣，也最考验人。其实，鸡蛋碎不碎并不重要，重要的是你的表现。尤其到最后关头还没有头绪时，你的本性会暴露无遗：急躁？冷静？指责他人？坚持合作？另外，你扔鸡蛋时的表现也很重要：手抖不抖，坚持在 1 米线以上扔还是想尽量放低一点……

第一节　新公司的组建

一、人员构成

由 6 ~ 8 人组建团队，团队至少 3 组以上，最好不超过 7 组，可以采用抽签的方式或者自由组合的方式。团队组建之后，设定公司名称，公司使命和口号（创立公司自己的企业文化与价值体系）；团队成员进行角色分工，可采用协商形式或者民主竞选的方式来分配工作，即总经理（1 名）、人事总监（1 名）、人力资源助理（1 名）、技术总监（1 名）、销售总监（1 名）、技术员工（1 名）与销售员工（1 名），其中员工按能力发展分为五级：A 级 = 精通者；B 级 = 指导者；C 级 = 掌握者；D 级 = 熟悉者；E 级 = 初学者。

在人员扮演上，员工可由一位同学扮演，他主要负责记录人员结构，并为经理们提供建议。

技术总监与技术员工负责产品的研发与生产，而销售总监与销售员工负责每期产品的销售。在初始状态时，技术员工与销售员工均有 B 级与 C 级各 1 名，D 级 5 名。当总监达到 5 个个人价值时，可领导 2 个 A 级员工，以后每增加 1 个个人价值就可多领导 1 个 A 级员工，至于低级别的员工则数量不限。

二、部门构成

有五个外部公共部门，即政府、银行、产品交易中心、人才交流中心、培训中心（内含 EAP 帮扶中心，即是由企业为员工设置的一套系统的服务项目，通过专业人员企业组织进行诊断，对员工提供专业咨询、指导和培训，旨在帮助改善企业的环境和氛围，解决员工及其家庭成员的各种心理和行为问题，以及提高员工在组织中的工作绩效）。

在下列情况下可寻求 EAP 帮扶中心服务。

第一，对考核结果或薪酬方案无正当理由多次投诉的员工，经过劝服仍不成功的。

第二，能力素质很高，但考核结果多次仅为合格水平，沟通中无法有效反馈原因的。

第三，处于辞退边界，压力很大的员工。

第四，薪酬设计及绩考人员本人由于工作压力等问题需要帮扶的。

教师做政府工作并负责各游戏阶段时间设定和各阶段公司运营成绩的宣布，最后要求学生写出一份总结报告，并对各阶段同学们的表现做最终点评。需要公推四名学生分别做银行、产品交易中心、人才交流中心、培训中心工作。当然，政府也可由扮演银行的学生来兼任，教师只需要从旁做培训和指导即可。

三、游戏基本装置与规则

（一）银行

各家公司均无自己的财务中心，所有涉及现金交易及结算均需要到银行去做。银行会发行面值为100元、200元、500元的纸币（由不同颜色小扑克牌代表），1万元、5万元、10万元、20万元、50万元、100万元的纸币（由不同颜色的大扑克牌代表）；银行只办理抵押（抵押价为物品现行市场价格的一半，如果想解除抵押关系，必须向银行缴回抵押款及抵押价10%的利息；如果当时不解除抵押关系，而是延至后来解除时，则须向银行缴纳20%的利息）。另外，各公司不得贷款，不得私下互相借款；至于所得税、财产税及各类罚款一律缴给银行。

银行负责每期各公司成本与收益的发布工作，并计算各公司的人均收入和人均利润额，并将每阶段公司价值情况表提交给政府。

为了使游戏有与现实结合之感，需要各公司按其初始公司价值预交现实的人民币，基本定价为1个公司价值＝10元，这些交由银行代为管理。当有公司破产时，可按当时公司价值排名前三位由高到低逐一瓜分，瓜分比例为50%，30%，20%，若未来剩余公司不足三个，剩余部分归银行所有，并给予甘愿当外部公共部门的四名同学。当第七周期结束时，冠军公司可得最后一名的所有现实货币，其他各公司按其实际拥有的返还。

至于破产公司的人员流动问题，破产公司的同学们为了不损失现实货币，他们努力观察在游戏中其他公司的经营状况，而决定是否去哪家公司，此时就会模拟出现实状态中的一种情况“公司想要高薪挖的人才，而人才不一定愿意去”，这与人才诸多考虑相吻合，特别是考虑到人与物的不同，即价高者未必得的属性得以体现。

即便是在未破产公司，有自愿流失的人员也可与其他公司人力资源助理接洽交谈跳槽事宜，但他的自愿离去将导致其所属公司的损失及自我个人价值的损失。

破产公司的员工，可与其他公司人力资源助理接洽，提出自己的意愿，如果面试成功，要给人才交流中心提交一份“劳动合同”，明确该人员的角色及薪酬待遇，为未来核算其人力成本做准备。

最终，银行按照“企业经营利润 = 销售收入 - 人工成本（特指薪酬）- 培训成本 - 招聘成本 - 各种惩罚损失 + 各种奖励金额 = ？个公司价值”，决出最后的胜者，并颁发奖金。

（二）产品交易中心

在实训中，技术部门与销售部门分别填写生产计划与销售计划，生产计划将决定未来招聘的人员结构，而销售计划决定其未来各产品的市场占有率。

各公司销售人员售卖产品时，均需要到产品市场去完成交易，由于销售计划是根据上期的人才储备及未来策略所制订，特别是每期期初均要向产品市场提交其本期产品的预售量，至于是否实现其销售额，还需要综合考虑当期的销售能力、生产能力与产品市场的供求状况（参见表 8 - 1 和表 8 - 2）。

表 8 - 1 产品交易情况记录表

公司名称	产品类别	预计销售数量	销售价格	市场需求数量	销售经理个人价值	实际销售量	实际销售额

表 8 - 2 招聘竞买与竞卖单（也称人才交易竞价单）

公司名称	岗位名称	个人价值	招聘数目	转卖数量	基本薪酬	浮动薪酬	总报酬额	市场平均薪酬	招聘成功	转卖成功

注：①通过市场转卖时，需要填写此单，市场收取手续费一般按照同类型人才市场平均薪酬的 2 倍；如果通过私下交易，需要填写一张人才转让合同书，并交给人才市场作为备份，以准确算出各公司的人才结构、人才流失率等。

②浮动薪酬，对于管理层而言，一般按照基本薪酬的倍数填写；对于员工层而言，一般按照上一期公司的销售收入百分比给出。因此，需要各公司计算出员工总报酬。

（三）人才交流中心

人才交流中心，即劳动力市场，各家公司需要将自己的人才状况及需求信息均交给人才交流中心去做汇总,人才交流中心将收集各公司用人信息与求职信息并适时发布。该中心掌握有关人才流动的各种信息及各项招聘规则,所有有关招聘的书面文档均交由该中心。各公司拿着从该中心出具的招聘费用单、辞退费用单、人才流失费用单等,到银行做现金的支付。

(四)培训中心

培训中心有关于新员工的入职培训、老员工的能力培训、态度培训和转岗培训,其中态度培训到 EAP 帮扶中心,EAP 帮扶项目可以作为公司福利出现,每当公司发展进入下一阶段的时候,公司必须抽取一定资金(1 万元为第一周期结束时的投入,每增加一个周期,其投入增加 20%,但投入最高限额不得超过当时公司价值的 10%)。

EAP 帮扶中心对工作中雇员的调节提供帮助。这些帮助项目包括:①个人指导;②应激管理和应对;③工作再训练;④职业改变咨询;⑤应激职业雇员的家庭支持;⑥儿童照顾项目;⑦健身馆和体育活动;⑧营养项目;⑨保持雇员精力以及新鲜感的服务;⑩情绪指导与控制。这些项目可以作为公司福利出现,每当公司发展进入下一阶段的时候,公司必须抽取一定资金(1 万元为第一周期结束时的投入,每增加一个周期,其投入增加 20%,但投入最高限额不得超过当时公司价值的 10%)支持员工到 EAP 帮扶中心获取一定的项目支持,完成一个项目,提升个人或者公司潜力值。EAP 帮扶中心服务可以为个人服务,也可以为整个小组提供服务。

培训中心还负责汇总各公司员工的能级变动状况及有关培训的各种费用支出和奖励值。各公司需要拿着从该中心出具的培训费用单,到银行做现金支付。

第二节 公司人员初始状态设置

新公司所处市场环境(如产品市场和劳动力市场)均是完全竞争的;公司组建初期,设技术、销售、人力资源三个部门,并且新公司初始组织结构形式均为直线职能制,其初始起动资金按照所回答正确的问题数目决定。

每一个试题库(是任课教师逐年积累的结果,是一个开放式题库)至少有 7 组题,而每一组题又至少有 6 道小题,题型可以任意但要注意给出标准答案。

每组每个同学通过投掷骰子来决定所回答问题的题号,按照问题回答的"对与错"来最终决定新公司的初始价值,对 =1 个公司价值 =40 万现金,错 =0 个公司价值。此处设置用意:没有知识的公司在当今社会难以立足,另外,促使学生在上此类实训课前要用心准备相关基础知识。

教师需要做的事情:首先面向所有同学将此题读出,只对学生回答结果说"对或错”，不做任何评判，直至此组学生均回答完后，再对此组回答错的题项做分析与评判。

一、组织结构

组织结构主要包括：直线职能式；事业部式；矩阵式。

当公司运行到第二周期时，可根据市场及公司情况，自行决定将要采取的组织结构形式，但需要注意的是，组织结构一经确定不允许在当期做任何更改。

二、人才初始结构

根据人才能力发展的特点，一般人员在企业发展中分为五个阶段，同时对人员的能力划分也可以分为五个阶段，不同级别的小组员工挂颜色不同的胸牌，胸牌分为五类：A 级：精通者；B 级：指导者；C 级：掌握者；D 级：熟悉者；E 级：初学者。

其中，从校园招聘中的新近员工为初学者（E 级），只要经过入职培训即可成为熟悉者（D 级）；D 级经过一次能力培训即可晋升为 C 级，C 级员工经过两次能力培训才能晋升为 B 级；而 B 级员工需要四次培训才可晋升为 A 级；但 A 级员工总数最大为 20 个。

各公司可根据需要，到劳动力市场中去招聘所需要的人才，也可将自有人才转让给其他公司，买卖双方需要填写相关协议。

三、人才配置规则

在各个周期中，由于各级各类人员招聘渠道的不同，而且公司对各类人员所采取的薪酬水平政策也有所不同，因此，本套沙盘决定各公司是否能够招聘成功，在第一个周期中，首先，公司定薪高者得人才；其次，若在劳动力市场中还有剩余人员，可被那些“薪酬水平政策与具体市场状况相吻合”的公司获得，参见表 8 – 3。

表 8 – 3　第一周期招聘成功优先顺序表

公司名称	岗位名称	招聘渠道	招聘数目	薪酬水平政策 1 = 市场领袖型 2 = 市场追随型 3 = 市场滞后型	预定薪酬额 每周期公司初始设定值	市场平均薪酬水平	招聘中标 1 = 招聘成功 0 = 招聘不成功

当运行到第二个周期及以上时，则首先需要考虑劳动力市场的供需状况来决定各公司是否能够优先获得人才；其次，再按第一周期招聘优先顺序获得人才，参见表8－4。

表8－4中的招聘中标，需要首先考察人才供求状况。若总人才需求 > 总人才供给，也即人才供不应求时，则按上个周期中员工流动率由低到高依次满足；若总人才需求 < 总人才供给，也即人才供过于求时，优先满足总报酬（基本薪酬＋浮动薪酬）高的公司的人才需求（浮动薪酬＝当期公司销售收入×公司所定的提成比例）；如果总收入相同，则比较基本薪酬；如果基本薪酬相同，则比较薪酬水平政策；如果薪酬策略也相同，则比较公司人力资源经理的个人价值，再相同则比较公司价值。总而言之，价值高者及坚持政策一贯性者优先获得人才。

表8－4　第二周期及以上招聘成功优先顺序表

公司名称	岗位名称	招聘渠道	招聘数目	薪酬水平政策 1＝市场领袖型 2＝市场追随型 3＝市场滞后型	预定薪酬额 每周期公司初始基薪值	市场平均薪酬水平	人才供求状况 1＝供不应求 2＝供过于求	招聘中标

第三节　公司业务初始状态设置

一、业务运转初始情况

公司最初产品为P1产品，以后随着市场对P2产品、P3产品、P4产品需求的出现及增长，可选择生产销售P2产品、P3产品、P4产品。但是，技术人员或者生产人员力量不足不能从事P2或P3或P4产品的生产和销售。

特别说明：P1产品由于技术水平低，虽然近期需求较旺，但未来需求会逐渐递减；P2产品是P1产品的技术改进版，虽然技术优势会带来一定增长，但随着新技术的出现，需求最终也会下降；P3与P4为全新技术产品，未来需求潜力巨大。

由于员工等级增多之后，人员组合就比较复杂，所以就设定了一些条件。为了简化，可以选择其中的几种组合方式固定下来供各公司选择（见表8－5），这样可能也便于劳动力市场中人员需求的统计；或者减少员工的等级，因为薪酬设计中员工等级比较多,那么薪酬设计也会比较复杂。

每周期需要统计本公司销售、技术能力,可酌情上报本公司各个产品市场销售计划,特别注意:计划销售各类产品总量不能超过本公司销售能力。销售部人员数量由销售经理与人力资源经理决定。

表 8-5　产品生产与技术人员的不同组合设计表

产品类型	人员组合类型(每一种组合只可生产一类产品)		
P1	1B 且 1C	4C	2C 且 4D
P2	1A	4B 或 12C	2B 且 4C
P3	2A	1A 且 4B	8B
P4	3A	2A 且 4B	1A 且 8B

注:①产品 P1,只需要 B 级、C 级和 D 级技术人员参与,但 D 级技术人员不能独立进行 P1 的生产工作,只有 B 级和 C 级员工牵头才能进行生产工作。

产品 P2 与产品 P3,A 级、B 级和 C 级技术人员均可以参与生产,但 C 级技术人员不能独立进行 P3 的生产工作,且 B 级技术人员不能带领低于自己级别的技术人员进行 P3 的生产。

产品 P4,只有 A 级、B 级技术人员可以进行生产,且 B 级员工不能单独生产。

②由 A 级技术人员牵头的产品质量好,优先获得市场的订单。

假设:只要有销售员,产品即可被卖出(有如军棋中的工兵)。唯一跟工兵不一样的地方是,销售总监也没有时,总经理可代为管理,但其他总监必须经过转岗培训才能接替其职位。如果兼任的话,其个人价值将按所接任职位的个人价值做算术平均处理。

(一)销售人员分级制的作用

填写竞卖单,如果公司所拥有的销售人员级别高且人数多,则其产品可被优先卖出。只有 C 级及以上能力级别的销售员才有资格做转岗培训,当生产能力不足时,可令销售人员转岗,但转入技术岗位时,需要降两级处理。

(二)技术人员分级制的作用

根据各类产品生产所需的技术人员组合要求生产相应产品类型,需要填写本公司的生产计划单。如果销售能力不足时,可令生产人员转岗,要求同上。只有当生产人员与销售人员均没有时,管理层才需要做转岗培训以满足销售所需要。

二、财务状况与破产清算规则

公司新组建时,可划拨人力资源管理费用为 60 万元(招聘费用及培训费用由此出),即 1.5 个公司价值,以后将按销售收入的 50% 进行划拨。当公司人力资源管理费用超支时,可出售公司价值以换取现金,此时 1 个公司价值的售价仅为 20 万元。

任何公司无论何时,当其无力清偿债务时,无论数目多寡,即谓之破产。宣告破产时,应倾其所有进行破产清算,偿还债主,该公司也退出游戏。但公司所拥有人员按照其原有身份随即进入拍卖程序(采用密封出价方式),可被其他公司竞拍,竞拍后的人员身份比原有身份降一档参与公司运营。

第四节 公司价值与个人价值的累积规则

每一周期价值积累要单独计算,从而评判出阶段性胜利队伍。当公司进入新一轮周期运营时,上一期公司价值和个人价值可以继续使用,直至第七个周期,通过评价公司总价值来判断出最后的冠军公司,如 F1 方程式赛车一样,有分站赛冠军和总冠军。通过个人价值还可以将每一个角色评判出一个冠军,在此称为最佳总经理、最佳人力资源经理、最佳员工等,最后在本门课程最终成绩单上应为扮演此角色的同学额外加 30 分。

一、公司价值积累规则

公司的价值受经营利润变化和公司品牌的影响。经营利润每增减 40 万元,相应增减一个公司价值;品牌价值主要体现在公司的市场占有率上,每增加 10% 的市场份额,增加 2 个公司价值,每减少 10% 的市场份额,减少一个公司价值。但允许的最低公司价值为 0,出现负值,公司即面临破产。

(一)公司价值增加规则

(1)每个周期最先生产新产品的公司,增加 0.5 个公司价值。

(2)每个周期整体员工素质最高的公司,增加 0.5 个公司价值。

(3)每个周期公司空缺岗位的 40% 以上由内部提供,增加 0.2 个公司价值。

(4)整体产品市场占有率或者销售收入最高的公司,增加 0.5 个公司价值。

(5)每个周期招聘员工流失率最低的公司,增加 2 个公司价值。

(6)每个周期招聘员工费用最低的公司,增加 2 个公司价值。

(7)每周期期末根据各公司人均收入或者人均毛利润进行排名,排名前两名的公司将增加 1 个公司价值。

(二)公司价值减少规则

(1)辞退员工时必须进行再就业培训,否则当年企业减 1 个公司价值。

(2)公司由人才市场发布职位信息,每个职位服务费是0.5‰的公司价值。

(3)公司向EAP帮扶中心寻求帮助,每人次需1‰的公司价值。

(4)每个周期内,如出现人力资源规划中的人员需求未得到满足,空缺1个岗位,减少0.5个公司价值。

二、个人价值积累规则

1个人价值=0.5万元,个人价值只是在最后一期才能折合为现金加载在公司价值上。

若到EAP帮扶中心接受服务,根据表现情况给予相应的加分或者减分。在职业生涯规划训练中获得相应代币,小组成员的个人价值得到相应提升。

员工的等级影响员工的个人价值,但同时又受人才市场供需的约束。当人才市场上供大于求时,人才的市场价值降低,每增减同一等级的员工,其个人价值相应的增减0.5倍;当人才市场上供不应求时,人才的市场价值提高,每增减同一等级的员工,其个人价值相应的增减1.5倍。

(一)各类人员个人初始值设定

总经理初始个人价值=7,人力资源经理初始个人价值=5,其他业务经理初始个人价值=3,A级员工初始个人价值=2,B级员工初始个人价值=1,C级及以下员工初始个人价值=0。

当业务经理的个人价值积累为5时,他才有资格领导2个A级员工,以后每增加1个人价值,则可多领导1个A级员工。但当其个人价值每降低1个时,即自动流失1名A级员工(直接进入人才市场);当其个人价值<5时,其所领导的A级员工全部流失。

(二)个人价值增减约束条件

(1)每周期期末,凡个人总收入高于同类职位市场平均收入的经理将增加1个人价值。反之,其个人价值减少1。此条件的设置,说明在现实状态,每个员工都希望获得较好的收入回报,这与企业薪酬水平策略有互为矛盾之处,也反映了企业在制定策略时要三思而后行,并体现了总经理的领导艺术。但在同一公司内部经理及其他人员价值不能高于总经理价值,高过部分将不予增加。

(2)有1个周期及以上工作经验的员工,经过能力培训之后,可以向自己上一层次人才等级晋升,同时其个人价值相应增加一个价值。

(3)技术与销售人员可相互转岗工作,但须进行转岗培训,转岗培训期间该员工无任何工作能力(个人价值为0),下一周期转入另一岗位系列后,恢复其原能力等级。特别是转为管理层时,其个人价值翻一番。

(4)离职和辞退员工个人价值中止,即为0。

第五节 人才招聘与流失条件的设计

一、人才流失假设条件

要求各公司劳动力强制流动,其中员工自然流动率为5%。

人员流失假设1:当所给付薪酬低于市场平均薪酬水平,且未能及时给予员工能力或态度培训的话,所对应级别员工就应自动流失。

人员流失假设2:员工流失顺序,由高级别人员逐步向低级别人员过渡,即公司目前级别最高员工首先流失。

人员流失假设3:若公司员工流失率>10%时,每增长1个百分点,就需要抽签让其中一个员工到EAP中心去做咨询(通过抽取机会卡、观念卡与命运卡,以改变自己的前途),并按EAP中心相关规定交纳服务费;当员工流失率>30%时,需要全公司成员到EAP中心寻求帮助。

二、公司生产周期假设条件

根据一般的研发生产规律,在生产早期需要更多的研发人员(随着公司产品的更新换代,所需级别数量逐步提高),随着产品数量的增加,销售人员和生产人员逐步增加,到了较高级别,一切都达到均衡状态,不再持续增加。但是,为了简化计算,在本次沙盘游戏设计中假定在不同经营周期中所需要各类型人员数都一样。

数据填写的思路:依据上面业务情况中的研发人员和生产人员的组合方式,来设定人数。

第一周期:只生产P1产品,市场需求量为20,那么通过各公司现有人员能力需要生产出相关数量的P1产品。公司可以通过将现有D类员工经过培训得以升任高级别人员,或者通过外部市场挖掘所需人才,使本公司生产能力得以提升。

若采用研发P1产品,需要技术人员为1B与1C级,则通过考察本公司人才结构得出可能生产数量,同时也为其销售数量,考察市场产品价格,得出该公司此周期的销售收入。

至于其利润,则需扣减所花费的人工成本(给付的薪酬、培训花费、转岗或离职花费),在此不考虑原材料费用。

第二周期：生产 P1 和 P2 产品，市场需求 25 个 P1 产品，12 个 P2 产品，需要技术人员为 1A、1B 与 1C 级，在此需要各公司为下一周期生产储备人才，以防止出现生产能力不足现象。

E 级初学者由实习生与兼职人员构成，属于临时雇用，仅具有一些基本技能，还不足以进行正式的研发、生产与销售，因此，在招聘后急需进行入职培训，每培训 1 人次需要交纳 1 万元。而随着培训级别增高，即 D 级、C 级、B 级与 A 级培训费用依次为 2 万元、4 万元、8 万元、10 万元。

表 8－6 是不同招聘渠道中劳动力市场人员供给表。

表 8－6　不同招聘渠道中劳动力市场人员供给表　　单位：人、万元

招聘渠道	猎　头			媒体招聘（含人才市场、招聘会）					校园招聘
招聘费用	30	10	5	20	8	2	0.5	0.1	0.1
经营周期	A 级	B 级	C 级	A 级	B 级	C 级	D 级	E 级	E 级
第一周期					1,1	1,0			1,1
第二周期			2,3	2,0	2,2	1,0			2,2
第三周期	1,1			0,1	1,3	4,3	1,0		3,3
第四周期	2,0	1,3	3,1	1,1			4,4		5,5
第五周期	3,2	2,2		2,2		1,1	1,0		6,6
第六周期		0,1		1,1	3,2	0,1	1,0		8,8
第七周期	4,1	1,1			2,2		2,3		10,10

注：第一数字代表销售人员数，第二数字代表技术人员数。媒体招聘中的数据会从第二期开始时发生变化，主要由于以下两种情况：其一，表现在主动流失员工上。其可以采用自我推荐方式（即直接与公司面谈），或者依托人才市场寻求想要进入的公司，一般而言，A 级员工招聘成功，则个人价值增加 2；B 级员工招聘成功，则个人价值增加 1。其二，表现在人才转卖上。由于公司经营的需要和相互挖掘竞争对手人才的需要，出现人才转卖现象。一般按照同类型人才市场平均薪酬的 2 倍价格作为转卖费用。

三、人才招聘假设条件

第一，当产品市场需求总量小于各公司所报销售计划总量时，按销售经理价值数排名，排名前两位的公司能够满足销售能力（如不能满足前两名则第一名优先满足，其余留给第二名公司），其他公司按比例瓜分剩余订单。

各公司所获订单＝剩余订单数×（公司销售能力/市场剩余销售能力）

第二，当订单大于生产能力时，超出部分即为违约，按违约产品销售收入的

50%冲减当年销售收入,参见表8－7。

表8－7 产品市场发展需求趋势表

数量:个 单价:万元	P1		P2		P3		P4	
	数量	单价	数量	单价	数量	单价	数量	单价
第一周期	20	6	/	/	/	/	/	/
第二周期	25	5	12	6	/	/	/	/
第三周期	15	5	16	5	9	7	/	/
第四周期	5	3	20	5	15	7	6	8
第五周期	1	3	18	4	22	6	12	7
第六周期	/	/	9	4	18	6	20	7
第七周期	/	/	/	/	12	5	25	6

第一周期:主要生产P1产品,有较强的市场需求,不需要强大的研发能力,同时公司处于新建立状态,因而,需要较多的B级、C级员工;公司出于占领市场的考虑,要求技术和销售能力尽量能够匹配,二者的人员能力相当。

第二周期:新产品P2市场出现,研发能力需要加强,需要一定的A级员工作为未来的人才储备,同时E级员工在工作中成长,一些不合格的低级员工被淘汰。

第三周期:技术更先进的新产品P3出现,P1市场缩减,因而A,B级员工增加,D级员工减少。

第四周期:技术最先进的P4产品出现,P1市场大规模缩减,因而A,B级员工继续增加,C级员工减少。

第五周期:P3,P4产品市场增加,P1,P2产品市场缩减,因而A,B级员工增加,C级员工减少。

第六周期:P1产品市场消失,P2产品市场大规模萎缩,P3产品市场需求开始下降,P4产品市场需求增加,因而只有A级员工增加,B级员工不变,而C级员工减少;

第七周期:P2产品市场已经消失,P3产品市场需求继续下降,P4一枝独秀,因而,研发能力维持不变即可,A级员工不变,B,C级员工数下降。

四、各层级人员流动方案设计(参见表8-8)

表8-8 各级人员招募、培训、激励与流动方案表

层级	招募	培训	激励	流动
精通者	运用猎头、举贤荐能等招聘方式;需要领导重点投入精力进行引进;作为未来领导者的候选人进行培养	高层领导一对一培养;制订个人培训计划	注重长期激励;倾斜性的薪酬和福利政策	对不能胜任的可作为挂职培训师;避免流失
指导者	充分利用各种招聘渠道,进行人才储备	制订有针对性的培训计划;重点培养	适度的长期激励,配以与绩效挂钩的短期激励,倾斜性的薪酬福利政策;授权	规定淘汰比率;避免流失
掌握者	采用网络招聘等模式;签订中短期雇用合同	一般只进行与本职工作相关的培训;制订工作手册,进行手册使用培训;多技能培训	有针对性的激励模式:奖金、表彰等;优化组织氛围;授权;承认和奖励	保持一定的流动率,保证组织活力,加强绩效管理
熟悉者	采用外部合同工、返聘等方式获得	操作性培训;基本技能培训	短期激励为主	根据业务员需要进行招聘和淘汰
初学者	实习生、兼职人员	基本技能培训	短期激励	临时雇用

第六节 游戏评定标准与运行流程

一、评定标准

游戏评定考量因素如下。

(1)人力资源战略匹配度,要求必须通过各种劳动关系策略达到,如加班、裁员等策略。如果不能达到,游戏即告失败。

(2)员工离职率,包括自然离职与到期离职。

(3)人力资源成本与费用(基本工资、加班费、经济补偿金、竞业限制条款、外包费用等)。

总优胜评定标准:在第五个周期结束后,在人员匹配拟合程度达到要求的情况下,以员工离职率最低者获胜;离职率相同,以花费的钱少的组获胜。

二、运行流程

周期开始前，由各组组长提交人力资源战略（包括招聘人数、劳动关系相关投入数目，组际外包情况，加班比例）。第一周期还应当提供现有员工人数及对应合同期限。

书记员根据自己负责组提交的人力资源战略核查费用情况，并在沙盘上登记。

书记员根据离职率计算期末员工数，确定人力资源战略匹配度（合同到期员工计入匹配度，自然离职员工不计）。

各组组长确定到期员工处理对策，并提交下周期员工人数及对应合同期限、是否采用竞业限制条款及人数。书记员记录，并计算累计费用。

对于流出人数超过 3 的企业，每流出 3 人抽一张签，回答劳资纠纷的问题。书记员积分。

下一周期开始，直至游戏结束，进入评分阶段。

三、补充说明

竞业限制：离职时签订竞业限制条款（每 1 年支付 1 个月工资），该员工在一定时间（最长 2 年）内将不出现于劳动力市场。

劳动力市场选择权由离职率决定，上一周期平均离职率最低者有优先选择权，之后按排名依次选择。

增加劳动关系相关投入可降低自然离职率，各组每周期可进行一次（B）类投入，在一次游戏中只能进行一次（A）类投入。

（A）组织员工学习劳动合同法，费用 10 万元，自然离职率降低 2%。

（B）对人力资源部门进行劳动关系相关培训，费用 5 万元，自然离职率 1%。

每当离职人数累计超过 10 人，即第 10，20，30…名员工发生离职时，都必须抽取一次命运，因为该员工为企业带来不确定因素。

当企业人力资源数量无法满足市场要求时，可选择加班或外包，加班费依照现行《劳动合同法》支付；外包应当由各组副组长在期初进行谈判决定，外包协议期限为 1 周期。

加班超过任务量的 10% 会使员工不满程度提高，自然离职率分别上升 2%，加班不能超过任务量的 30%。超出上限者直接判负，积分为零。

人力资源总费用上限为 400 万元，超出上限者本周期直接判负，积分为零。

自然离职率上限为 30%，超出上限者本周期直接判负，积分为零。

计算人力资源匹配度与积分时，采用四舍五入法，保留一位小数。计算自然离职员工时若出现小数,不满一人按一人计。

在劳动力市场上若需求大于供给,则由上个周期中员工流动率最低者优先满足,其他也按员工流动率排序分配。

其余各项规章制度遵照现行《劳动合同法》执行。